跨境电子商务基础与实务

易　静　郭燕萍 | 主编
杨庆云　杨雪风　田彬彬 | 副主编

Cross-border E-commerce: Fundamental and Practice

電子工業出版社
Publishing House of Electronics Industry
北京 • BEIJING

内 容 简 介

本教材根据当前跨境电商行业的人才需求，从跨境电商概念、特征、交易流程等基础内容开始，以项目任务驱动的模式，有序且系统地精讲跨境电商职业标准需要的基础知识与实务技能。本教材内容由浅入深，符合跨境电商从业者职业技能习得规律，可作为应用型本科和职业院校跨境电子商务、电子商务、国际贸易、商务英语、市场营销、国际商务等相关专业的教材或参考用书。同时，对跨境电商企业的平台运营人员、管理人员及营销人员等也具有实战指导作用。

图书在版编目（CIP）数据

跨境电子商务基础与实务 / 易静，郭燕萍主编. —北京：电子工业出版社，2022.1
ISBN 978-7-121-42473-1

Ⅰ. ①跨… Ⅱ. ①易… ②郭… Ⅲ. ①电子商务－高等学校－教材 Ⅳ. ①F713.36

中国版本图书馆 CIP 数据核字（2021）第 241678 号

责任编辑：刘淑敏
印　　刷：河北鑫兆源印刷有限公司
装　　订：河北鑫兆源印刷有限公司
出版发行：电子工业出版社
　　　　　北京市海淀区万寿路 173 信箱　邮编：100036
开　　本：787×1 092　1/16　印张：13.5　字数：346 千字
版　　次：2022 年 1 月第 1 版
印　　次：2022 年 1 月第 1 次印刷
定　　价：49.80 元

凡所购买电子工业出版社图书有缺损问题，请向购买书店调换。若书店售缺，请与本社发行部联系，联系及邮购电话：（010）88254888，88258888。

质量投诉请发邮件至 zlts@phei.com.cn，盗版侵权举报请发邮件至 dbqq@phei.com.cn。

本书咨询联系方式：（010）88254199，sjb@phei.com.cn。

前　言

近年来，跨境电子商务（简称跨境电商）的迅速崛起颠覆了传统外贸的经营模式和商业格局，成为我国贸易新的增长点。面对新的形势，我国跨境电子商务人才缺口却持续加大，各层类院校在跨境电子商务人才培养的过程中尚缺乏行之有效、实践性强的教材。为此，我们结合跨境电子商务行业的发展趋势和跨境电子商务相关从业岗位的用人需求，组织编写了本教材。

本教材的编写目的有两个：一是培养跨境电商从业所需的基础知识和基本实操技巧；二是编写一本能适应职业教育转型升级需要的跨境电商专业（方向）实用型教材。基于产教深度融合、校企合作人才培养模式下的教师、教材、教法“三教”改革，本教材在编写的过程中遵循以实用为主、够用为度的基本原则，结合实际案例，注重培养跨境电商从业人员良好的综合素养、科学的思维方式、优秀的实操运营及实践创新能力。

本教材内容从对跨境电商的概念、特征、交易流程、商业模式等方面的基础介绍，到对跨境电商主流平台准入条件的认知和账号注册的操作，再到跨境电商选品、视觉美工、商品定价与刊登、营销推广、物流仓储、客户服务、支付与提现等技能的实操训练，较为系统地涵盖了跨境电商从业人员所需具备的基础知识和技能。

在编排形式方面，本教材为活页式教材。与传统教材相比，优势在于：

1．对接行业标准。基于专业工作岗位用人标准与 1+*X* 证书制度要求的国家职业标准，从专业能力和职业素养两个维度，分析岗位能力应具备的知识、素质、技能、态度及方法，再将工作领域的岗位标准与教育标准相融合。教材内容选择突破了传统教材的篇章结构，突出了对学生能力的培养。

2．项目任务驱动。根据跨境电商相关岗位从业所需的基础和实务操作技能，本教材分为 10 个项目、27 项任务，每个任务包括任务描述、学习目标、任务分配、任务准备、任务实施、拓展练习几个板块，其中任务实施又分为若干任务点来进行。

3．理论实践融为一体。教材以典型工作任务驱动知识和技能的学习，让学生在“做中学”，教材结构与教学环节设置符合技术技能人才培养的基本要求，也体现了基于工作的学习。

4．配套资源丰富。教材对应的教辅材料中包括配套课件、教学大纲、教学日历、教案、拓展案例、教学视频，且每个任务均配有对应的任务分配表和任务评价表（含学生自评、生生互评和教师评价表）等，方便教学使用。

本书由武汉晴川学院易静老师负责编写项目四、五、八、九，由山西工程科技职业大学郭燕萍老师负责编写项目六和项目七，由中原科技学院杨庆云老师负责编写项目二和项目十，由武汉晴川学院创新创业导师杨雪风负责编写项目一，由具有丰富跨境电商平台运营实战经验的操盘手、Shopee 平台官方认证高级讲师田彬彬负责编写项目三，全书由易静老师负责统稿。隋东旭老师对本书进行了细致的审校。在本教材编写过程中，湖北省跨境电商产教联盟、厦门亿学软件有限公司的诸多行业导师为我们提供了大量的意见和建议，我们也得到了电子工业出版社姜淑晶老师的大力支持与帮助，在此向诸位一并表示感谢！

跨境电子商务是一个较新的行业领域，发展还不成熟，而实践领域发展变化很快，跨境电商的各项教学观点仍需经过一定时间的沉淀，才有可能达成业界共识。编撰本教材是一项极大的挑战，尽管我们尽力优化全书的结构、内容，努力做到实践性与创新性并存，但难免有疏漏之处，恳请广大读者批评指正！

编　者

目　录

项目一

跨境电商基础认知

现阶段，我国的对外贸易综合成本不断攀升，而互联网的跨地域和低成本使得跨境电子商务应运而生。与传统外贸相比，跨境电子商务可以有效地节约资源和降低对外贸易的综合成本。跨境电子商务平台为中小型企业进入国际市场开辟了捷径，也为本土品牌提供了提升国际知名度的良机。随着电子商务系统的完善和国家扶持政策的出台，跨境电子商务迎来了高速发展期，未来跨境电子商务的整体市场发展潜力巨大。

因此，对于跨境电商从业人员而言，就要对跨境电商的概念、特征、交易流程，跨境电商与传统外贸的差异以及跨境电商在我国的发展历程、现状、存在的问题等基础内容有较为清晰的认知。

任务一　跨境电商的概念、特征及交易流程

任务描述

理解并熟悉跨境电子商务的概念、特征及交易流程，不仅是跨境电商行业入门的知识基础，也是跨境电商从业人员必备的认知基础，对于后续较为系统地掌握跨境电商从业所需的知识与技能具有十分重要的指导作用。

学习目标

1. 理解跨境电子商务的概念与特征。
2. 熟悉跨境电子商务的基本交易流程。

任务分配

本任务为分组任务：每组若干组员在组长带领下，根据本任务的若干引导问题进行任务分工，分别对跨境电子商务概念、特征及交易流程所涉及的概念和内容进行认知。

任务准备

引导问题 1：跨境电商跨的什么“境”？

引导问题 2：跨境电商交易活动应该包括哪些基本流程？

任务实施

一、跨境电商的概念与特征

1. 跨境电子商务的概念认知

跨境电子商务（Cross-Border E-Commerce）简称跨境电商，是一种以电子数据交换和网上交易为主要内容的商业模式，是分属不同关境的交易主体，通过电子商务平台达成交易、支付结算，并通过跨境物流送达商品、完成交易的一种国际商业活动。

广义的跨境电子商务，指对外贸易电子商务的活动，即分属不同关境的交易主体通过电子商务手段，将传统进出口贸易的展示、洽谈和成交环节电子化、数字化、网络化，并通过跨境物流运输商品，最终达成交易的出口贸易活动。跨境电子商务具有全球性、数字化、小批量、高频次、即时性和快速演进的特点。狭义的跨境电子商务是跨境网络零售的商业活动，即分属不同关境的交易主体借助互联网，通过各种电商平台完成交易，然后采用快递、物流等方式，通过跨境物流运送交易商品、跨境支付结算，最终将商品送达消费者手中，从而实现商品的国际间流动。

跨境电子商务的发展有利于企业转型、方便消费者、交易直接化、拉动国内需求、增加就业。对于跨境电子商务新手卖家而言，学习跨境电子商务首先要从理解其定义、特点和发展意义开始，如图 1-1 所示。

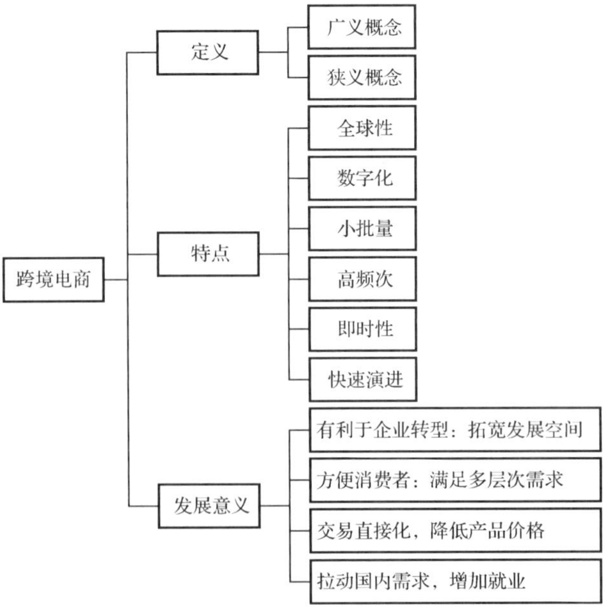

图 1-1　跨境电子商务的定义、特点和发展意义

跨境电子商务的商业活动可分为出口和进口两种贸易类型。本书所涉及的跨境电子商务理论和实务内容主要指出口跨境电子商务，针对跨境电商平台卖家或从业者，阐述其必须掌握的知识与技能。其主要内容如图 1-2 所示。

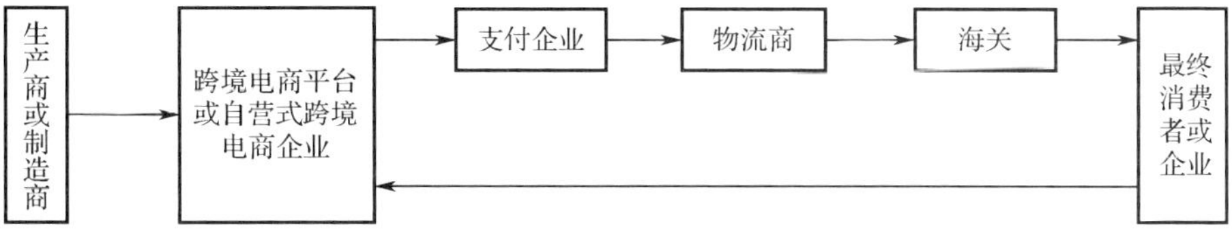

图 1-2　跨境电商的主要商业活动

2. 跨境电子商务的特征

跨境电子商务是基于网络发展起来的，网络空间相对于物理空间来说是一个新空间，是一个由网址和密码组成的虚拟但客观存在的世界。网络空间独特的价值标准和行为模式深刻地影响着跨境电子商务，使跨境电商不同于传统的交易方式，呈现出其自身的特点。

（1）全球性

网络是一个没有边界的媒介体，具有全球性和去中心化的特征，依附于网络发生的跨境电子商务也因此具有了全球性和非中心化的特性。电子商务与传统的交易方式相比，一个重要的特点在于电子商务是一种无边界交易，丧失了传统交易所具有的地理因素。互联网用户不需要考虑跨越国界就可以把产品尤其是高附加值产品和服务提交到市场。网络的全球性特征带来的积极影响是信息最大程度的共享，消极影响是用户必须面临因文化、政治和法律的不同而产生的风险。

（2）数字化

随着信息网络技术的深化应用，数字化产品和服务传输盛行。数字化传输是通过不同类型的媒介进行的，如数据、声音和图像在全球化网络环境中集中进行，而这些媒介在网络中是以计算机数据代码的形式出现的，因而是无形的、高度数据化的。

数字化产品通过跨境电商进行销售或消费的趋势更加明显。跨境电商就是通过数据驱动的新外贸体系，通过跨境电商平台将各类分散的信息集中起来，使交易信息更容易获得，而且可以通过大数据的积累，对所有参与者建立全新的信用体系，让买卖双方的交易更容易达成。

（3）小批量

跨境电商是单个企业之间或单个企业与单个消费者之间的交易，相对于传统贸易而言，其交易大多是小批量，甚至是单件的。

（4）高频次

跨境电商是单个企业之间或单个企业与单个消费者之间的交易，而且是即时按需采购、销售或消费，相对于传统贸易而言，其交易的次数或频率更高。

（5）即时性

对于网络而言，数据传输的速度与地理距离无关。在传统交易模式下，信息交流方式如信函、电报、传真等，在信息的发送与接收间，存在着长短不同的时间差。而电子商务中的信息交流，无论实际时空距离远近，一方发送信息与另一方接收信息几乎是同时的，就如同生活中面对面交谈。

（6）快速演进

互联网是一个新生事物，现阶段尚处在幼年时期，网络设施和相应的软件协议未来发展具有很大的不确定性。但税法制定者必须考虑的问题是网络，像其他的新生儿一样，它必将以前所未有的速度和无法预知的方式不断演进。

二、跨境电商的基本流程

1. 跨境电商进出口经营权办理流程

卖家在全球速卖通、亚马逊、敦煌网等平台上注册跨境电子商务账户后，就要考虑跨境选品和物流选择的问题。跨境选品将在后面章节讲述，在此不做描述。物流渠道可以选择快递包裹、国际专线等。至于通关，如果卖家自己拥有进出口经营权，那么可以委托货运代理办理通关，否则只能委托代理公司办理通关手续。卖家办理进出口经营权的流程如下：

① 在网上申请进出口经营权资格，提交后按要求准备材料，交当地区级对外经济贸易委员会，转市级对外经济贸易委员会，然后转省级对外经济贸易委员会批准。

② 取得进出口经营资格后，分别去市级市场监督管理局、税务局变更经营范围，然后去当地海关备案。

③ 到国家外汇管理局当地中心支局办理进出口核销登记，并开设美元账户，到税务局办理退税登记，领取退税证。

④ 分别到当地质量技术监督局、市场监督管理局、税务局审核盖章，然后去海关领取电子口岸登记操作系统、读卡器、IC 卡等。

⑤ 凭 IC 卡到当地对外经济贸易委员会、国家外汇管理局当地中心支局、海关办理 IC 卡备案。

⑥ 到出入境检验检疫局办理登记，申请产地证、普惠制产地证注册。

⑦ 在网上申请核销单，然后去国家外汇管理局当地中心支局购买核销单，去海关购买报关单。

2. 跨境电商业务运营流程及其与国内电商特点的对比

跨境电商的运营流程主要包括行业环境分析、可行性分析、市场分析、竞争分析四个方面，具体可以归纳为五个阶段：

寻找（获得）买家→签订合同→备货→报关运输→收款结汇。

在这一过程中，每个方面和环节又包括许多具体步骤，后续项目任务中会有所涉及，此处不多做展开。

拓展练习

浏览不同发展模式下的跨境电子商务平台网站，运用中国跨境电子商务网站论证跨境电子商务某一个特点，并举出至少三个具备这个特点的跨境电子商务平台。

任务二 传统外贸与跨境电子商务

任务描述

理解传统外贸与跨境电子商务的概念与不同，认识跨境电子商务的优势，以及为什么要做跨境电子商务。跨境电子商务相较于其他行业，创业所需的启动资金可以说是最少的，对新人来说是最好的创业项目。

我国有海量的适合跨境电子商务销售的产品有待开发，跨境电子商务市场空间巨大，行业运营效率的提升空间巨大，创业者可以广泛参与。

了解跨境电子商务的竞争情况。跨境电子商务的竞争相对较小，利润相对较高。我国电商处于发展最前沿，而国外电商比中国较为落后，相较于国内电商的竞争程度要缓和许多。国内电子商务的每日流量与卖家数量是国外电子商务平台的几倍甚至几十倍。

学习目标

1．了解传统外贸的发展历程并归纳跨境电子商务应运而生的历史条件与原因。
2．比较传统外贸与跨境电子商务的不同与优劣势。

任务分配

根据【任务准备】板块的引导问题进行任务分工，分别完成某一具体的传统外贸与跨境电子商务任务内容。

任务准备

引导问题 1：跨境电子商务的业务模式类型有哪些？
引导问题 2：说一说你所了解的中国跨境电子商务的发展历程是怎样的。
引导问题 3：比较传统外贸与跨境电子商务的不同。

任务实施

一、传统外贸企业向跨境电商的转型

信息时代，对跨境电子商务的发展而言，既要面对前所未有的挑战，又要迎接新的机遇。

1. 传统外贸面临的挑战

在经济全球化大背景下，跨境电子商务发展可谓危机与挑战并存。在这个信息爆炸的时

代，跨境电子商务令两大人群非常头疼，一是供应商，二是采购商。他们共同面对的传统外贸遭遇的挑战主要表现为交易环节的增加，涉及国际物流、出入境清关、国际清算等方面。

（1）国际物流方面

物流问题一直是跨境电子商务要面对的最重要的问题之一，主要存在时间过长、距离过远、货物易损等现实情况。

① 配送慢。跨境电子商务物流所面临的首要问题是速度与价格。当前，物流已不仅仅是运输，还包含了仓库存储等业务，已成为现代化综合性服务产业。近些年，虽然我国的物流产业随着电子商务的热潮有了发展，但相较于国外仍存在不少问题。国内物流行业发展较晚，且仍处在发展期，配套设施也不完善，目前国内的跨境电子商务包裹邮寄的快递公司中，邮政快递是占比最高的，从我国运达美国一般需要 10～15 天，运达更远的国家所用时间更长。随之而来的是运费增加。

② 成本高。在跨境电商的整体交易环节中，物流成本一般占总交易成本的 20%～30%，物流服务商也是整个跨境电商生态链条中占比最大的一个群体。跨境电子商务企业必须面对物流成本大幅上涨、邮政小包集体涨价等问题。

当前，跨境电商最常用的国际物流方式之一是小包。一方面，跨境小包的门槛很低，限重 2 千克，这意味着如果你的商品是一副墨镜、一条裙子或者一副耳环，都可以轻轻松松地被小包送走，而不受“重量段”的限制。因为买家多为零散的 C 端（消费者），因此小包自然承担起了“快、小、少”的运输任务。另外，跨境电商小包范围广，全世界有邮政的地方都可以寄到。然而，小包有一个致命弱点，就是时效性差。下单、分拣、打包的具体时间，中转的定位，运输方，指定的派送快递员等，这一系列问题小包都无法实现，除非是用有物流信息的 e 邮宝来解决。这些“小包”生意就目前发展状况而言已经难以为继。比如，邮寄一顶帽子，采购价格是 20 元，在 eBay 上售价 6 美元，按照平均汇率是 38 元，它的重量加上外包装一共是 300 克，邮费是 20 元。这样算下来，这家电商企业就毫无利润可言了。

这种小包“类倾销式”物流模式，虽然很便宜，且承揽了大量的跨境物流业务，但事实证明它大大损害了消费国物流商和卖家的利益。俄罗斯、阿根廷等国的海关已经有所行动，它们拦截了大量的跨境包裹，欧盟也开始在税收方面对小包有所行动。在这种严峻形势下，“小包”已无法满足大部分卖家的需求。

（2）出入境清关方面

清关即结关，是指在一国关境进出货物时，按照法律法规所履行的相应的手续，即在海关监管之下，办理海关申报、查验、征税、放行等手续，以使货物能够正常通行。对快件清关来说，不同类型的邮件混在一起，无疑加大了清关难度，使得通关效率低下、成本上升。集货清关是先下订单后发货，需要在国外完成打包作业，由于国外人工成本高，打包成本也会水涨船高。另外，在国外发货，物流时间也会加长。而备货清关，即先备货、后下订单的模式，需要使用保税仓库，这样就会产生保税成本，备货也会占用资金。跨境物流需要跨过出口国与目的国两方海关。在出口中，物流跨国最复杂的是目的国海关，海关扣货查验，一般会出现三种处理结果：直接没收、退回发件地或要求补充文件资料。无论哪种情况，都会提高时间成本，给卖家带来损失。

（3）国际清算方面

国际清算是根据清算协定，把双方的债权和债务都记入清算账户，定期进行结算，使收支达成平衡。两方或两方以上的债权债务，需要通过互相抵偿的方法进行国际间的结算。在现实交易中，国际清算环节是个难题。烦琐的环节会让物流效率降低，使买家对购物的满意度降低。

以上问题是每个跨境电子商务企业都要面临的挑战，但挑战中也蕴含着机会。由于日益成熟的电商环境，买家对电商平台提供的服务要求越来越高，在部分国家或地区，产品物流是否便捷快速已经成为影响买家选择购买产品的重要因素。而国内的电商平台想要在海外地区实现物流本地化的过程难，建立物流网络需要庞大的资金和当地的物流基础条件，这已经成为国内跨境电商平台在海外发展过程中的一大挑战。

2. 转型跨境电商带来的新机遇

在国内整体消费升级的背景下，市场需求的不断扩大也为跨境带来了机遇。在出口商方面，由于信息技术的普及，欧美等发达国家和地区，以及部分发展中国家完成了国内互联网的覆盖，第三方软件与物流的配套服务系统的成熟使网购的需求不断扩大，传统外贸企业落后于时代脚步，从而使互联网销售或电商成了主要销售渠道之一。在庞大的市场运作下，电商以惊人的速度在发展，近年我国跨境电子商务交易规模与增长率如图 1-3 所示。

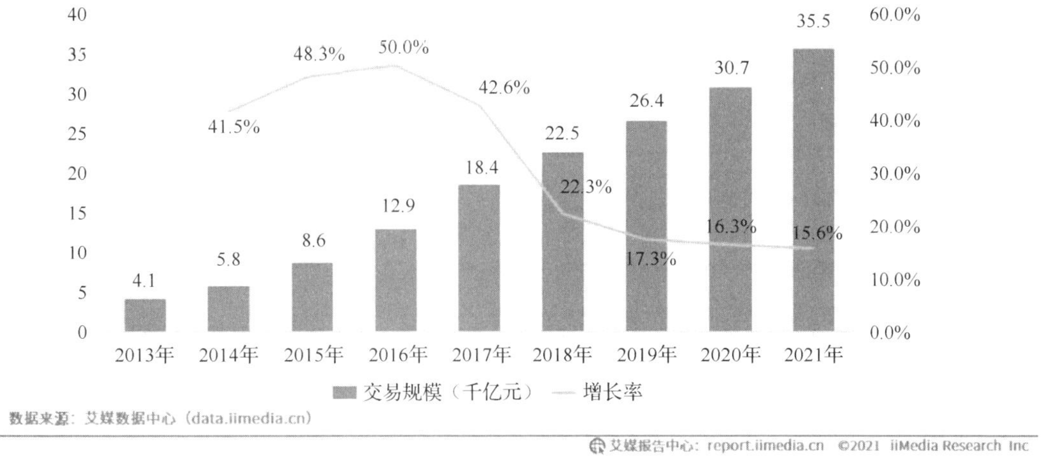

图 1-3 近年我国跨境电子商务交易规模与增长率

埃森哲咨询公司和阿里研究院最新报告，2020 年全球超过 9 亿人都在进行跨境购物，最大的市场是中国。国内消费者购买进口消费品的需求，在接下来的几年将会被逐渐释放，并趋向平稳。走出去拓展海外市场将成为国内电商企业的重要任务。

目前，部分跨境电商企业已经成功拓展到了欧美、拉美市场。在将海外营收占比提高到50%的目标下，天猫在“双 11”启动了“全球化 2.0”，带领商家集体出海。

随着国家经济的发展与人们生活水平的提高，中国消费者的购买力也在不断提高，如今市场的消费主力已逐渐过渡为“80 后”“90 后”群体，他们的消费观念较为超前，对跨境商品消费需求明显，不仅拉动了国内市场需求，也带动了整个世界的经济发展。未来，中国跨境海淘的用户规模将进一步扩大。

跨境电子商务是未来国际贸易发展的趋势，这一点已经得到多方证实。在由互联网重塑的国际贸易格局中，我国已经找到新的贸易增长点，并且成为全球主要跨境电子商务中心之一。

二、跨境电商与传统外贸的比较

跨境电子商务是区别于传统外贸的，两者之间有很大的不同。下面我们将从主体、环节、形式、税收、模式五个角度对传统外贸与跨境电子商务进行对比、分析。

1. 主体不同：传统外贸主体是信息流，跨境电子商务主体是商品流

电子商务交易中包含四种基本的“流”，即信息流、商品流、资金流、物流。其中，信息流是指人们利用各种方式达到信息交流的目的，使面对面的直接交谈转变成采用各种现代化传递媒介进行交流的过程，包括信息的收集、传递、处理、储存、检索、分析等内容。与传统外贸不同的是，跨境电子商务的主体变成了商品流。商品流是指商品在销售方与购买方之间进行的交易和商品所有权转移的运动过程，具体指的是关于商品交易的一系列活动。各要素的流动成本构成不同，其大小也不相同。

科学技术的发展和信息网络的建设使信息流流动成本比起以往都要小，速度也更快。因此，随着网络经济的到来和商务电子化进程的加快，传统的资金支付方式、渠道越来越不同于商品流的特征，在跨境电商时代，商家们利用网络将商品远销海外，商品流逐渐成为跨境电子商务的主体。

2. 环节不同：跨境电子商务压缩进出口成本，环节多样化

在传统外贸企业中，出口商向国外集中出口大量的商品后，在当地境内，商品的流通要经过企业的多级分销，最后到达消费者或企业手上，成本大大增加，交易门槛被抬高。

具体来说，传统外贸企业参与贸易时，商品需要经过生产制造企业、出口商、进口商、渠道商、批发商、零售商等环节，才能到达客户，因此商品价格与原产价格相差很多，导致购买人数减少。尤其在东南亚、印度等地区，由于人工成本低等原因，出口成本相对下降，这就给我国的出口造成了一定压力。

随着跨境电子商务的兴起与发展，客户通过跨境电子商务平台下单，跨境卖家可以直接将货发到客户手里，省去了中间环节，继而各国之间的商品得到了“公平的待遇”，能解决卖家库存、物流、清关等问题。另外，跨境电子商务以这样的方式可以摆脱传统单一的销售环节，利用各个电商平台的特性进行个性化销售，使出口或销售环节越来越多样化，有利于电商产业发展。

跨境电子商务通过这样的电子商务交易与信息服务平台，实现了多国企业之间、企业与最终消费者之间的直接交易，缩短了各环节的时间，实现了出口环节的多样化。

3. 交易形式不同：传统外贸以线下交易为主，跨境电子商务多为线上

当前，传统外贸的形式依然以线下交易为主，包括展卖、加工贸易、补偿贸易、技术贸易等。随着近些年信息技术产业和互联网的快速发展，面对转型问题，传统外贸企业开始思考自身的思维模式、商业模式及业务流程。以线上为主要标志的跨境电子商务，成为当下传统外贸的“香饽饽”。

纽高新公司作为一家国际贸易公司，其早期只做传统的 B2B 国际贸易。

随着时代的进步，贸易数字化趋势越来越强劲，管理者发现消费者的习惯发生了转变，线下贸易开始萎缩，订单逐渐减少，同时线上的 B2B 渠道用户饱和度越来越高，产品同质化程度越来越高，线下客户的采购也越来越碎片化，小额采购成为主流。

这些都在昭示着传统外贸行业已经不再适合公司发展需求。除此之外，他们也逐渐认识到如今的电子商务已经进入“大数据时代”，电子商务数据的积累和挖掘，以及客户沉淀才是企业发展的新动力。

于是，纽高新决定进行战略转型，大力拓展跨境电子商务领域，而且仅用了 3 年时间，实现了从纯线下传统贸易到线上线下交易额占比各 50%的转变。很多人感叹纽高新的过渡如此顺利，成效如此之好。

当然，并不是说传统外贸已经无法继续生存下去，相反在 B2B 模式中，传统外贸模式依然占有一席之地，只是随着时代的进步，需要转变思维，在新时代的大潮中找出路。

4. 税收不同：传统外贸税种复杂，跨境电子商务税收比较简单

传统外贸税收涉及复杂的关税、增值税、消费税等，而跨境电子商务的税收则较为简单，一般只是行邮税。

5. 模式不同：外贸电商多为 B2B，跨境电商则业务模式更丰富

传统的外贸电商基本采用的是商家对商家的 B2B 模式，而跨境电子商务根据自身特点采用的运营模式是商家对消费者的 B2C，比如亚马逊、速卖通等。近些年，M2C（Manufacturers to Consumer），即生产厂家对消费者的模式也在不断发展，如 ToBox。与传统的外贸电商所采用的“集装箱”式大额交易模式相比，跨境电子商务拥有很多优势。

拓展练习

归纳总结 B2C 适合哪些企业的经营模式，B2B 适合哪些企业的经营模式，C2C 适合哪些企业的经营模式，M2C 适合哪些企业的经营模式。

任务三 我国跨境电商发展历程、现状及问题

任务描述

跨境电子商务的消费者遍布全球，拥有强大的市场潜力。在我国政府和企业的大力推动下，跨境电子商务市场规模逐渐增加，已围绕整个跨境贸易形成了一条从营销到支付、物流和金融服务的清晰、完整的产业链。跨境电商正处于政策红利释放期，政府相当重视，将跨境电子商务视为我国经济发展转型升级、打造经济新增长点的着力点，还相应推出了各项支持政策，发展跨境电子商务势在必行。对我国跨境电商发展历程、现状、问题加以把握，有助于跨境电商从业人员对本行业形成更为全面且系统的认知。

学习目标

1. 了解我国跨境电子商务的发展历程。
2. 熟悉我国跨境电子商务的发展现状。
3. 认识我国跨境电子商务所面临的问题。

任务分配

本任务为分组任务：根据我国跨境电子商务发展历程、现状及问题的不同任务，每组若干组员在组长带领下，根据【任务准备】板块的若干引导问题进行任务分工，分别完成某一具体的跨境电子商务发展历程、现状及问题任务内容。

任务准备

引导问题 1：我国跨境电子商务最大的转折点是什么？

引导问题 2：我国跨境电子商务面临的最严峻的某一现状是什么？请阐述你的理由。

任务实施

一、我国跨境电商的发展历程

1999 年，阿里巴巴公司成立，拉开我国跨境电商发展的序幕。最初，阿里巴巴中国供应商只是互联网上的黄页，将中国企业的商品信息向全球客户展示，定位于 B2B 大众贸易，买方通过阿里巴巴平台了解卖方的商品信息，然后双方在线下洽谈、成交，所以当时的大部分交易是在线下完成的。

2000 年前后，少量国内卖家开始在 eBay 和亚马逊等国外平台尝试跨境电商，但没有形成规模。

2004 年，敦煌网在北京成立。区别于阿里巴巴中国供应商黄页的定位，敦煌网侧重于买卖双方在线完成交易，在敦煌网上发生的交易多数是小额 B2B 贸易。

2007 年，兰亭集势成立，它是整合国内供应链，以兰亭集势名义向国外销售商品的 B2C 平台。

2009 年，阿里巴巴速卖通成立。成立之初，速卖通是以 B2C 和 C2C 为主要跨境贸易模式的。随着速卖通的发展，很多国内电商卖家和传统外贸卖家逐渐加入 B2C 跨境电商行业中；几年间，速卖通已迅速赶超其他平台，成为国内卖家最集中的跨境电商平台。

2010—2014 年，国内跨境电商卖家队伍迅速壮大，不少卖家同时入驻亚马逊、eBay 等各类电商平台。

2013 年，Wish 平台上线，2014 年中国卖家开始入驻 Wish 平台。

2015 年，国务院率先设立了中国（杭州）跨境电子商务综合试验区；截至 2020 年，国务院在全国范围内分五批，共设立了 105 个跨境电子商务综合试验区，覆盖了 30 个省区市。

2016 年 4 月起，速卖通取消 C2C 贸易模式，仅限企业卖家入驻经营；2017 年起，速卖通要求所有卖家销售的商品必须有注册商标。

2016 年，阿里巴巴收购东南亚电商平台 Lazada，在东南亚与 Shopee 等平台展开竞争。

2017 年，“天猫出海”项目正式启动，将天猫平台上近 20 亿种国货卖向全球，服务在海外生活的近 1 亿名华人。

截至 2018 年，商务部等七部委在全国设立 14 个“市场采购贸易试点”，跨境电商 B2C 出口合规经营政策逐步明朗。

近年来，跨境电商行业在中国迅速发展，越来越多的企业意识到这个行业的商机及未来良好的发展前景。十来年的时间，我国跨境电商卖家从无到有，逐渐形成规模，团队协作、供应链管理、跨境物流等“卖全球”的基本功在一次次“双 11”等大促中被磨炼。随着跨境电商相关配套政策日益完善，这些被磨炼过的卖家团队将成为未来中国参与国际零售市场竞争的重要力量。

二、我国跨境电商的现状

随着“互联网+”时代的到来，跨境电子商务已经站到了资本市场的风口上，有望成为对冲出口增速下台阶的利器。近年来，随着国际贸易条件的恶化，以及欧洲、日本的需求持续疲弱，我国出口贸易增速出现了下台阶式减缓。而以跨境电子商务为代表的新型贸易的发展脚步正在逐渐加快，并有望成为中国贸易乃至整个经济的全新增长引擎。

2015 年，我国跨境电子商务交易规模为 5.4 万亿元，同比增长 28.6%，其中跨境出口交易规模达 4.49 万亿元，跨境进口交易规模达 9 072 亿元。我国跨境电子商务的进出口结构比例中，出口电商占比 83.2%，进口电商占比 16.8%。

从结构上看，跨境出口电商的比例将长期高于跨境进口电商的比例，我国跨境电子商务的发展将始终以出口为主，进口为辅。国家近年来力促跨境电子商务的发展，旨在扶持传统外贸企业借助互联网的渠道实现转型升级。2015 年，我国跨境电子商务的交易模式跨境电子商务 B2B 交易占比达到 88.5%，跨境电子商务 B2C 交易占比 11.5%。

中国报告大厅发布的《2016—2021 年跨境电子商务行业深度分析及“十三五”发展规划指导报告》数据也显示，我国跨境电子商务近年交易规模持续增加，进出口贸易的渗透率正逐年攀升。而自 2016 年以来，跨境电子商务行业持续迎来政策利好，国家推动建设跨境电子商务综合试验区，并组织实施国家电子商务示范城市、电子商务重大工程等，这些政策措施都不断为跨境电子商务带来发展新机遇。

三、中国跨境电商面临的问题

1. 物流问题

制约跨境电子商务发展的一个主要原因就是成本高、物流慢的问题。一直以来，跨境电子商务的物流供应链因为存在众多中间环节且结算周期长、缺乏时效性，阻碍了送货速度的进一步提升。跨境电子商务涉及的中间环节比较多，跨区域的储藏，长距离的运输保存，以及报关报税等，都是制约其发展的关键性因素。目前跨境电子商务所涉及的国际物流方式分类、运费计算等内容在本书“项目八”中有具体介绍，此处不做展开。

2. 支付问题

无论是消费者从境外购买商品还是商家将自己的产品销往其他国家，这个过程中都会涉及支付问题。各个国家都有自己的货币，外汇之间的转换也是大问题。以前，海外购物需要使用 VISA、万事达等双币卡消费，使国内跨境支付的大部分市场份额基本被进行支付清算的国家卡组织占据，国内的跨境支付机构一直未能占据这一重大市场。直到 2013 年，我国才有相关政策出台，但获批的支付平台也不多，只有 20 多家。其中支付宝、财付通等是第一批获得跨境支付试点资格的支付平台，目前处于领先地位。国内政策出台支持，进一步带动了国内的支付行业，也便利了广大商家和消费者。

第三方支付平台迅猛发展的同时，与之相伴的是支付行业危险的上升。电子商务网上支付本身就是在虚拟的平台上进行的，因而很容易被不法分子利用黑客技术盗取客户信息。个人隐私及交易信息的泄露都会给买卖双方带来不同程度的损失，同时降低了彼此对网络交易的信任度与安全感。

3. 税收问题

由于跨境的存在，不同国家之间的实物商品的入关交易必然涉及税收的问题。过去，电子商务中主要涉及的税收有进口关税、进口环节增值税、消费税及行邮税，征税过程中主要存在以下问题：①由于涉及跨境、网络、物流、海关等多个环节，各个部门之间的信息不能及时共享，加大了税收监管的难度；②境内的消费者通过电商平台购买境外的商品，绝大部分承担的仅仅只是少量的行邮税，并没有缴纳进口相关的其他税款，导致了国家税收的损失，也对国内企业造成不平等的竞争，致使资本外流，从而对我国的经济造成不利的影响。

我国自 2016 年 4 月 8 日起，对海淘实行新税制，跨境电子商务零售进口商品不再按物品征收行邮税，而是改按货物征收“关税+进口环节增值税、消费税”的综合课税，同时取消进口环节增值税、消费税的 50 元免征税额的条款。这一改革给各大市场带来了冲击，在一定程度上避免了税款的流失。新税制中也出台了相关的政策，进一步加强了跨境电子商务的监管力度。

拓展练习

请调研兰亭集势的发展历程，结合该平台的发展历程论证我国跨境电子商务的发展历程、现状及如何应对跨境电商飞速发展的局势，并阐明理由。

拓展阅读

跨境电商之未来发展趋势

深圳中品腾飞智能科技有限公司生产的 TENVIS（腾威视）品牌网络摄像机，在国内恐怕没有多少人知道，但在海外许多国家和地区却拥有相当的知名度。总经理李小有介绍说，该企业过去在为国外知名企业做代加工时，一件商品卖给国外只有 200 美元，可是外商一转手就卖 2 000 美元，代加工不仅利润微薄，而且订单很不稳定。于是，该企业只好开始寻求品牌自营。可是，要想打响自有品牌又谈何容易？

2011 年，TENVIS 通过出口商寻找跨境电子商务卖家，尝试着在 eBay、亚马逊和独立网站上出售商品。开始时是自己做电子商务，但尝试了一段时间后发现，这并不是自己的强项，于是直接供货给那些有经验的大卖家。这些大卖家每家的订单虽然不多，但天天都有，最终聚沙成塔，这样算下来，已经超过过去一次性接外商一个大订单的利润。由于当时对跨境电商的销售模式不明确，所以一直是根据订单进行备货、发货的。但是几个月过去后，海外各地市场便纷纷告急。因为在日本，同类产品，如松下卖 10.6 万日元，而他们自己只卖 0.6 万日元，这样的价格差距，该企业的市场又怎么可能打不开呢？

2011—2013 年，有几十家跨境电子商务的卖家都在销售该企业的产品，于是他们开始优化渠道，从 2014 年起每个海外国家市场都只找一个独家代理，这既便于管控价格，又便于管理团队。与此同时，他们还趁热打铁，加紧与更多优质卖家合作，以扩大影响力，同时通过做搜索关键词推广，提高了自己的知名度。与该企业合作的一位卖家称，自己的月销售量可达 500 台，每台至少可赚 10 美元。李小有深有体会地说："以往销售很难做，是我们在求别人；现在销售很容易，都是卖家找我们要产品。这样，我们就掌握了议价权，能控制利润水平。"依靠跨境电子商务，他们实现这一巨大转变仅仅用了 4 年的时间。李小有谦虚地说，自己企业的成功只是时代的产物，并不是所有商品都适合做跨境电商。就 TENVIS 来说，这种家用 IPCamera 是智能家居用品而不是安防产品，可用手机 App 进行控制，随时查看家中各房间里的情况。它体积小、单价不高（单价只有 30～60 美元），十分适合通过跨境电商渠道来进行零售。在他看来，他在跨境电商卖的并不是商品，而是高科技。

项目二

跨境电商模式分类

从前面对跨境电商的认知中，我们了解到，我国跨境电子商务交易模式以跨境 B2B 市场为主，销售产品以服装类、3C 类为主。根据政府数据及第三方数据来看，当前我国跨境电子商务以出口交易为主。但随着我国跨境电子商务市场的快速发展，用户跨境消费习惯的逐渐养成，以及跨境电子商务企业在产品品类、质量和服务等多方面的提升和完善，我国跨境电子商务市场的自身竞争力会大幅度提升，进出口交易比例也会逐渐趋于平衡。因此，在从事跨境贸易之前，了解跨境电子商务的分类，区分主流跨境电商的模式差异，就显得十分必要。跨境电商的类别名目繁多，可以从多种角度去进行分类。本项目主要从跨境电商的模式上对跨境电商进行分类，即交易主体下的跨境电商模式和运营方式下的跨境电商模式。

任务一　交易主体下的跨境电商模式

任务描述

交易主体下的跨境电商模式是最广为人知的跨境电商分类方式。在此任务下，理解跨境 B2B、B2C、C2C 三种模式的定义、异同，以及代表性的企业平台，能够为今后根据不同的产品属性和贸易特点进行跨境电商模式的选择打下坚实的基础。

学习目标

1. 了解交易主体下的跨境电商模式类别。
2. 能够根据不同平台的特点，按照其交易主体，判断平台的跨境电商模式。

任务分配

本任务为分组任务：将全班同学分成六组，根据不同的交易主体，每组组员在组长的带领下进行任务分配，根据【任务准备】要求进行任务分工，分别登录网站完成任务内容。

任务准备

登录如下几个不同的跨境电商平台，了解不同平台之间的异同。

1．环球资源网
2．速卖通
3．eBay

任务实施

交易主体，即参与交易的双方或多方，亦即交易的对象。根据交易主体的不同，我们将跨境电商分为企业与企业间的电子商务（Business to Business，B2B）模式、外贸企业与消费者之间的电子商务（Business to Customer，B2C）模式、国内消费者与国外消费者之间的电子商务（Customer to Customer，C2C）模式。以出口为例，跨境电商的交易主体如图 2-1 所示。

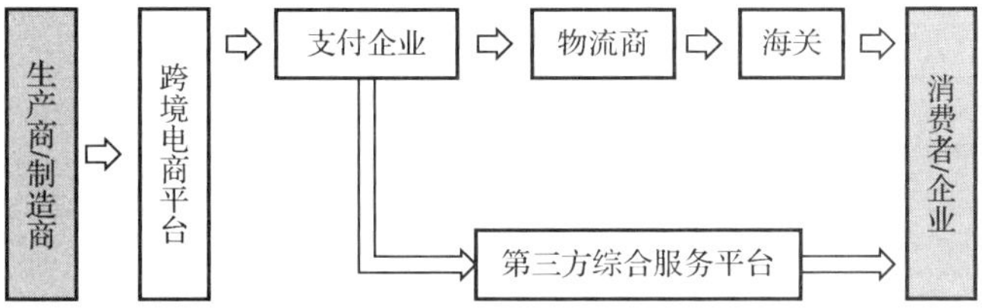

图 2-1　跨境电商的出口交易主体

一、B2B 模式

B2B 模式是指分属不同关境的企业与企业之间通过专用的网络或者 Internet，进行数据信息的交换、传递，开展交易活动的商业模式。它将企业内部和企业的产品及服务，通过 B2B 网站或者一定的客户端与客户紧密结合起来，通过网络的快速反应，为客户提供更好的服务，从而促进企业的业务发展。B2B 模式包括信息发布、询价及订货、支付与结算、票据流转、物流配送等环节。

在 B2B 模式下，企业运用电子商务以广告和信息发布为主，成交和通关流程基本在线下完成，本质上仍属传统贸易，被纳入海关一般贸易统计。在全球和中国跨境电商市场交易规模中，B2B 跨境电商市场均处于主导地位，规模远超其他两种模式。

我国的 B2B 跨境电商平台主要有阿里巴巴国际站、中国制造网、环球资源网等。从全球来看，知名的跨境 B2B 平台如表 2-1 所示。

表 2-1　不同国家主要 B2B 跨境电商平台及其特点

国　家	平台名称	特　点
中国	阿里巴巴国际站	2 600 万个活跃企业采购商，覆盖全球 200 余个国家和地区，近 6 000 个产品类别
美国	亚马逊	面向企业和机构买家的一站式商业采购站点，专注于为企业长尾采购提供一站式解决方案
	GlobalSpec	美国主流 B2B 平台，面向美国和亚洲市场，主要提供工业部件、机械及相关服务

续表

国　家	平台名称	特　点
俄罗斯	Tiu.ru	俄罗斯最大的 B2B 平台之一，主要目标市场为俄罗斯、乌克兰、乌兹别克斯坦、中国等亚欧国家
韩国	EC21	拥有 100 万个买家，每月超过 60 万次询盘，目前有 EC21 中国站、EC21 韩国站和 EC21 全球站 3 个站点，支持 8 种不同语言
沙特	TradeKey	主打亚洲市场，特别是印度、中国大陆、巴基斯坦、中国台湾、马来西亚、孟加拉国等国家和地区
印度	IndiaMart	印度最大的商品和服务在线 B2B 平台，为客户提供基础和优质会员服务，运营模式几乎与阿里巴巴网站相匹敌

如上所述，B2B 跨境电商市场均一直处于主导地位，由于能够降低采购成本，节省周转时间等因素，B2B 模式成为众多中大型企业和工厂都十分青睐的跨境贸易模式。然而，B2B 模式也有其不可规避的缺点，值得买卖双方注意。表 2-2 所示为外贸 B2B 的优缺点。

表 2-2　B2B 模式优缺点对比

B2B 模式的优点	B2B 模式的缺点
1．降低采购成本	1．风险较大
2．降低库存成本	2．竞价较多
3．节省周转时间	3．行业巨头主导
4．扩大市场机会	4．成交较慢

不同的跨境电商根据自己的实际情况，在自身的发展目标与发展重点的基础上，采取了个性化的发展方式，强化有利因素，弱化不利因素。中国国际经济交流中心基于 2020 年中国外贸情况，以及近 20 年跨境电商发展情况，发布《数字化新外贸趋势发展报告》，指出阿里巴巴国际站已成为新一代电商范式。据不完全统计，在 2020 年，有来自 14 个行业的 72 家上市公司和 274 家品牌商入驻阿里巴巴国际站，加入数字化新外贸的大潮。

阿里巴巴国际站作为跨境 B2B 平台的代表，是通过贸易平台向海外买家展示或推广产品与服务，从而得到贸易订单的一个电子商务网站，其网站首页如图 2-2 所示。同时，阿里巴巴国际站也是出口企业扩大出口的重要网络平台。国际站先后投入 20 亿元帮助传统外贸商家顺利转型新赛道，通过线上展会、B 类直播、3D 看厂、短视频等方式，拉近买卖双方的距离，让贸易通过线上的方式变得更简单。

二、B2C 模式

B2C 模式即跨境网络零售，是指分属不同关境的企业对个人的商业模式。在此种模式下，我国企业直接面对国外消费者，以销售个人消费品为主。B2C 平台模式为直接面向消费者销售商品和服务的商业零售模式。B2C 模式的物流主要采用航空小包、快递等方式。

近年来，B2C 模式的跨境电商发展势头强劲，在整个跨境电商市场的占比与日俱增。目前全球很多国家在跨境快递物流管理、小批量、多批次货品海关监管等方面还存在短板或制约条件，所以这部分规模不大。B2C 模式的优缺点如表 2-3 所示。

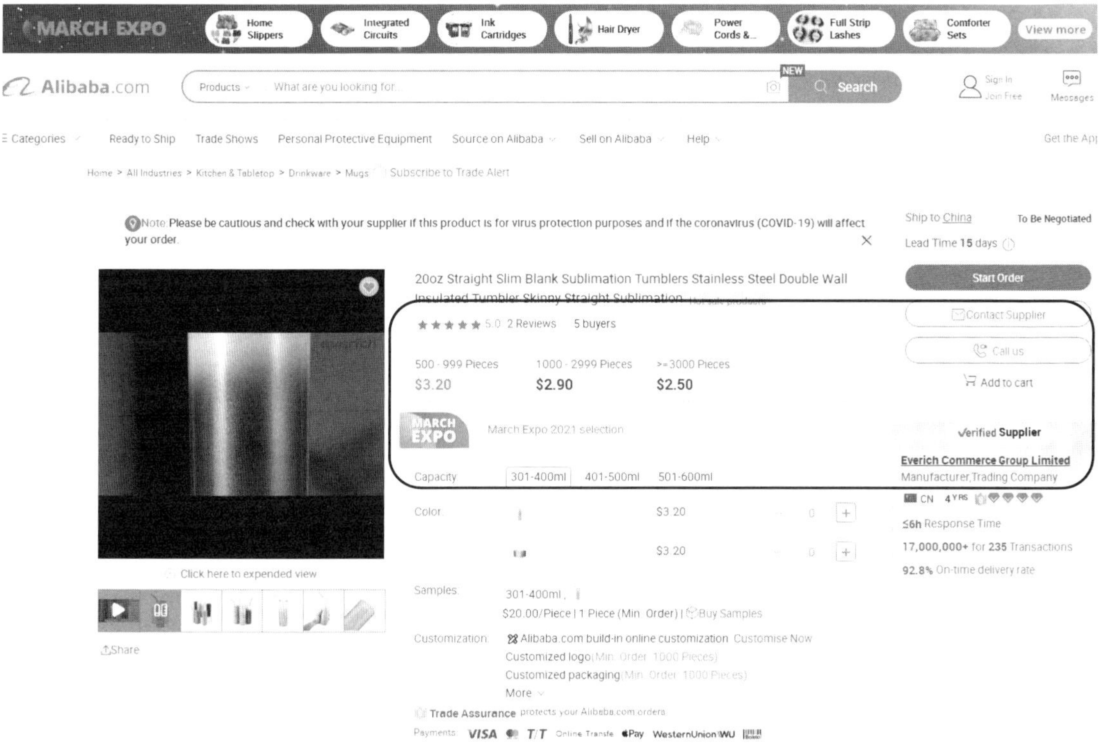

图 2-2　阿里巴巴国际站（B2B 模式）产品页截图

表 2-3　B2C 模式优缺点对比

B2C 模式的优点	B2C 模式的缺点
1．资金比较雄厚，能不断引进新商品	1．商品品类少
2．客户资料保密度较高	2．线上付款不太安全
3．售后服务好	3．买卖双方互动较低
4．经营成本低	4．商品议价空间小

目前使用较多的 B2C 平台主要有亚马逊、速卖通、米兰网、大龙网、兰亭集势等。

亚马逊是最早在网络上经营电子商务的公司之一，是美国最大的电子商务公司。图 2-3 为亚马逊中国产品页截图。目前，亚马逊已经跃升为全世界第二大互联网企业。亚马逊以店铺、产品卖出佣金、推广费用等为主要的盈利方式。然而亚马逊的平台商户经营成本较高，这是很多卖家望而却步的原因之一。

我国的大多数中小企业都是通过 B2C 跨境电子商务平台进行对外贸易的，但诸如亚马逊、速卖通之类的知名 B2C 平台的佣金率、店租等费用偏高，导致卖家的经营成本高，不利于中小外贸企业扩大出口。此外，B2C 模式由于在国际贸易中也面临着诸如入境、海关、缺乏有限监管方式等制度障碍，导致其规模受限。

图 2-3　亚马逊中国（B2C 模式）产品页截图

三、C2C 模式

C2C 模式是指分属不同关境的个人与个人之间的商业模式。比如，一个消费者有一台电脑，通过互联网平台和国外的某个消费者达成了交易，进行支付结算，并采用快件、小包等行邮方式通过跨境物流将商品送达消费者手中，即完成了外贸的 C2C 交易。

目前比较流行的 C2C 平台主要有 eBay、亚马逊、Wish 等。外贸 C2C 模式主要是个人在平台上开设网店进行交易。

外贸 C2C 模式的优缺点相比前两种模式十分明显，具体如表 2-4 所示。

表 2-4　C2C 模式优缺点对比

C2C 模式的优点	C2C 模式的缺点
1．买家数量极大	1．管理成本高，售后客诉量巨大
2．买手模式简单易上手	2．假货太多
3．网站技术要求较低	3．买家容易流失
4．网站建构成本较低	4．物流时效性无法控制
5．容易开发销售卖点	5．同质化竞争激烈，商品重复率高

eBay 是一个线上拍卖与购物网站，是全球最大的 C2C 平台，全球业务超过 190 个国家，活跃的用户数量近 1.9 亿个，其产品购买页截图如图 2-4 所示。

eBay 拥有全球第一的买家流量（见图 2-5），是一个高利润、低成本、低风险的外贸渠道。此外，eBay 灵活易用，集信息、交易和支付于一体，因此受到全球众多 C 端买家的喜爱。

图 2-4 eBay（C2C 模式）产品页截图

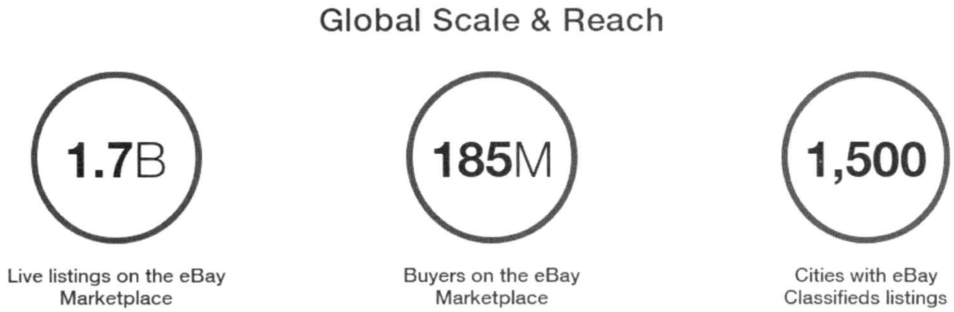

图 2-5 eBay 的全球市场规模（数据来源：eBay 官网）

拓展练习

1．请登录 Shopee、沃尔玛、Wish、敦煌网、Lazada、中国制造网等几个跨境电商平台，判断它们属于 B2B、B2C 还是 C2C 模式。

2．在表 2-5 中进行填空，对比交易主体下的跨境电商模式的区别。

表 2-5 跨境电商 B2B、B2C、C2C 模式对比

区　别	B2B	B2C	C2C
交易对象			个人对个人
终端客户		任何有需求的人	
驱动力	企业实力、产品性能质量		

续表

区　别	B2B	B2C	C2C
价格		基本固定零售价	
产品品类	可同时展示不同品类		
购买频次		较大	
消费金额			较低

任务二　运营方式下的跨境电商模式

任务描述

进行跨境电商交易，首先选择合适的运营模式。按照平台的运营方式，跨境电商可以分为三类：跨境平台模式、跨境自营+招商模式及 SNS 平台营销模式。在此任务下，需要理解跨境平台模式、跨境自营+招商模式及 SNS 平台营销模式三者的定义、异同、运营特点等，以期能够根据不同的产品属性和贸易特点进行跨境平台的选择。

学习目标

1．了解运营方式下的跨境电商模式类别。
2．能够根据不同平台的特点，按照其运营方式，判断平台的跨境电商模式。

任务分配

本任务为分组任务：将全班同学分成六组，根据不同的运营方式，每组组员在组长的带领下进行任务分配，根据【任务准备】要求进行任务分工，分别登录网站完成任务内容。

任务准备

1．登录如下不同的跨境电商平台，并查阅相关资料，了解平台运营方式的异同：
京东国际
苏宁全球购
阿里巴巴国际站
2．登录 Meta（原 Facebook）、Twitter 等社交软件，并查阅资料，了解 SNS 平台营销模式。

任务实施

通常情况下，新手卖家在跨境电商运营之前，需要根据自身的特点，考虑是选择已经成熟的第三方开放平台，还是建立自己的跨境电商自营网站。根据运营方式不同，跨境电商通常可以分为平台型和自营型。但是随着跨境电商的逐渐发展，自营型跨境电商逐渐转变为跨境自营+招商模式。此外，随着社交媒体发展的日益流行和成熟，一种新兴的跨境电商模式——SNS 模式也逐渐发展起来。因此，按照平台的运营方式，可以将跨境电商分为如下三类：跨境平台模式、跨境自营+招商模式、SNS 平台营销模式。

一、跨境平台模式

跨境电商平台即某家企业所建立的线上商城，整合物流、支付、运营等服务资源，吸引卖家进驻并为其提供跨境电商交易服务的网站，又称跨境第三方平台。跨境平台是很多生产型企业和中小型企业，尤其是小微企业跨境电商入门的选择。卖家在平台进行跨境电子商务交易，平台通过收取卖家佣金及增值服务佣金进行盈利。现阶段，出口类 B2C、C2C 平台模式的主要代表企业包括 eBay、亚马逊、速卖通、Wish 等；我国主要的出口跨境 B2B 平台有阿里巴巴国际站、环球资源网、中国制造网等。2020 年中国跨境电商入驻平台情况如图 2-6 所示，这些平台均为目前全球主流的跨境电商平台，前三位分别为亚马逊、阿里巴巴国际站和速卖通。

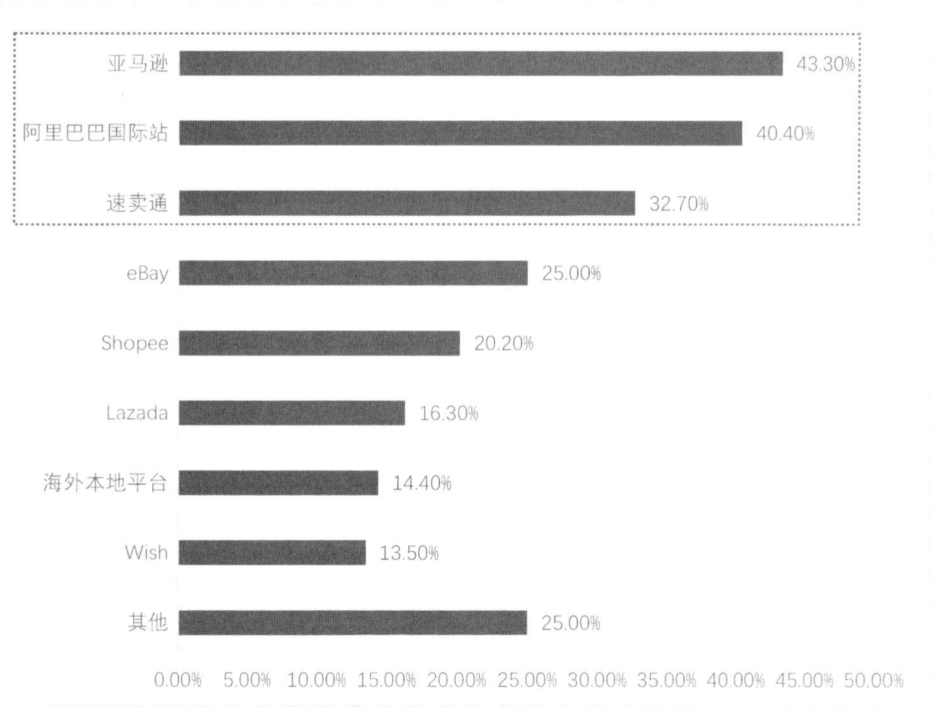

图 2-6　2020 年中国跨境电商入驻平台情况（数据来源：前瞻数据研究院）

在跨境电商平台模式中，电商将第三方商家引入平台，提供商品服务，轻资产模式，收入仅靠佣金，图 2-7 所示为阿里巴巴国际站的营收模式。为了帮助卖家增加成交量，提高平台的收入，跨境第三方平台往往会制定各种规则，吸引卖家提升自己的网站和产品曝光度。因此，跨境卖家想要做好第三方的平台运营，首先需要对平台的规则有所了解。

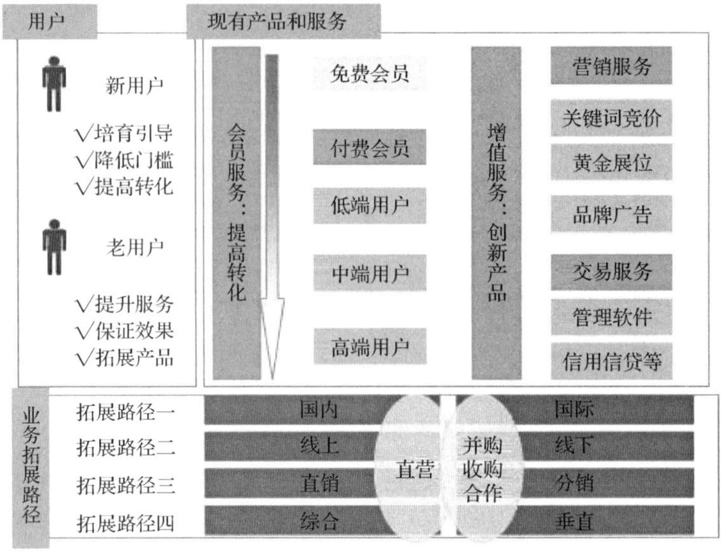

图 2-7　阿里巴巴国际站的营收模式

以阿里巴巴国际站为例，平台的运营规则如下：

① 用自然排名精准推广。最典型的做法是：标题就是关键词，关键词如果没有同义词，就只设置这一个词。

② 设置橱窗产品。部分产品可以用橱窗来做排名。

③ 引流。引流即通过设置内链+SNS（社交网络营销）来推广。

④ 适当利用信保提升排名。

⑤ 竞价推广，即 P4P（阿里巴巴直通车）。

跨境电商第三方平台 SWOT 分析如表 2-6 所示。

表 2-6　跨境电商第三方平台 SWOT 分析

优势 S	劣势 W
1. 市场认可度较高 2. 市场占有率较高	1. 盈利模式单一 2. 市场饱和度逐渐增加 3. 货品保证度低 4. 买卖双方权益待加强
机会 O	**威胁 T**
1. 整体跨境电商市场繁荣 2. 国家对跨境电商利好政策 3. 市场进出壁垒较高	1. 电商市场竞争激烈 2. 竞争对手进入市场模式新颖

二、跨境自营+招商模式

跨境自营模式，即进口商或出口商自己建设跨境电子商务销售平台（自营 B2C 模式平台居多），对其经营的产品统一进行生产采购、商品展示，最终将产品通过物流配送投放给最终的消费者（见图 2-8）。自营式跨境电商模式具有产品质量可控、品牌力强、交易信息对称、自主控制生产和销售等优势，实际解决了对外贸易的通路问题。自营模式通过产品配送和供应链打通国际市场，提高企业核心竞争力，是我国跨境电商发展的重要方向。

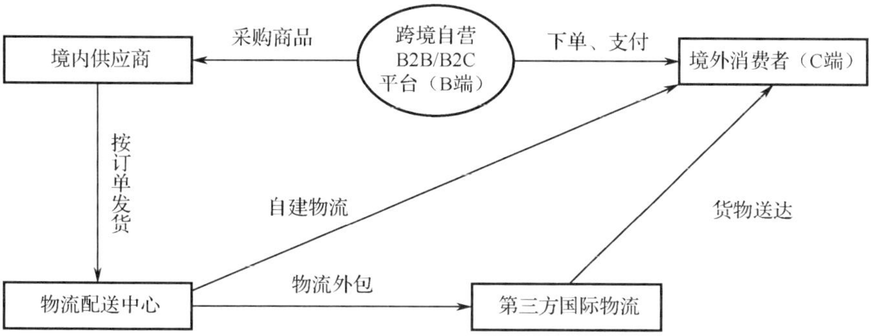

图 2-8　跨境自营平台运营模式

从图中可以看出，自营型 B2C 平台通常以独立建站的方式运营，主要将国内商品销往海外。其主要服务包括交易、物流、支付等。和其他平台不同的是，自营 B2C 平台店铺一般由平台独立经营、选品，质量更有保障。但此类平台前期投入巨大，对平台综合型运营是一个考验。

以亚马逊为例，作为全球最大的跨境电商平台之一，亚马逊为了扩大在中国的营收，以自营跨境 B2C 平台模式在上海自贸区建立了仓库，以自贸模式，将商品销往中国。海外电商在中国的保税区内自建仓库的模式，可以极大地改善跨境网购的速度体验，因此备受电商期待。

常见的跨境自营平台优势比较明显：品类的专项化程度高，深耕某一个特定领域为主，供应链模式多样，可选择代采直采、保税和直邮。单一品类细分程度高，前期需要较大资金支持。此外，电商从供应商采购商品销售给客户，商品源可控，消费者有保障，可实现一站式购物。然而，也正因为如此，自营平台面临着毛利水平低、品类选择少、SKU（商品库存进出计量的基本单元）少的挑战。

现阶段，我国的跨境自营平台大多拥有丰富的商品资源及强大的供应链体系，因此能够从商品源头进行商品质量的把控和审核，在保证采购量的同时也能更好地维护品牌价格体系，更多有实力的自营平台都进行了升级，以期采取自营+招商的模式获得更加长足的发展。自营+招商模式，一部分采取自营，一部分允许商家入驻，供应链管理能力强，对爆款标品采取自营，非标品可引进商家，SKU 丰富；正品真货，与品牌建立稳固关系，打通了产品的流通环节，重资产模式。

考拉海购是跨境自营+招商模式的典型代表，它在美国、德国、日本、韩国等国都设立了分公司，同时与包括好市多（COSTCO）、宝洁（P&G）在内的多家国内外知名品牌开展了合作。

三、SNS 模式

除跨境第三方电商平台或者自建平台营销外，随着 Meta、领英、YouTube 和 Twitter 等互联网交互平台的相继面世和越来越多的访问量，海外买家寻找供应商的途径越来越多。众多的跨境电商卖家开始使用外贸整合营销（Integrated Foreign Trade Marketing）推广自己的企业网站和产品。外贸整合营销即以跨境电商企业自有的销售平台为核心的营销模式，以国外买家的需求和习惯为基准进行营销渠道整合，保证海外买家通过多种途径准确获得产品信息的一套营销方法。外贸整合营销主要通过搜索引擎营销、B2B服务平台营销、邮件营销、SNS模式等网络营销方式，结合传统的国际展会、行业杂志、产品目录等营销方式进行全方位营销，以取得更好的综合营销效果。其中，SNS模式因其独特的优势受到众多跨境电商卖家的青睐。图2-9为2020年4—7月主流平台各流量来源渠道占比。

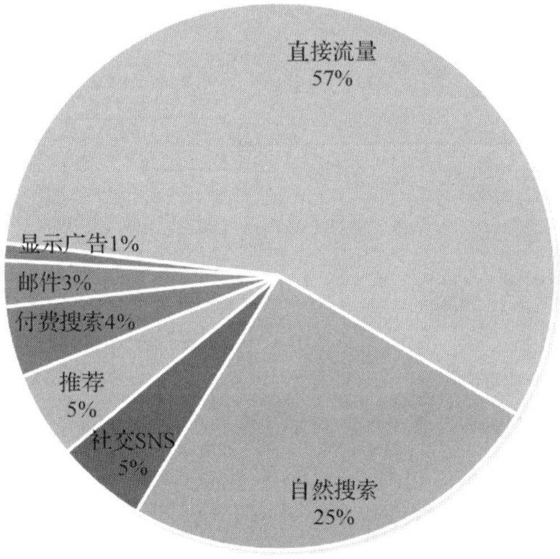

图2-9　2020年4—7月主流平台各流量来源渠道占比（数据来源：IResearch）

SNS是指社交网络服务（Social Network Service，SNS）平台。SNS模式是跨境电子商务SNS平台营销模式的简称。SNS平台营销通常是指出口商为了获得更加宽阔的营销渠道，往往会在知名的社交网络上投入广告来创造需求。社交型网站由于流量较大，活跃用户较多，往往会为产品营销提供广阔的渠道。比较初级的SNS营销模式为，在社交网站的页面上做简单的页面广告，或者在谷歌上购买关键词等。一些社交媒体由于登录社交平台的用户最初往往并没有购买意图，但是在与他人交流之后，很可能会产生购买欲望。因此，社交网络广告的主要工作是通过激发互动，从互动中增加用户对产品或者品牌的认知和好感，并最终激发自己的购买欲望。

作为世界最大的社交网站之一，Meta是目前社交网站的代表。Meta在全球社交媒体市场的占有率和流量近年来一直雄踞首位，其次是YouTube和微信。全球2020年最受欢迎的社交媒体平台用户数量对比如图2-10所示。因此，Meta的巨大点击量和在全世界范围的影响力使得其成为全球最好的社交媒体营销平台。Meta的营销手段主要有丰富企业Meta专页、吸引关注（点赞）、病毒式营销及Meta广告等。

拓展练习

Tom是主营冲床批发外贸公司的老板。公司产品目标市场主要为东南亚。由于受到新冠肺炎疫情的影响，传统的国际贸易受到了很大的影响。为了拓展业务，Tom想通过跨境电商

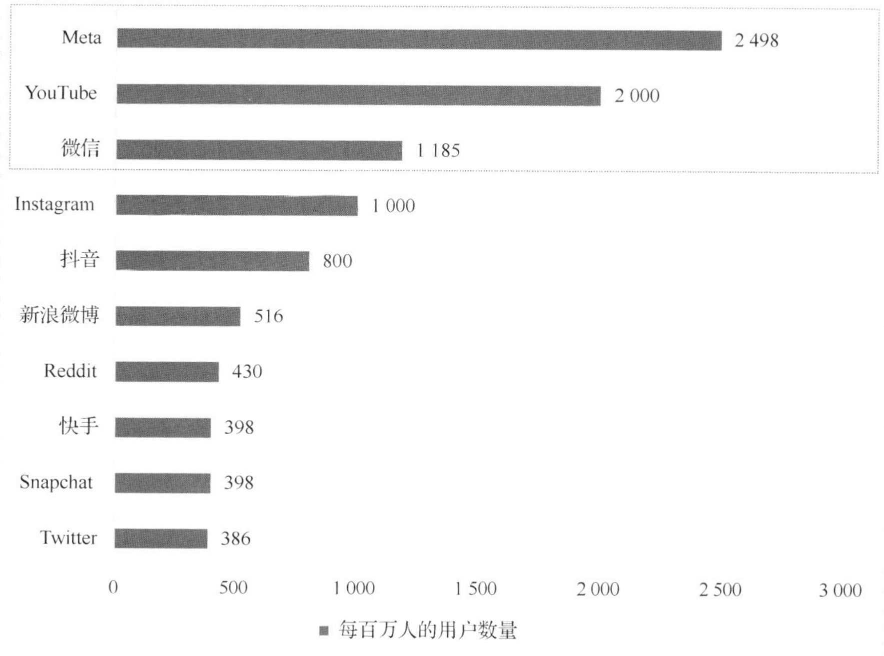

图 2-10 全球 2020 年最受欢迎的社交媒体平台用户数量对比

提高自己的营收，降低疫情对传统贸易带来的负面影响，但是他对跨境电商并不了解。请你从运营模式的角度分析跨境电商自营平台、第三方平台及 SNS 营销模式的区别，从而给出你的建议。

拓展阅读

跨境电商模式发展现状

中国国际经济交流中心基于 2020 年中国外贸情况，以及近 20 年跨境电商发展情况，于 2021 年 3 月发布了《数字化新外贸趋势发展报告》。该报告指出，跨境电商是中国外贸商家进行国际贸易的第三个阶段，以全链路跨境电商平台为核心，衔接贸易环节的参与者，通过一站式跨境供应链服务体系，形成跨境 B2B 交易从商机到履约的闭环，买卖双方可以在全链路跨境贸易平台上完成全部交易和服务过程。

以阿里巴巴国际站为代表的一批跨境电商平台不断拓展功能，由平台撮合跨境买卖双方达成货物贸易逐步向外贸服务领域延伸，形成平台整合资源，提供跨境货物贸易和服务贸易全链条融合发展的新模式。

eMarketer 数据显示，在这三种模式中，全球电子商务交易额中 B2B 目前占比约为 80%，B2C 和 C2C 约为 20%。从未来一个时期看，B2B 仍将是数字化新外贸的主流形态，B2B 和 B2C 有可能实现融合发展。然而，B2B、B2C 的占比在逐年增长。近几年我国跨境电商 B2B 和 B2C、C2C 市场规模占比如图 2-11 所示。

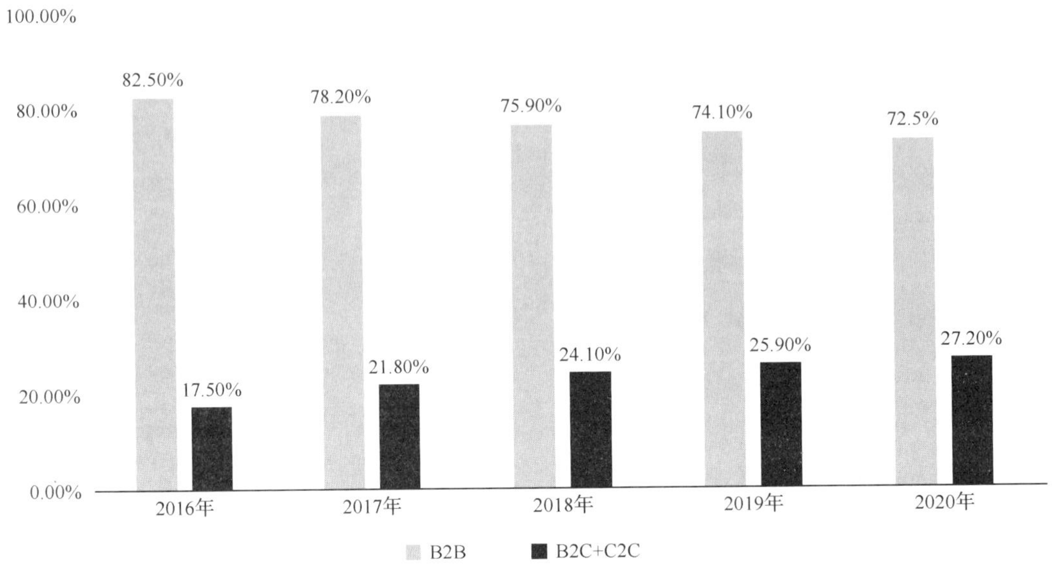

图 2-11　2016—2020 年我国跨境电商 B2B 和 B2C、C2C 市场规模占比

除上述三种模式外，C2B、M2C 这两个概念也日渐趋于明朗，因其独有的特点为广大卖家所熟知。外贸 C2B 模式，即 Customer to Business，由客户在平台上上传自己需要的东西和价格，由商家来决定是否接受客户的要求。M2C，即 Manufacturer to Customer，指从工厂到消费者。M2C 模式把出自加工厂的产品直接送到消费者手中，将流通环节减少至一对一，销售成本降到最低，从而保证了产品品质和售后服务质量，因此日渐受到买家的青睐。

2013 年以后，跨境 B2C 市场的平台型电商可谓强势崛起，eBay、亚马逊、速卖通、Wish 等第三方电商平台逐步成为主流，2020 年我国跨境电商渠道选择数据如图 2-12 所示。跨境电商已经进入立体化渠道布局阶段，25%的企业已经开设自建跨境独立站。新冠肺炎疫情进一步推动了这一趋势，另有 25%的企业表示正在筹划建立独立站。

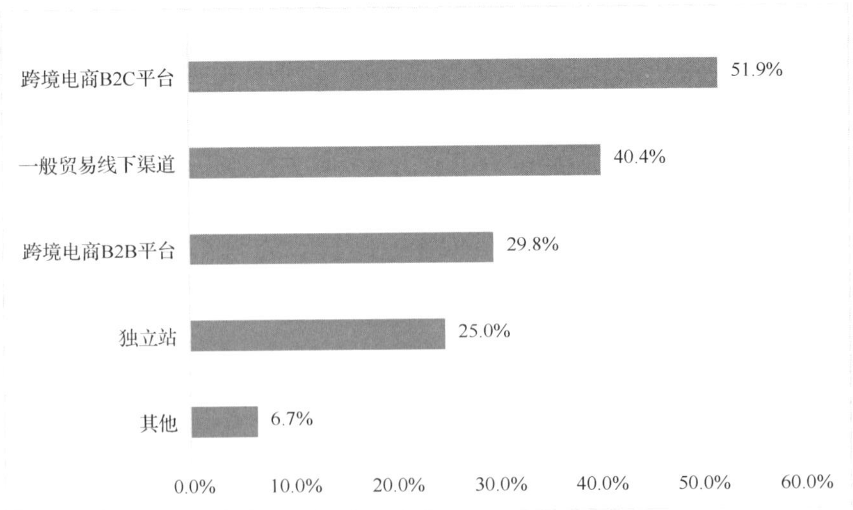

图 2-12　2020 年我国跨境电商渠道选择数据（数据来源：前瞻产业研究院）

独立站的兴起一方面是因为第三方平台运营成本增加、头部效应越来越明显，且常出现罚款或封号等问题，让一部分中小卖家开始向独立站迁移。另一方面，独立站建站工具开始普及，除了 Shopify、BigCommerce 等海外的服务商大力开展中国业务，本土的独立站服务商也在崛起，这将独立站的门槛大大降低了。

大部分处于正常经营状态的卖家，在第三方平台的业务做到一定程度后，都希望开拓更好的渠道，实现多渠道运营。因此，独立站似乎成为一个必需的存在，也成了卖家向品牌化转型的一个重要手段。第三方平台缺陷和独立站的优势对比如图 2-13 所示。

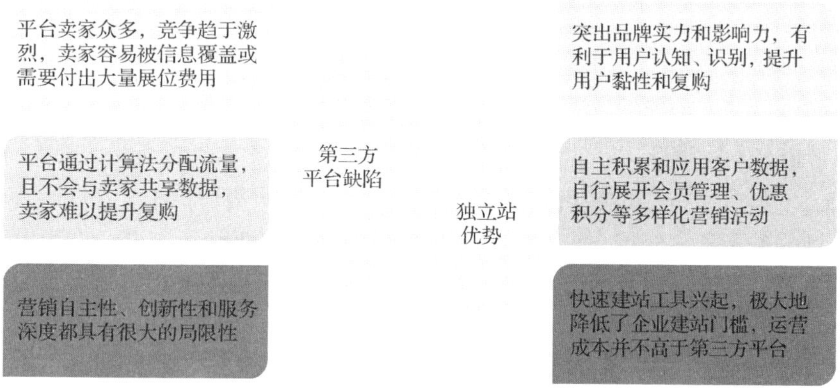

图 2-13　第三方平台缺陷和独立站的优势对比（资料来源：前瞻产业研究院）

独立建站的突出优势是毋庸置疑的，然而高额的前期投入也使得很多中小企业望而却步。而对于已经独立建站的企业来说，如何加快资金回流就显得尤为重要。因此，如果能够运用 SNS 营销模式进行引流，那么对于这些企业来说，将会获得更加广阔的营销渠道，进而带来效益。因此，对如今的跨境电商企业来说，不仅非常流行而且实用有效的模式便是：独立建站+SNS 营销=接全球订单！

项目三

跨境电商主流平台

跨境电商需要以平台为依托，买卖双方在平台中完成购买与售卖。在跨境电商中，根据不同的市场划分有不同的跨境电商平台。目前主流的平台有亚马逊、eBay、阿里巴巴国际站、速卖通、Wish 等。每个平台所面对的市场都不尽相同，所以对不同跨境电商平台的模式进行了解与学习是十分必要的。

本项目主要包括跨境电商主流平台的介绍和对比，以及各大平台的开店准备与账号注册。帮助跨境电商学习者更好地区分各大平台的流量、目标市场、费用、经营模式等，了解其入驻条件和注册步骤。

任务一　认识跨境电商主流平台

任务描述

了解亚马逊、eBay、阿里巴巴国际站、速卖通、Wish 等主流平台的基本市场情况，掌握不同平台的独特优势，区分不同平台的运营模式。

学习目标

1. 了解各大主流平台的基本市场情况。
2. 对比不同的跨境电商平台的目标市场、费率及运营模式。

任务分配

本任务为分组任务：根据不同跨境电商平台，每组若干组员在组长的带领下，根据【任务准备】板块的若干引导问题进行任务分工，分别从目标市场、费率、经营模式、运营方式等方面区分几大平台。

任务准备

引导问题 1：目前对于跨境电商平台的了解有哪些？
引导问题 2：跨境电商平台应该包括哪些板块？

任务实施

一、跨境电商主流平台简介

本节主要介绍亚马逊、eBay、阿里巴巴国际站、速卖通、Wish 等主流平台的基本市场情况，如图 3-1 所示。

图 3-1 跨境电商主流平台简介

1. 亚马逊

亚马逊公司（Amazon，简称亚马逊；NASDAQ：AMZN）是美国最大的一家网络电子商务公司，位于华盛顿州的西雅图。亚马逊成立于 1995 年，是网络上最早开始经营电子商务的公司之一。它一开始只经营网络的书籍销售业务，现在拓展到范围相当广的其他产品，已成为全球商品品种最多的网上零售商和全球第二大互联网企业。

发展至今，值得一提的是亚马逊三次定位的转变，这三次定位的转变使其从书店最终成为一家综合服务提供商。

第一次转变：成为“地球上最大的书店”（1994—1997 年）。1994 年夏天，从金融服务公司 D. E. Shaw 辞职出来的贝佐斯决定创立一家网上书店，经过大约一年的准备，亚马逊网站于 1995 年 7 月正式上线。亚马逊从网站上线到公司上市仅用了不到两年的时间。1997 年 5 月，Barnes & Noble 开展线上购物时，亚马逊已经在图书网络零售上建立了巨大优势。

第二次转变：成为最大的综合网络零售商（1997—2001 年）。和实体店相比，网络零售很重要的一个优势在于能给消费者提供更为丰富的商品选择，因此扩充网站品类、打造综合电商以形成规模效益成了亚马逊的战略考虑。1997 年 5 月，亚马逊上市，经过前期的供应和市场宣传，1998 年 6 月亚马逊的音乐商店正式上线，仅一个季度，亚马逊音乐商店的销售额就使其成为最大的网上音乐产品零售商。

第三次转变：成为“最以客户为中心的企业”（2001 年至今）。亚马逊从 2001 年开始大规模推广第三方开放平台（marketplace），2002 年推出网络服务（AWS），2005 年推出 Prime

服务，2007 年开始向第三方卖家提供外包物流服务（Fulfillment by Amazon，FBA），2010 年推出 KDP 的前身自助数字出版平台（Digital Text Platform，DTP）。亚马逊逐步推出的这些服务，使其超越网络零售商的范畴，成为一家综合服务提供商。

亚马逊主要针对欧美中高端市场消费者，目前全球开店已经覆盖了 185 个国家和地区，拥有 18 个站点，每个站点都具备一定的特色和相对独立运营的政策，是全品类全球市场的平台，其官网首页如图 3-2 所示。物流方面，亚马逊强大的物流体系 FBA 帮助客户打理发货，管理后期的仓储、配送、物流，包括可能出现的退货问题。

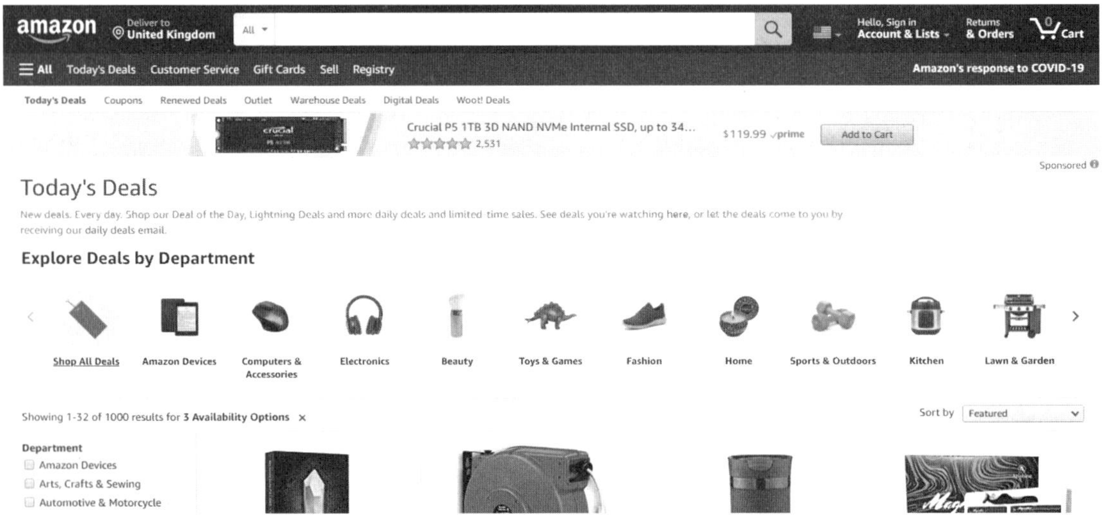

图 3-2 亚马逊官网首页截图

2. eBay

eBay（亿贝/易贝）是一个可让全球民众上网买卖物品的线上拍卖及购物网站。eBay 于 1995 年 9 月 4 日由 Pierre Omidyar 创立于加利福尼亚州圣荷塞。当时 Omidyar 的女朋友酷爱 Pez 糖果盒，于是 Omidyar 建立起一个拍卖网站，希望能帮助女友和全美的 Pez 糖果盒爱好者进行交流。令 Omidyar 没有想到的是，eBay 非常受欢迎，网站很快就被收集 Pez 糖果盒、芭比娃娃等物品的爱好者挤爆。

eBay 也是最早的线上拍卖和购物网站，其官网首页如图 3-3 所示。其服务主要针对欧美中产阶级的客户，覆盖 49 个国家和地区，包括美国、英国、澳洲、中国、墨西哥、荷兰、新西兰、波兰、新加坡等。目前，eBay 拥有 3 亿多个活跃买家，主要市场为美国和欧洲。物流方面，eBay 官方主推的 SpeedPAK 是与第三方物流公司合作的，海外仓也是许多卖家的首选。

3. 阿里巴巴国际站

阿里巴巴国际站帮助中小企业拓展国际贸易的出口营销推广服务，它基于全球领先的企业间电子商务网站阿里巴巴国际站贸易平台，通过向海外买家展示、推广供应商的企业和产品，进而获得贸易商机和订单，是出口企业拓展国际贸易的首选网络平台之一。

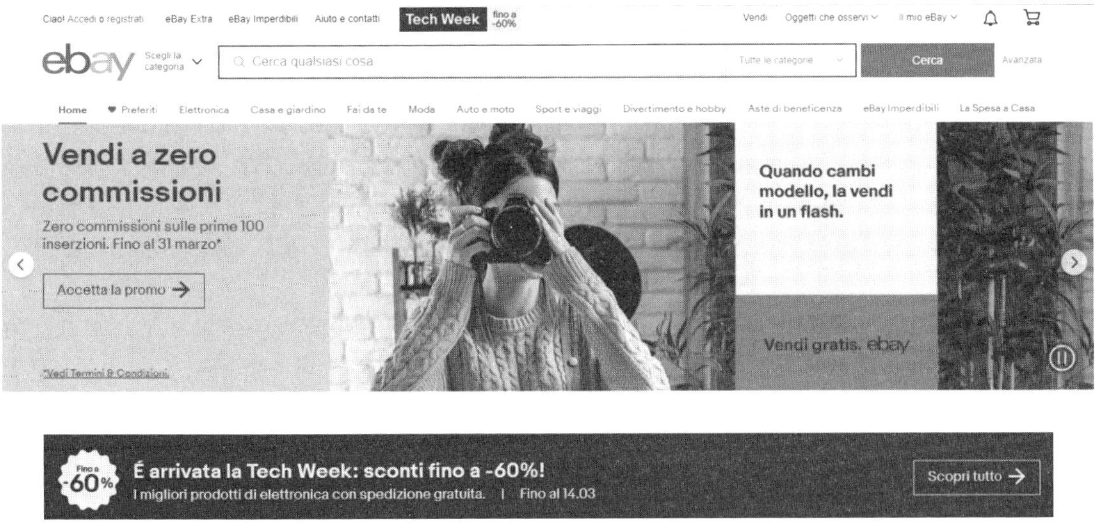

图 3-3 eBay 官网首页截图

阿里巴巴国际站的业务走过了三个阶段：第一阶段，国际站的定位是“365 天永不落幕的广交会”，为大宗贸易做产品信息的展示；第二阶段，国际站收购一达通为商家提供通关等方面的便利化服务，并在这个过程中开始沉淀数据；第三阶段，将此前沉淀的数据形成闭环，进行数字化重构跨境贸易。

阿里巴巴国际站是目前全球最大的线上一站式贸易批发平台，它结合了电商和外贸两个科目，其官网首页如图 3-4 所示。作为全球最大的 B2B 跨境电商平台，阿里巴巴国际站物流已覆盖全球 200 多个国家和地区，将与生态合作伙伴融合共振，通过数字化重新定义全球货运标准。“门到门”服务能力是重点方向之一：货物从工厂拉到境内港口、报关，通过海陆空进入境外港口，清关、完税，最后完成末端配送。在物流方面，阿里巴巴国际站货物运输主要由买卖双方商量决定，一般以海运为主。

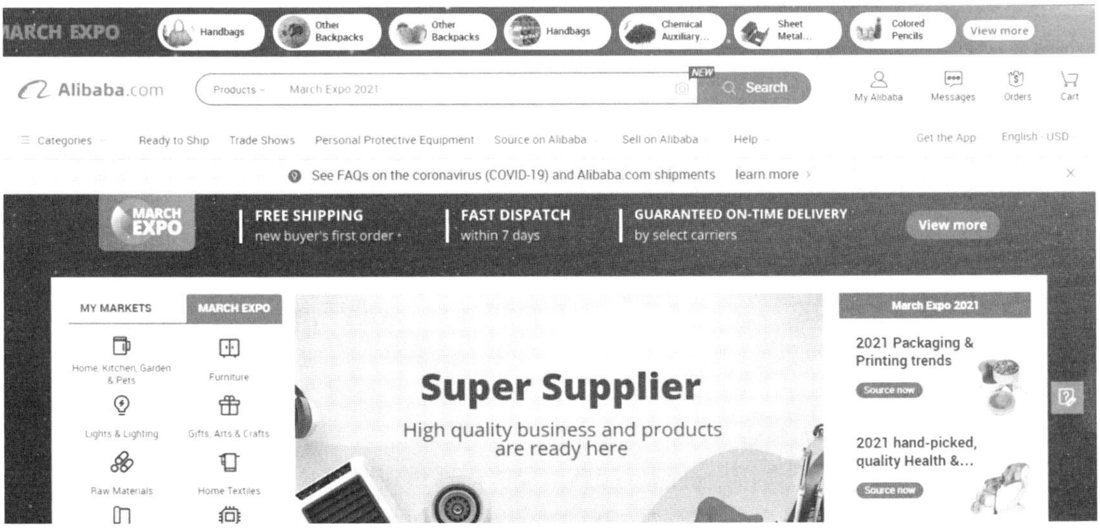

图 3-4 阿里巴巴国际站官网首页截图

4. 速卖通

速卖通（AliExpress）是阿里巴巴旗下的面向国际市场打造的跨境电商平台，是全球第三大英文在线购物网站。速卖通成立于 2010 年，客户范围已经遍及 220 多个国家和地区，覆盖服装服饰、3C、家居、饰品等 30 个一级行业类目。其中优势行业主要有服装服饰、手机通信、鞋包、美容健康、珠宝手表、消费电子、电脑网络、家居、汽车摩托车配件、灯具等。

速卖通是一个有着中国基因的跨境平台，依托于阿里巴巴系庞大的流量和用户基础，虽然起步较晚，但是发展迅猛，被广大卖家称为“国际版淘宝”，官网首页如图 3-5 所示。速卖通主要以发展中国家为主，如俄罗斯、南欧、东欧、南美等市场；主要面向商品价格极为敏感的中低端消费人群。物流方面，主要有三类物流服务，分别是邮政大小包、速卖通合作物流及商业快递。其中 90%的交易使用的是邮政大小包。

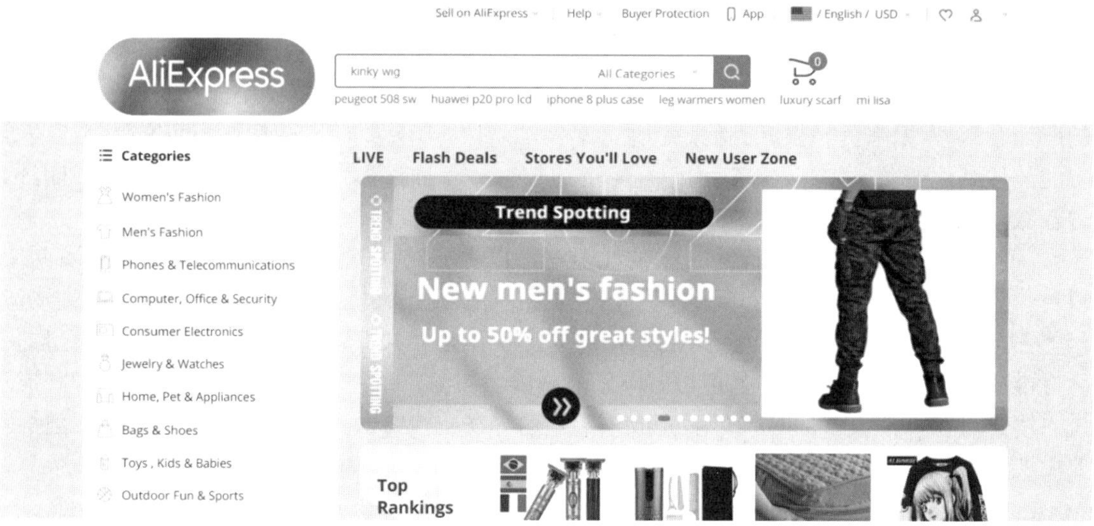

图 3-5　速卖通官网首页截图

5. Wish

Wish 创立于 2011 年，是一款移动电商购物 App，其创始人是来自谷歌和雅虎的顶尖工程师。2013 年，Wish 正式进军外贸电商领域，为用户提供超值产品的分享、购买服务，目前已成为北美最大的移动电商平台和全球第六大电商平台，创造了无数互联时代的新高。基于业务的快速发展，Wish 于 2014 年在中国上海静安 CBD 成立了全资子公司及中国总部。

Wish 平台根据用户喜好，通过反复计算，以及分析消费者行为和偏好的个性化产品，将商品信息推送给感兴趣用户。Wish 主张以亲民的价格给消费者提供优质的产品，在美国有非常高的人气。物流主要以自发货为主。

Wish 平台建立了一个直接由产品供应商组成的全球供应链，缩短了零售环节，使产品变得价廉物美。通过了解用户行为和偏好，Wish 平台为每个用户营造了一个愉悦有趣、个性化的浏览体验，使产品曝光更有效、销售转化率更高。Wish 官网注册和浏览页面如图 3-6 所示。

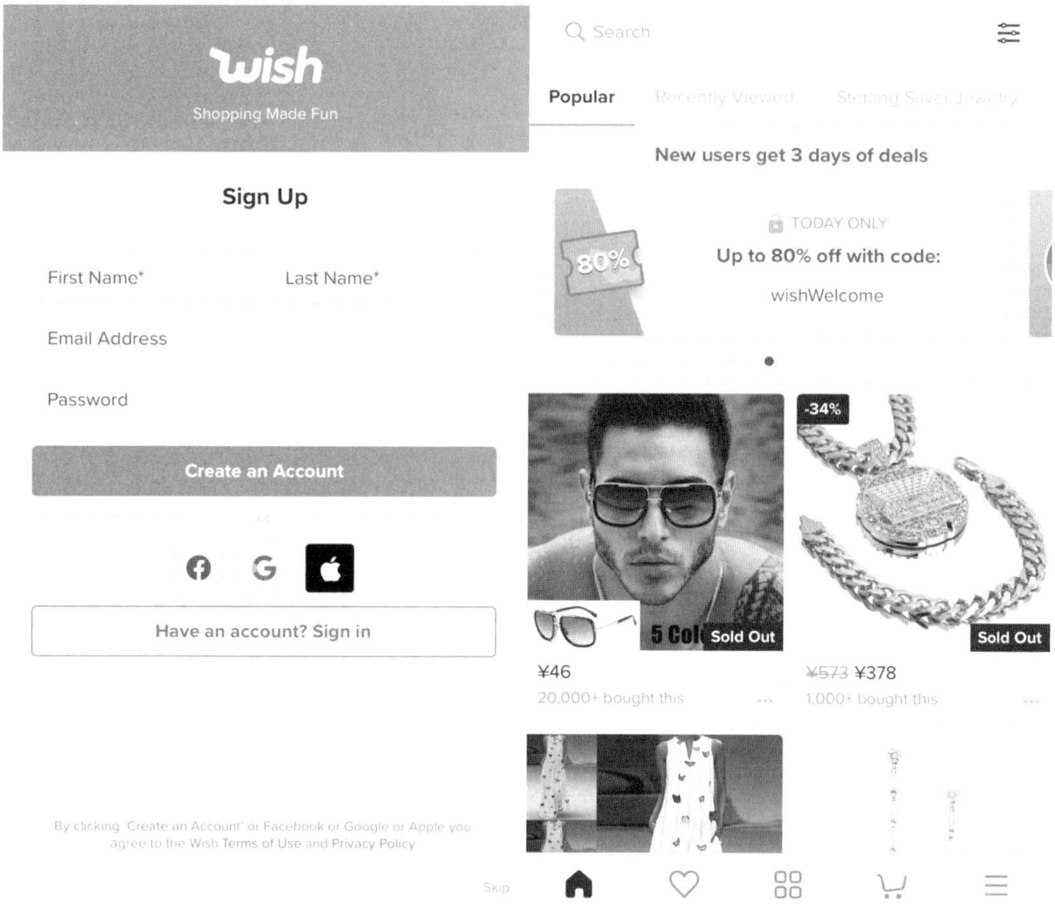

图 3-6 Wish 官网注册和浏览页面

▶▶ 二、跨境电商主流平台对比

跨境电商主流平台主要从目标市场、费率、经营模式、运营方式的差异等方面进行对比，如表 3-1 所示。

表 3-1 跨境电商主流平台对比

平 台	目 标 市 场	费 率	经 营 模 式	运 营 方 式
亚马逊	欧美中高端市场	站点收费标准不同	自营+第三方卖家+跟卖+FBA	产品为主+品牌化
eBay	欧美中产阶级	基础、高级、超级店铺三个等级	平台型+拍卖	店铺经营型
阿里巴巴国际站	国外采购商	会员费	平台型+中国卖家资源	产品为主
速卖通	发展中国家	年费+佣金	平台型+中国卖家资源	店铺经营型
Wish	北美地区	产品成交费+提现费	平台型	产品为主

1. 目标市场的差异

亚马逊主要针对欧美中高端市场消费者，每个站点都具备一定的特色和相对独立运营的政策，是全品类全球市场的平台；eBay 主要针对欧美中产阶级的客户，作为最早的线上拍卖和购物网站，eBay 在欧美和欧洲依然有很高的人气；阿里巴巴国际站的供应商以外贸企业或者有外销业务的工厂为主，买家以国外采购商为主；速卖通主要以发展中国家为主，如俄罗斯、南欧、东欧、南美等市场，客户主要是对商品价格极为敏感的中低端消费人群；Wish 的主要市场是北美地区，客户群体比较集中，目前大量的客户成交单都来自移动端。

2. 费率的差异

亚马逊每个站点的收费标准不一样，比如北美站是 39.9 美元/月，欧洲站是 25 英镑/月，日本站是 4900 日元/月，在注册店铺的时候只收取租金和佣金的抽成，包括 FBA 费用等。eBay 店铺分基础店铺、高级店铺、超级店铺三个等级收费，基础店铺是 24.95 美元/月、高级店铺是 74.95 美元/月、超级店铺是 349.95 美元/月。此外，还有很多的收费。阿里巴巴国际站则是以向用户收取会员费为主，在速卖通上开店需要缴纳最低 1 万元的年费，不同的类目年费不一样，年费可以根据不同的店铺类型和销售额进行全额返还或者 50%返还。Wish 的成交订单需要缴纳产品成交费及提现费。

3. 经营模式的差异

亚马逊是一个综合型的市场，40%左右的产品是自营，50%左右的产品来自第三方卖家，还有同样品牌同样款式的商品的跟卖；eBay 是市场型的平台，最大的特色就是拍卖；阿里巴巴国际站的供应商以外贸企业或者有外销业务的工厂为主；速卖通是依托于阿里巴巴国际站的流量发展起来的市场型平台，以批发零售为主；Wish 适合具有一定经验的贸易商、B2C 企业、品牌经销商。

4. 运营方式的差异

亚马逊没有店铺概念，把整个市场作为一个整体，更注重单品的打造，并且在品牌上做出差异化；eBay 与速卖通是店铺经营型，店铺等级越高产品越容易打造爆款，店铺权重就越大；Wish 更注重产品的打造，对于产品有较高的要求；阿里巴巴国际站有丰富的搜索流量和场景流量，平台从行业角度、产品角度、买家角度等进行流量分层。

5. 平台其他特点的差异

（1）亚马逊

亚马逊牢牢地占据了跨境电商的中高端市场，针对不同国家划分为不同站点，如北美的美国、加拿大、墨西哥，欧洲的法国、德国、英国、意大利、西班牙，亚洲的日本、中国、印度，以及新兴的澳大利亚等。亚马逊领先的核心竞争力 FBA，即囤货发到亚马逊的海外仓，由亚马逊官方来配送发货，物流成本低、时效快，使卖家既可以在平台上销售小到几美元的小玩意，也可以销售重达几十上百千克的家具。亚马逊以产品为王，需要品质稳定、有较强的研发能力的供应商合作资源。

（2）eBay

eBay 也根据各个国家划分了不同站点，分站点较多，北美、南美、欧洲均有覆盖，但美国是主要市场，占据近六成的流量。eBay 靠核心特点海外仓，使大件货的卖家越来越多。eBay

有产品的地区优势，比如产品目标市场在欧洲和美国。eBay 操作相对简单，前期投入不大。

（3）Wish

Wish 是无线端大数据购物平台，所售卖的商品主要集中在低重量方面，如客单价低的时尚类、消费类冲动购买产品等。主要消费国家是美国，西欧的主流国家和澳大利亚也有大量的买家。Wish 是目前五大平台里后台操作最简单、最容易上手的平台。价格低的产品在平台上比较有优势。

（4）速卖通

速卖通是阿里系平台，目前主要市场是俄罗斯。速卖通在俄罗斯是当之无愧的头号电商购物平台，在东欧和土耳其这些新兴工业体中销量也比较亮眼。速卖通在西欧的主流国家处于中低端收入消费群体市场，如在西班牙、意大利、法国等。速卖通因为先天的物流弱势，所以消费群体收入比较低。如果目标市场和产品主要面向俄罗斯，那么速卖通是最好的选择。

（5）阿里巴巴国际站

与前面几个平台不同，阿里巴巴国际站也是 B2B 的信息平台，供应商通过发布供求信息以期达到宣传或销售的目的，实际的交易双方可自由选择，可以线上也可以线下。它与前面 B2B 的平台除在交易量上的区别外，还有一个很明显的区别：B2B 由于是批发，订单不是一时之间能敲定的，B2B 提供信息交互，贸易双方再谈单。同时受交易量的影响，价格浮动也会较大，所以 B2B 的平台明面上的价格不是最终的价格，一般成交的价格都是通过线上或线下的协商而定的。

拓展练习

根据本节所讲解的内容，分析平台的发展历程，分别总结亚马逊、eBay、阿里巴巴国际站、速卖通、Wish 五大主流平台的基本市场情况，以及不同平台的独特优势。

任务二 跨境电商平台开店准备与账号注册

任务描述

了解跨境电商平台的开店准备，本节以速卖通为例，详细讲解跨境电商平台账号注册步骤。

学习目标

1．了解跨境电商平台的开店准备。

2．掌握速卖通账号注册步骤。

任务分配

本任务为分组任务：根据不同跨境电商平台开店准备与账号注册，每组若干组员在组长的带领下，根据【任务准备】板块的若干引导问题进行任务分工，分别完成某一具体的跨境电商平台开店准备与账号注册。

任务准备

引导问题 1：目前对跨境电商开店有哪些了解？

引导问题 2：跨境电商平台开店需要什么资料？

任务实施

一、跨境电商平台开店准备

目前各大跨境电商平台需要的开店资料大同小异，表 3-2 所示为亚马逊、eBay、阿里巴巴国际站、速卖通、Wish 等主流平台所需准备的开店资料。

表 3-2　各大跨境电商平台开店准备资料列表

平　台	开 店 准 备
亚马逊	1. 公司营业执照　2. 法人身份证　3. 双币种信用卡　4. 公司水电煤宽带账单之一　5. 电子邮箱　6. 电话：固话或者手机　7. 收款账号
eBay	1. 客户经理　2. 营业执照　3. 法人身份证　4. 公司地址证明　5. Paypal 收款账号　6. 申请表　7. 电子邮箱
阿里巴巴国际站	1. 公司执照信息　2. 公司对公账户信息　3. 公司经营地址信息　4. 认证人信息
速卖通	1. 邮箱　2. 手机　3. 公司支付宝　4. 公司营业执照
Wish	1. 公司营业执照　2. 税务登记证　3. 法人身份证　4. 电子邮箱　5. 电话　7. 收款账号

在任何平台开通店铺之前，首先需要了解各大平台最近的平台政策调整，准备好开店所需的资料，再去平台官网填写资料申请开店，或者对接平台经理来提交申请。一般跨境电商平台开店所需的准备如图 3-7 所示。

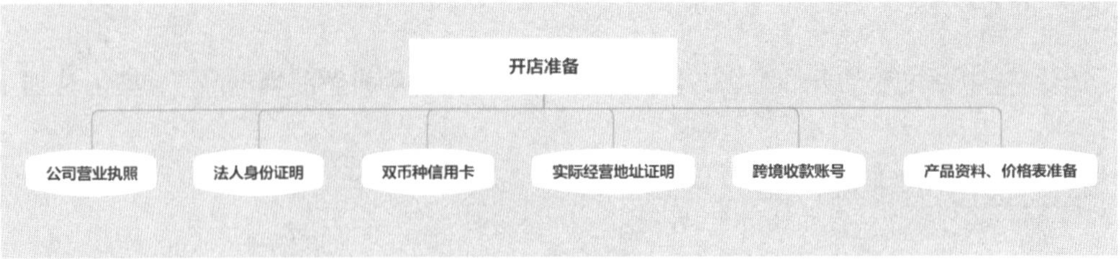

图 3-7　各大跨境电商平台开店基本准备内容

1. 公司营业执照

一般平台对于公司注册时间和经营范围没有要求，关于执照的具体要求要根据不同平台的政策来提供。

部分平台对于范围是有要求的，如阿里巴巴国际站需要有大陆工商局注册的做实体产品的企业（生产型和贸易型都可以），收费办理；服务型公司如物流、检测认证、管理服务等企业暂不能加入；离岸公司和个人也无法办理；个体经营执照各个区域限制不同，需要联系当地客户经理判断是否能够加入。

而亚马逊平台对于公司注册时间并没有要求，可以是刚刚注册下来的，也可以是已经注册并运营多年的，公司经营范围也没有明确要求，贸易类、电子类、科技类、商贸类公司都是可以的。公司营业执照所涵盖的经营范围也不会直接影响亚马逊的账号注册及后期的运营。但需要提醒的是，如果完全不相干的，比如用物流公司的营业执照来注册亚马逊账号，则有可能通不过。

2. 法人身份证明

一般是法人身份证，大部分平台要求身份证需要正反面拍照，申请或者填写资料时分开上传，具体按平台的提示操作。

3. 双币种信用卡

信用卡最好是法人的，必须是双币种的信用卡，如卡面上带有 VISA 或者 MasterCard 标识的信用卡。注册前，最好将信用卡开卡激活。

4. 公司实际经营地址

部分平台审核需要提供营业执照地址对应的水电、煤气、网络宽带账单，或者是公司实际经营地址。

5. 电子邮箱

一般可以用任意的电子邮箱，填写的邮箱最好之前不曾在所注册的平台中使用过。

6. 电话：固话或者手机均可

填写的电话号码最好之前不曾在所注册的平台中使用过。

7. 收款账号

在注册流程中，部分平台需要收款账号，卖家需要在注册平台账号之前，先注册收款账号。收款账号类似于支付宝，类似于平台放款到卖家、提款到国内银行卡之间的中转站。

8. 产品资料与价格表

开店准备除以上硬件外，卖家也需要在开店之前整理好要上架售卖的产品资料，以及不同平台的价格表，以便在申请好店铺之后快速安排上架工作。部分平台针对新店有流量扶持，所以产品资料与价格表的准备也十分重要。

二、跨境电商平台账号注册

1. 账号主体要求

个体工商户和企业身份都可以入驻速卖通。一个企业/个体工商户最多开通 6 个速卖通店铺，开店流程每次都一样。个体户/企业开通店铺在权益、平台服务费上均无差异。个人身份无法注册速卖通。

2. 中国商家账号注册流程

速卖通中国商家账号注册流程：注册账号、账号认证、入住类目并缴费、申请通过。具体步骤如图 3-8 所示。

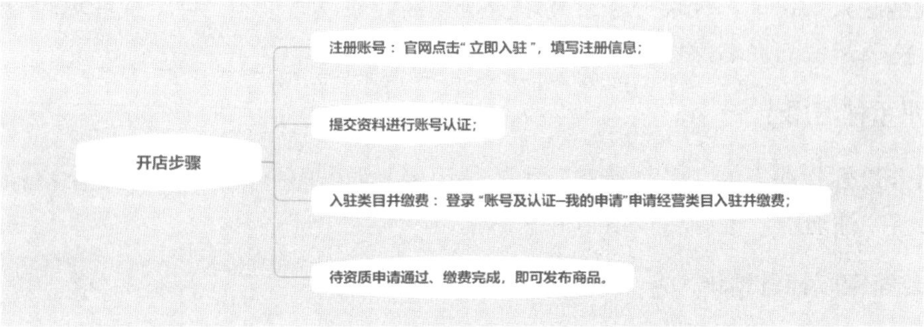

图 3-8　速卖通开店步骤

（1）商家账号注册页面

速卖通卖家账号注册页面（https://login.aliexpress.com/join/seller），如图 3-9 所示。目前仅支持企业或个体工商户在速卖通开店，个人无法开店。

图 3-9　商家账号注册页面截图

（2）注册操作说明：注册账号—实名认证—完成

情况一：若您不是淘宝或天猫商家，请直接填写信息注册；若您是中国商家，纳税国家请务必选择"中国大陆"，如图 3-10 所示。注册邮箱中不能出现 AliExpress、Taobao 或 Alibaba 这样的字母，若出现则不会注册成功，如 Aliexpress01@ABC.com。另外，目前一个邮箱注册阿里集团旗下平台的账号数量是有一定规则的，为避免重复过多的注册，建议您使用一个新的邮箱来注册速卖通账号。

图 3-10 速卖通注册账号操作截图

资料填写完成后进入认证页面，按页面提示完成认证，如图 3-11 所示。

图 3-11 速卖通注册实名认证步骤截图

认证方式有两种：企业支付宝授权认证；企业法人支付宝授权认证。二者的主要区别是：企业支付宝授权认证，需要提前在支付宝申请企业支付宝账户，具体的申请方法请您联系支付宝客服咨询，申请完成之后在速卖通认证页面登录您的企业支付宝账号即可，实时认证通过；企业法人个人支付宝认证，无须有企业支付宝账号，只要在认证页面提交相关资料和法人的个人支付宝账号授权即可，资料审核时间是 2 个工作日。

情况二：淘宝或天猫商家入驻。若您选择淘宝或天猫账号激活入驻，那您新激活的速卖通账号和对应的淘宝或天猫账号共用邮箱、手机和密码，在某一个平台修改后会同步到另一个平台，如淘宝账号修改了密码，速卖通账号密码也会被修改。淘宝或天猫商家入驻步骤如图 3-12 所示。

图 3-12　淘宝或天猫商家入驻步骤截图

登录淘宝或天猫账号按页面提示完成认证即可，如图 3-13 所示。

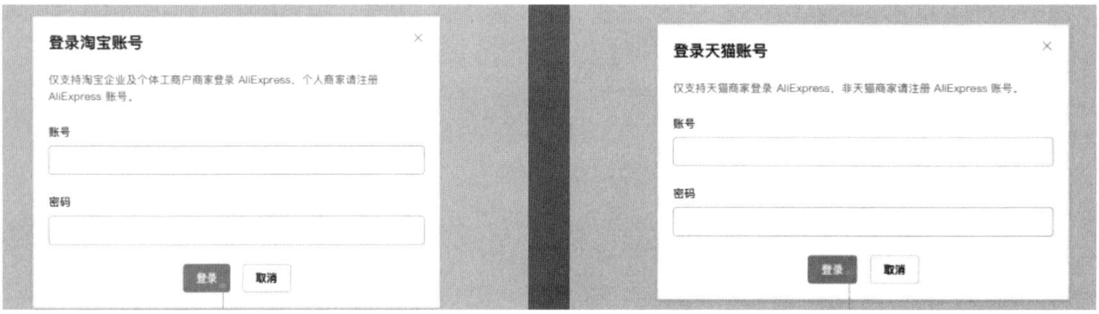

图 3-13　淘宝或天猫认证步骤截图

拓展练习

在学会本任务中速卖通平台账号注册的实操步骤后，搜索跨境电商平台中的另一个平台的卖家账号注册所需准备的材料，从中选出一个可供个人卖家资质注册的平台，尝试进行卖家账号注册，并进行步骤截图记录。

项目四

跨境电商选品

“七分靠选品，三分靠运营”，这并非只是传言，而是无数卖家在跨境电商销售实践中总结出的经验。可以说，跨境电商运营过程中最重要的环节，不是库存管理、成本控制、订单处理或客户维护等，而是对销售商品的选择。故掌握选品的原则和方法、懂得不同平台进行选品时分别需要注意哪些问题，就显得尤为重要，这也是本项目所涵盖的内容。

任务一　跨境电商选品的原则和方法

任务描述

选什么产品去销售是做跨境电商首先面临的问题，选对了产品可以说已经成功了一半，甚至一大半。跨境电商选品是一个需要通过市场调研和行业数据分析，结合卖家自身特点和定位，选择最合适的产品及供应商，并把控产品质量的过程。在这一过程中，需要跨境电商卖家把握科学选品的原则并掌握分类选品的方法。

学习目标

1. 了解跨境电商选品的原则。
2. 理解并基本掌握分销式选品、铺货式选品和创意开发式选品三类选品方法。

任务分配

在大家共同了解跨境电商选品的意义和原则后，可分组完成本任务。每组由一位组长和若干组员构成，组员在组长的带领下完成对三类不同的跨境电商选品方法的学习和实训。

任务准备

引导问题 1：跨境电商选品可以有哪几类方法？

引导问题 2：大家认为跨境电商在选品过程中需要注意的问题是什么？请举例说明。

任务实施

一、跨境电商选品的原则

跨境电商卖家进行选品之前，应做市场调研并结合平台数据分析结果进行综合判断，一般需要遵循以下几个原则。

1. 平台导向原则

近年来，跨境电商平台数量激增，亚马逊、速卖通、Wish 等国内外跨境电商平台之间的竞争导致平台定位的差异化发展。在各大跨境电商销售平台的定位多元化背景下，跨境电商企业的产品选择就应该首先依据其经营的电商平台特征进行选择。因此，在进行产品选择时，应该根据不同网站平台的定位，研究该网站平台的目标市场及客户群体，从而有针对性地制定在该销售网站平台上的产品种类、数量、定价等策略。

2. 知识产权保护原则

相比欧美日等发达国家，我国的知识产权保护制度还不够完善，知识产权保护强度和执法强度还较弱，因此对于山寨产品、侵权产品的管理效果还不够明显，这也导致了我国很多电商平台上充满了山寨产品和侵权产品。但是，这种国内侵权的行为到知识产权保护强度较高的发达国家后，将会面临较高数额的赔偿，支付较高的侵权成本，甚至会被限制进入市场。因此，从长远发展来看，在产品的选择上，跨境电商卖家应该遵从知识产权保护原则，选择不侵权产品进行销售。

3. 数据决策原则

产品种类、产品数量、产品销售平台的具体选择，应该依靠数据来进行决策，也就是这里所说的数据决策原则。切忌不能不做市场调研就决定产品种类。

数据决策原则要求：一是从数据上了解电商平台的定位，可通过分析电商平台的销售种类、客户群特征等来选择合适的电商销售平台；二是从行业数据入手，通过分析行业研究报告、会展数据等，确定适合经营的产品种类；三是对客户需求进行区域化分析，主要是依据各种数据分析工具，对不同种类产品的客户需求区域进行划分，并有针对性地选择不同区域客户对应的产品。

4. 价格适中原则

在跨境电商价格战和成本战的大背景下，很多跨境电商企业在选择销售产品时，过于关注产品价格和产品成本。而过于关注价格和成本，会导致销售产品质量的下滑，最终只能陷入价格战和成本战的恶性循环中，当价格和成本不能再低时，就只能退出市场。价格适中原则是指在保证质量的情况下，选择适中价格的产品进行销售，而将竞争点放到品牌竞争、信誉促销等方面，以培养电商企业的异质性和竞争优势。

5. 扩大货源优势原则

尽管价格战和成本战阻碍了跨境电商行业的发展，但是对于跨境电商企业乃至所有企业而言，成本战略和价格战略仍然是重要的竞争优势源泉。但是，价格优势和成本优势并不应该通过压低价格或调换生产材料等方式来获得，而应该通过扩大货源优势来获取。因此，在选择同样一款产品进行销售时，货源选择的不同也会导致不同的价格和成本。因此，扩大货源优势原则应该是跨境电商在激烈的市场竞争中获取竞争优势的重要原则。

二、跨境电商选品的方法

根据形式的不同，可以把跨境电商选品的方法大体分为如下三类。

1. 跨境电商分销式选品

分销指的是利用专业的跨境电商分销网站，便捷、迅速地将分销商品上传到自己的店铺，产生订单以后再付款采购产品并发货。

分销是跨境电商新人起步的最佳方式。卖家一般可以较快地体验到出单的感觉，并迅速了解跨境电商商品刊登、订单处理和发货等全流程。而这个从 0 到 1 的质变过程可以帮助卖家较快地积累跨境电商方面的从业技巧。下面以越域网为例来进行跨境电商分销式选品的介绍。

越域网（www.kjds.com）是目前国内最大的跨境产品一键分销网站，在跨境分销行业中处于领先地位，目前支持 eBay、亚马逊、Wish 和速卖通四大平台在上面进行选品后的一键上传刊登功能。其使用方法和步骤如下。

（1）注册

通过手机和邮箱完成注册，流程简单，根据系统提示操作即可。

（2）账号授权

通过网站详细的操作流程来绑定已经申请的店铺（eBay、亚马逊、Wish 和速卖通）。需要特别注意的是，绑定账号时需要登录后台，这里一定要注意在平台账号对应的电脑和网络环境下操作，防止关联，eBay 平台尤其要注意。

（3）分销产品刊登

越域网能帮助卖家实现一件代发，如图 4-1 流程示意图和图 4-2 步骤分解说明所示，只需 4 步便能轻松开启跨境电商分销模式。

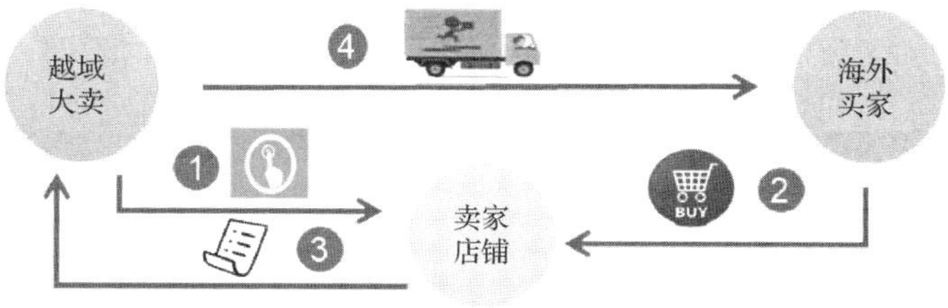

图 4-1　越域网一件代发分销模式流程示意图

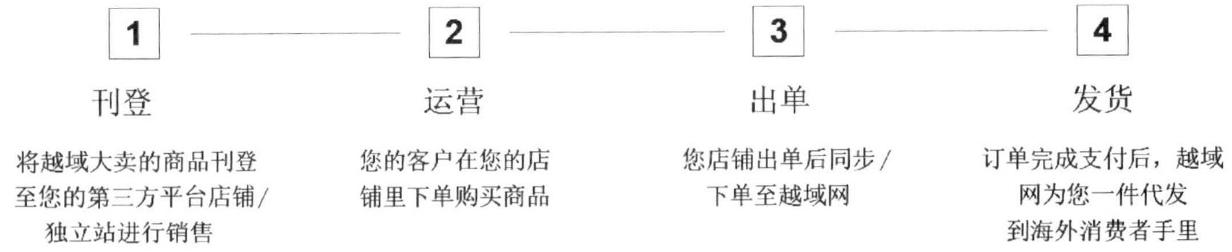

图 4-2 越域网一件代发分销模式步骤分解说明

（4）优势特点

作为专业的海外仓货源分销平台，越域大卖拥有数千款在线商品，海外仓仍然在不断拓展中。海外仓本地发货可实现 24 小时快速发货，致力于为跨境卖家提供简单高效的跨境销售体验。

亚马逊、eBay、Wish、沃尔玛、速卖通等平台或者独立站卖家，只需要把越域网的海外仓产品通过一键刊登或者数据包下载的方式刊登到自己店铺或者独立站去销售，出单后下单到越域网付款，越域网就直接从海外仓一件代发给消费者了。卖家无须备货，出单才付款，海外仓发货时效快，回款快，资金周转压力就小。

2. 跨境电商铺货式选品

铺货，顾名思义就是通过平台大批量地上传产品，是跨境电商卖家常见的操作。例如在亚马逊平台上，铺货是亚马逊卖家常用的推广运营的方式之一，尤其对于定位不明晰、不懂选品、急于出单的新卖家来说，铺货模式可以说是推广店铺的首选。最常见的跨境电商铺货式选品操作是结合淘宝网与阿里巴巴（简称 1688）平台上的货源来进行的批量产品上传。

这个方法的基本思路是通过找到淘宝上的热销款，再利用工具软件找到这个产品的 1688 供货链接，然后采集图片并进行编辑后就可以上传产品，产生订单后可以去 1688 批发网站进行采购、发货。

铺货式选品是大多数中小型跨境电商卖家通常都会使用的选品方法，接下来介绍其具体操作方式和注意事项。

（1）找到淘宝热销款

找热销款产品的方法有很多种，每个人也有各自的习惯和操作技巧，如搜索某个关键词进行销量排序或者是看淘宝的广告推广等。此处推荐大家找淘宝热销款的操作思路是，通过淘宝最热门、流量最大的促销活动来找。这样做有两个好处：一是促销活动产品丰富，避免了新人初选品的时候无从下手；二是产品数据相对更为真实、更有参考性。

目前淘宝网最热门、流量最大的促销活动板块有两个，分别是聚划算和淘抢购。聚划算以大品牌产品为主，而大品牌的产品是不容易拿到授权且成本较高的，并不适合跨境电商卖家进行选品。因此，接下来重点介绍淘抢购这个促销活动。

（2）充分利用淘抢购

淘抢购是随着手机淘宝发展而迅速崛起的淘宝流量入口，目前是淘宝移动端流量排名前两位的板块。淘抢购的位置在电脑端和手机端均有，展示商品的内容一样。

入选淘抢购的商品大部分为淘宝 KA 商家（淘宝网重点客户，具备优质的产品和优秀运营能力且每年向淘宝缴纳巨额广告推广费）的商品，少部分为其他卖家的销量好的商品。这保证了淘抢购活动商品的品质，且性价比很高。有很多中小品牌，非常适合跨境电商卖家进行产品开发。

（3）淘抢购商品选择

淘抢购每天间隔若干小时，固定更新各场次的商品，每天都会有大量的新品更新。你可以在图 4-3 所示界面的左边的类目中选择感兴趣的类目进去考察商品。

图 4-3　淘抢购首页截图

（4）安装“淘货源”插件后进行选品

在选好感兴趣的产品之前，卖家还需要安装一个官方插件来完成选品。以 360 浏览器为例，需在 360 应用市场页面的右上角搜索框内输入“淘货源”进行搜索，搜索出来后点击“安装”即可将此插件嵌入浏览器，地址栏后方会加标橙色的“货”字字样，并立即生效，如图 4-4 所示。

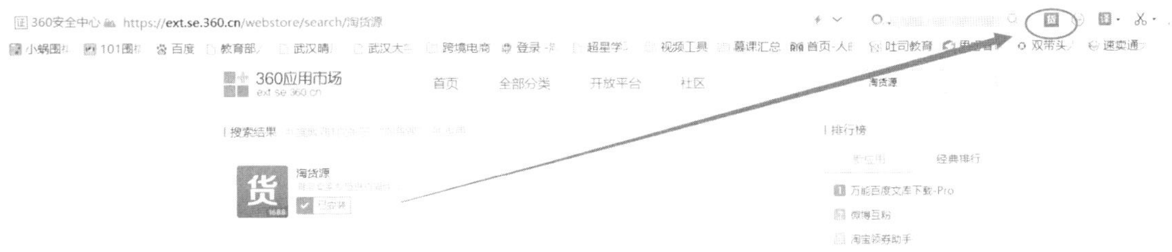

图 4-4　“淘货源”插件安装截图

安装“淘货源”插件后，就可在选好的商品页面同样看到右侧有个很小的“货”字字样，单击这个“货”字，即可看到这个插件利用标题和图片相似等搜索功能为你在 1688 上找到的同款产品。这样一来，通过该插件，卖家就可以很方便地找到淘宝网产品在 1688 批发网上的供货链接，且能拿到优惠的价格。

（5）采集产品图片

找到产品的供货链接后，想要进行铺货的跨境电商卖家需要做的主要工作就是采集图片了。因为 1688 是以批发为主的商城，图片质量普遍不高，很多商家都是用手机拍摄的，所以卖家如果再用截图工具截图的方式来获取图片，很可能得到的图片品质过低，且这种保存图片的效率也非常低，非常浪费时间。这里给大家推荐采用 360 浏览器批量获取图片的方式来进行商品图片的采集。

360 浏览器批量获取图片的方式非常简单，在用 360 浏览器打开某商品链接后，待该商品页面加载完所有图片后，只需在其地址栏末尾处找到“**张大图”的绿色矩形标，如图 4-5 所示，单击该图标。

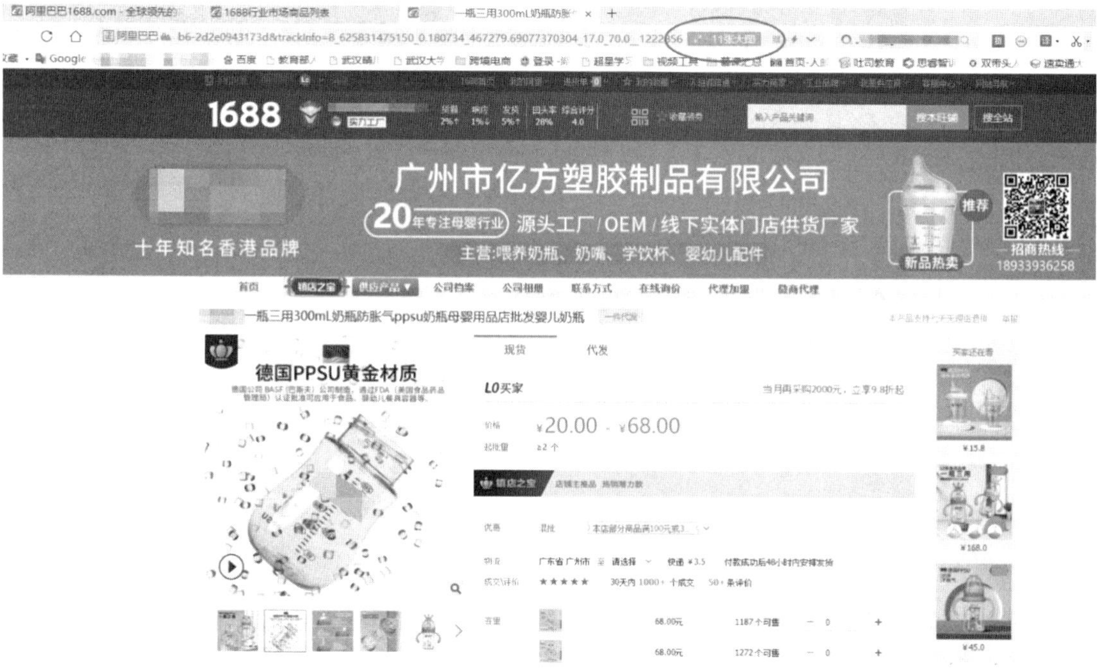

图 4-5　利用 360 浏览器批量获取图片的方式入口举例

然后，在跳转窗口中点击“另存为套图”（见图 4-6），即可将该商品的所有图片保存至一个文件夹中。建议卖家对该文件夹中的图片以其对应的 SKU 编码或某些其他的容易为自己辨识的形式批量修改重命名，以便后续上传商品时使用。

（6）发布产品

通过以上操作，卖家已经找到了热销产品和供应商链接，也采集到了产品的图片，接下来就可以在编辑后将商品图片上传到自己的跨境电商店铺了。之后，在产生订单后即可采购发货了。

（7）采用铺货式选品方法的注意事项

铺货式选品方法非常有效地帮助了跨境电商卖家进行选品和产品上传，也打造了不少爆款产品，但这个方法在运用时存在如下几点是需要注意的。

① 知识产权的问题。大品牌的产品尽量不要碰（比如电子类的华为、小米等品牌，大部分都在海外申请了品牌专利和独家销售权等）。跨境电商卖家一定不能侵权，在上架一些中

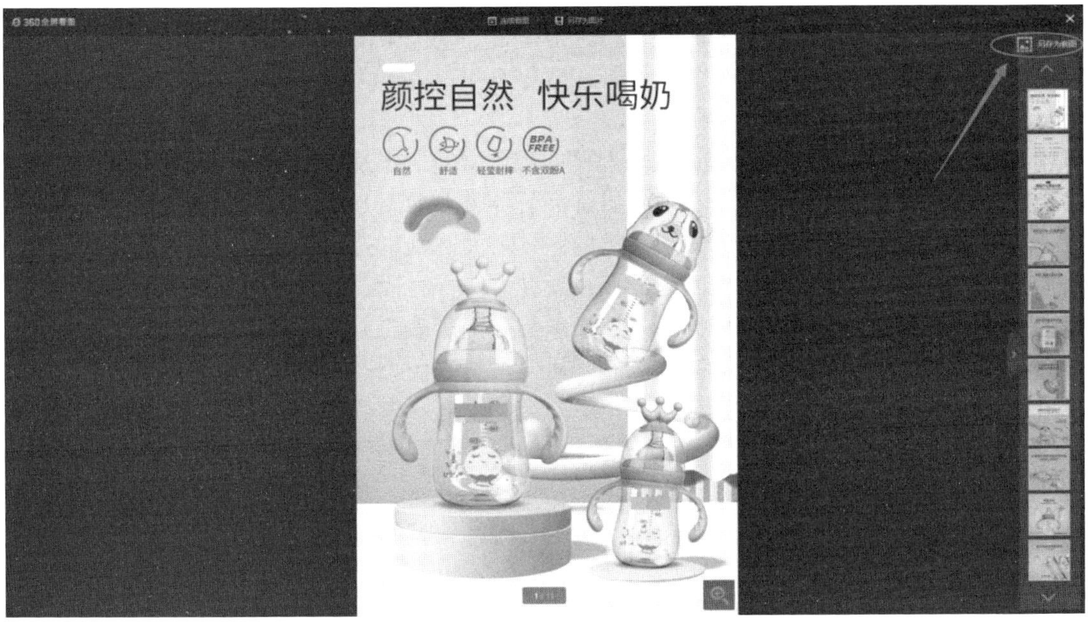

图 4-6　利用 360 浏览器将某商品图片另存为套图的方式入口举例

小品牌之前，需尽量和供货商及生产商沟通一下产品是否有专利权、是否有独家销售权，可以的话最好申请一个产品和品牌授权，这样可以最大限度地保护自己的账号安全。

② 避免图物不符的问题出现。跨境电商卖家一定要保证自己找到的 1688 供货商的产品和对应的淘宝网的产品图片一致，要认真审查，切勿发生实物和图片不符的问题，引起退货退款。一旦因为这类原因发生退货退款，通常都需要卖家自己来全额承担。

③ 选品需谨慎。在“淘抢购”板块进行选品，需要遵循各个跨境电商平台给出的禁限售规定。食品、保健品、化妆品，以及服饰、鞋类产品，由于尺码标准不同也要谨慎选择。另外，包装后重量过重或体积过大的产品也是不宜选择的。

3. 跨境电商创意开发式选品

有创意地开发产品和开发有创意的产品是跨境电商选品的最高阶段，能够开发出有创意而又被市场接受的产品会带来非常好的收益。而如何进行创意开发式选品之路，可以通过以下几种方式来逐渐实现。

（1）找到适合自己的热卖产品进行纵深开发

在利用前面所讲的分销式和铺货式两种选品方法运营了一段时间以后，跨境电商卖家的店铺中一般会出现一部分比较热销的产品，那么这一部分产品就可以作为主打产品去进行纵深挖掘。

纵深挖掘包括纵向挖掘和横向挖掘。纵向挖掘，就是深入研究这一类产品，发现它更多的优缺点和特点来加以利用，并且加入自己的一些创意或者是微创新。横向挖掘，即开发产品的广度，这一类产品都有哪些类似款，各有什么优缺点，即将产品本身了解通透，然后再去改进，有创意地开发。

例如，某团队一直以销售眼镜为主，通过对眼镜这个类目的纵深研究，发现在横向上，眼镜主要包括近视框架眼镜、太阳镜、防辐射眼镜、功能眼镜和相关配件等几个细分类。后来经过学习和实践了解到，这几个类目中，太阳镜的需求量最大，近视框架眼镜的利润最高，而且这两个类目都有着非常激烈的竞争。

再通过纵向深挖，可以发现近视眼人群佩戴太阳镜一直是他们的痛点。在光线强的室外环境中，近视眼人群无论是开车还是外出都会有非常多的不方便。因为无法便捷地佩戴太阳镜，他们要么是配一副带度数的太阳镜出门佩戴，而回到室内又要换回普通的近视镜；要么就是佩戴一副隐形眼镜再戴上太阳镜。无论哪种办法都会很不方便，而且花费还高。

根据这个现象，经过深入研究后，该卖家将店铺产品的主打方向定在了近视多功能太阳镜上。经过长时间市场调查、对接供应商、研究消费人群等，卖家打造出了自有品牌——可以很便捷地佩戴的多功能近视套镜。这个产品无论是在国内电商还是跨境电商平台上都取得了不错的销售业绩。

（2）从自己熟悉的产品开始开发

这个也是给大家创意开发产品起步阶段的一个非常好的建议：先从自己熟悉的领域、熟悉的产品开始。

熟悉才有可能做出更准确的选择，熟悉也更有可能给产品赋予更多的创意。从事跨境电商一段时间的卖家大都有了自己的爆款，卖家对自己的爆款商品非常熟悉，在各自的领域都有着专家级的水平。

例如，某公司员工在亚马逊日本站开发了“手帕”这一产品。在很多人之前的认知中，不光是在中国，估计在世界上其他国家，手帕都应该是个快绝迹的东西，因为大家都在用更为方便的湿巾和面巾纸。但是，在日本，由于文化传统和环保意识浓厚等原因，小孩子的背包、女人的手包和男人西装的口袋中，手帕是必不可少的物品。日本很多大公司送给新入职员工的第一件礼物就是手帕。开发这个产品的运营专员在大学是学日语的，对于日本文化有着比较多的了解，更懂日本人的消费习惯，能开发出这种别人想不到的产品，也比其他人更能运营好日本站，于是取得了不错的销量。

（3）开发有创意的产品和有创意地开发产品

开发有创意的产品和有创意地开发产品可以说是跨境电商选品的最高阶段，如果能运用好，将会产生巨大的收益。这两者乍看起来没有什么区别，却是一件事情的两个不同方向。

① 开发有创意的产品。开发有创意的产品是指要找到创意十足的产品，然后赋予这些产品特定的功能，将其卖给消费者，如图 4-7 中所示的速卖通卖家开发的 LED 创意莲蓬头。

该产品不仅具有普通淋浴花洒的功能，还带有三色 LED 灯光，可在淋浴过程中循环变色。它不需要电力、电池，无须外来电力，打开水源，使用者便可置身于发光般的空间，让家中的成人和小朋友都能更多地感受淋浴的乐趣，时尚又实用，自然很畅销。

② 有创意地开发产品。有创意地开发产品是指产品本身平淡无奇，也许人们认为根本就不可以销售的产品或者不适合做国外市场、做跨境电商的产品，但是有创意地去想象、去实践，或许会有意想不到的效果，如下面创意土豆的例子。

美国青年 Alex Craig 突发奇想，将文字刻在土豆上作为礼物送人，就很有创意，如图 4-8 所示。

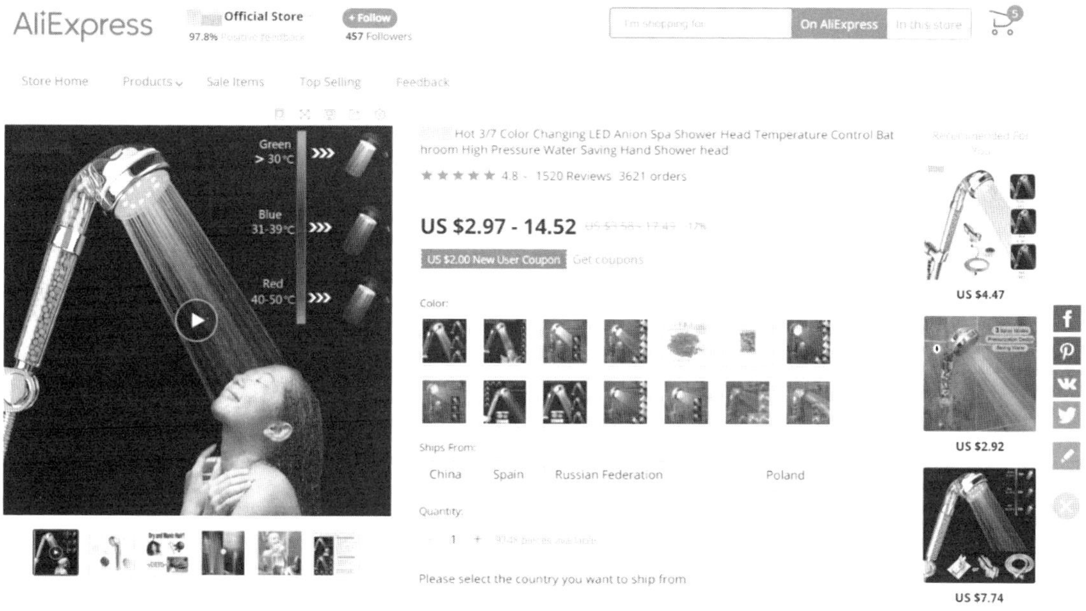

图 4-7 跨境电商卖家开发有创意的产品举例

图 4-8 跨境电商卖家有创意地开发产品举例

这样的一个土豆当时在平台上卖价 14.99 美元（约合人民币 100 元），且真有人买。这种土豆上写几个字或印幅图，身价就能暴涨百倍。买到的人纷纷表示，看到土豆的第一眼就乐疯了。有人用它来鼓励朋友，有人用它来和朋友开玩笑。作为 NBA 球迷的 Alex Craig 还为 NBA30 支球队的 150 多名球星寄送了这样的土豆作为礼物，没想到那些球星个个都忍不住分享到了自己的社交平台上。通过这些大名鼎鼎的球星在社交平台的分享，没几天全世界都知道这个“邮寄土豆”的公司。Alex Craig 说：“当你有个疯狂的主意但没挣到钱时，人们会说你是疯子；当你挣了几十万美元后，人们就会说你是天才。”

这个创意也许容易模仿，不容易长久，但它至少曾经把 1 元钱的土豆变成 100 元。跨境电商卖家在创意式开发产品时，能否也像这样换个思路，让自己的选品身价百倍呢？

拓展练习

对比分析几种不同类型的选品方式的优势与不足，并练习用 360 浏览器批量下载某商品成套图片及批量修改图片名称的方法。

任务二　跨境电商选品的禁忌

任务描述

作为跨境电商卖家，在选品过程中除需理解并运用前面“任务一”中所讲到的选品原则与方法外，还需特别留意一些跨境电商平台关于禁限售商品的规则要求。对跨境电商选品禁忌的了解和学习，可帮助卖家避开产品选择时的雷区，避免遭受不必要的处罚。

学习目标

1. 学习跨境电商平台上架产品禁限售一般规则和对侵权商品的界定。
2. 了解几种不同的判断产品侵权工具。
3. 熟悉不同跨境电商平台关于禁售商品的处罚方式。

任务分配

本任务为分组任务：每组若干组员在组长的带领下，调研不同跨境电商主流平台关于侵权商品的界定和禁限售商品的规则说明，并进行小组分享。

任务准备

引导问题 1：谈谈你认为的侵权产品是什么？请举例说明。

引导问题 2：你认为跨境电商平台上普遍禁售的商品有哪些？请举例说明。

任务实施

一、平台禁限售商品认知

跨境电商卖家在选品上传时需要回避两类产品：一类是平台禁止或限制销售的产品，另一类是知识产权保护类产品。因为后者也往往会被要求下架，甚至遭到处罚，故这两类产品均可理解为平台禁限售商品。尽管各大平台关于禁限售商品的界定尺度和具体划分不尽相同，但大体规则和要求是一致的，所以这部分内容是跨境电商卖家进行选品时需要具备的常识性认知。

1. 平台禁限售产品基本界定

为了遵守《电子商务法》和相关法律法规的规定，建立公平、诚信、公开、透明的网络平台运营环境，各大跨境电子商务平台均出台了有关于产品禁限售的相关规定。

所谓禁限售产品，一般指的是平台禁止发布和限制发布的产品。根据跨境电商平台规则，有些类目的商品完全禁止发布，如毒品、军火等；有些产品需要卖家在发布产品前取得该类产品销售的前置审批、经营凭证或授权经营许可等证明，否则也会被不准许发布。若已取得相关合法许可证明，则可在发布前将其提供给平台进行审核，平台审核通过后方可上传发布；若未通过平台审核，即便有各种资质证明，也是不能上传发布的。

2. 跨境电商平台禁限售产品举例说明

各大跨境电商平台在其公开给卖家的平台规则/政策解读的内容中，通常都会清楚且详细地给出该平台关于禁限售产品的具体说明，如中国制造网关于禁限售产品的举例与限制级别说明，以及各主流跨境电商平台给出的关于禁限售产品的说明。

3. 跨境电商知识产权保护类产品相关规定

各大跨境电子商务平台都致力于保护第三方知识产权，同时也为买卖双方提供安全的交易场所。非法使用他人的知识产权是违法的，亦是违反各跨境电商平台政策的。

知识产权，保护的是智力成果、无形财产，是人们对自己所创造的智力活动成果依法享有的占有、使用、收益和处分的权利；知识产权只是一个统称，根据保护对象的不同，主要包含专利权、商标权、著作权等。

专利权是知识产权的一种，指的是发明创造者或其权利受让人对特定的发明创造在一定期限内依法享有的独占实施权。专利权包括发明专利权、实用新型专利权、外观设计专利权三种。

商标权是商标专用权的简称，是指商标主管机关依法授予商标所有人对其注册商标受国家法律保护的专有权。商标注册人依法支配其注册商标并禁止他人侵害的权利，包括商标注册人对其注册商标的排他使用权、收益权、处分权、续展权和禁止他人侵害的权利。

著作权，是指作者和其他著作权人对文学、艺术和科学作品所享有的各项专有权利。它是自然人、法人或者其他组织对文学、艺术或科学作品依法享有的财产权利（出版、复制等）和人身权利（署名权等）的总称。

对知识产权的尊重和保护是各大跨境电子商务平台的责任和义务，各平台严禁用户未经授权发布、销售涉嫌侵犯第三方知识产权的产品。跨境电商卖家有责任确保发布在平台上的产品没有侵犯任何第三方的合法权益。以速卖通为例，平台在《全球速卖通平台规则》中明确了知识产权禁限售违规处罚规则。卖家一定要了解所发布的产品是否为他人的品牌产品，特别是产品标题、描述、店铺名称、产品图片 Logo 等是否有他人品牌信息或模仿他人品牌信息。如 iPhone、Chanel 等一些知名国际品牌是绝对不能触碰的。

跨境卖家如果选择发布知识产权保护类产品，需持有相关授权许可证明，同时需将这些证明文件发送给平台审核验证，待平台审核通过后，便可正常发布此类产品。

4. 常用判断产品侵权工具介绍

跨境电商卖家可用于自行判断产品是否侵权的常用工具推荐如下。

（1）欧盟商标查询平台

欧盟商标查询平台可进行商标查询、商标分类查询、商标设计图查询、商标持有人查询、商标公告查询、商标判决查询等。其查询页面入口如图 4-9 所示。

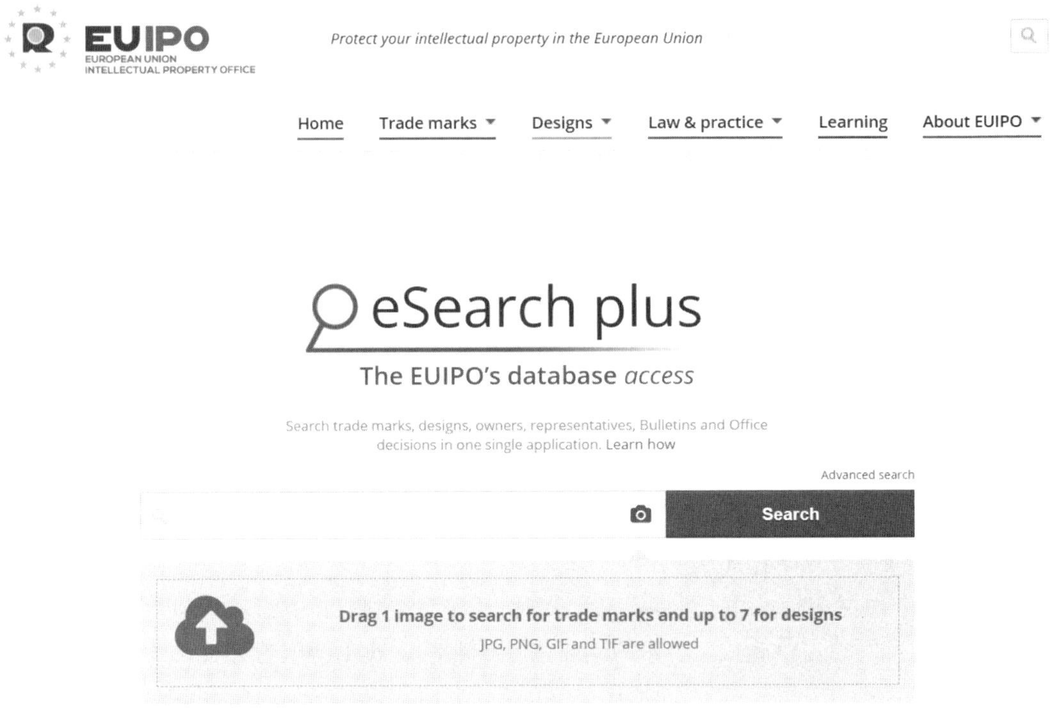

图 4-9　欧盟商标查询平台查询入口截图

（2）美国商标查询平台

美国专利商标局（United States Patent and Trademark Office，USPTO）官方提供了美国商标查询平台。其查询页面入口如图 4-10 所示。在该平台进行商标查询的操作步骤如下：

① 在“国际分类号”里输入查询商标的类别，这是根据注册具体产品而定的。

② 在“类似群号”输入类似群号能更准确地查询先注册的近似商标，所以这就要求填写准确，以避免查询结果失误。

③“查询方式”有六种查询方式供选择：汉字、拼音、英语、数字、字头、图形。此处根据注册的名称进行选择。

④ 在查询方式的基础上选择相应的查询类型，从而进行分析。

⑤ 在“查询内容”输入需要查询的商标名称。

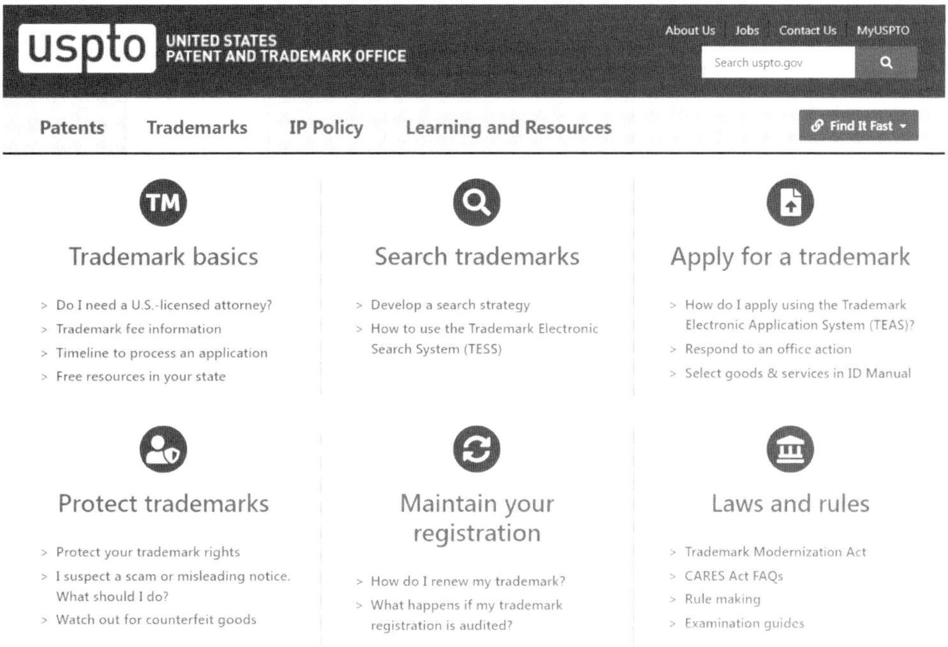

图 4-10　美国商标查询平台查询入口截图

（3）欧盟专利查询平台

欧盟专利查询平台是欧盟知识产权局（European Union Intellectual Property Office，EUIPO）官网上对接的入口。其入口首页如图 4-11 所示。欧盟知识产权局属于欧盟组织和机构之一，以履行成员国授予欧盟的权力。2004 年，欧盟作为一个整体加入马德里议定书体系，允许用户通过马德里体系提交申请（中国自 1995 年起成为马德里体系的成员国）。之后，EUIPO 受欧盟委员会委托进一步处理知识产权领域的事务。

图 4-11　欧盟专利查询平台查询入口截图

（4）美国专利查询平台

和前面介绍的美国商标查询平台一样，美国专利查询平台也可在美国专利商标局（United States Patent and Trademark Office，USPTO）官方上找到其查询网址。其查询页面入口如图 4-12 所示。

图 4-12　美国专利查询平台查询入口截图

二、侵权商品的处罚

1. 跨境电商平台对侵权商品的常见处罚

如果卖家发布、销售涉嫌侵犯第三方知识产权的产品，则有可能被知识产权所有人或者买家投诉，平台也会随机对产品信息进行抽查，若涉嫌侵权，则产品会被直接删除下架，卖家也会遭受不同程度的处罚。

屡次违反平台发布规则的卖家将会被冻结账号，甚至关闭账号。比如，eBay 规定任何侵犯第三方知识产权、未经授权的复制品、赝品、侵犯 VeRo 计划产权人合法权益的物品，均不允许在平台上刊登销售。

2. 关于侵权商品处罚及其配套说明举例

跨境电商 B2C 主流平台速卖通也从 2016 年开始进一步加大知识产权侵权的处罚和监控力度，以打击恶意钻空子兜售侵权产品的行为。严禁用户未经授权发布、销售涉嫌侵犯第三方知识产权的商品或发布涉嫌侵犯第三方知识产权的信息。若触犯，则会根据侵权类型执行处罚（见表 4-1）。

表 4-1　关于跨境电商选品禁忌界定与处罚规则

侵权类型	界　定	处罚规则
商标侵权	一般违规：其他未经权利人许可使用他人商标的情况	首次违规扣 0 分；其后每次重复违规扣 6 分；累达 48 分者关闭账号
	严重违规：未经注册商标权人许可，在同一种商品上使用与其注册商标相同或相似的商标	三次违规者关闭账号

续表

侵权类型	界定	处罚规则
著作权侵权	未经权利人授权，擅自使用受版权保护的作品材料，如文本、照片、视频、音乐和软件，构成著作权侵权 实物层面侵权：盗版实体产品或其包装；实体产品或其包装非盗版，但包括未经授权的受版权保护的作品 信息层面信息：产品及其包装不侵权，但未经授权在店铺信息中使用图片、文字等受著作权保护的作品	首次违规扣0分；其后每次重复违规扣6分；累达48分者关闭账号
专利侵权	侵犯他人外观专利、实用新型专利、发明专利、外观设计（一般违规或严重违规的判定视个案而定）	首次违规扣0分；其后每次重复违规扣6分；累达48分者关闭账号（严重违规情况，三次违规者关闭账号）

速卖通平台关于侵权商品的处罚相关说明：

① 速卖通会按照侵权商品投诉被受理时的状态，根据相关规定对相关卖家实施适用处罚。

② 同一天内所有一般违规及著作权侵权投诉，包括所有投诉成立（商标权或专利权：被投诉方被同一知识产权投诉，在规定期限内未发起反通知，或虽发起反通知，但反通知不成立。著作权：被投诉方被同一著作权人投诉，在规定期限内未发起反通知，或虽发起反通知，但反通知不成立）及速卖通平台抽样检查，扣分累计不超过6分。

③ 同三天内所有严重违规，包括所有投诉成立（被投诉方被同一知识产权投诉，在规定期限内未发起反通知；或虽发起反通知，但反通知不成立）及速卖通平台抽样检查，只会作一次违规计算；三次严重违规者关闭账号，严重违规次数记录累计不区分侵权类型。

④ 速卖通有权对卖家商品违规及侵权行为及卖家店铺采取处罚，包括但不限于：a. 退回或删除商品/信息；b. 限制商品发布；c. 暂时冻结账户；d. 关闭账号。对于关闭账号的用户，速卖通有权采取措施防止该用户再次在速卖通上进行登记。

⑤ 每项违规行为由处罚之日起有效365天。

⑥ 当用户侵权情节特别显著或极端时，速卖通有权对用户单方面采取解除速卖通商户服务协议及免费会员资格协议、直接关闭用户账号及速卖通酌情判断与其相关联的所有账号，以及/或者采取其他为保护消费者或权利人的合法权益或平台正常的经营秩序，由速卖通酌情判断认为适当的措施。在该等情况下，速卖通除有权直接关闭账号外，还有权冻结用户关联国际支付宝账户资金及速卖通账户资金，其中依据包括为确保消费者或权利人在行使投诉、举报、诉讼等救济权利时，其合法权益得以保障。

⑦ 速卖通保留以上处理措施等的最终解释权及决定权，也会保留与之相关的一切权利。

⑧ 本规则如中文和非中文版本存在不一致、歧义或冲突，应以中文版为准。

3. 规避侵权商品处罚的几点建议

针对跨境电商平台关于侵权商品通常会给出的处罚，向跨境电商卖家提出如下几点建议。

（1）尊重知识产权

即日起严格排查自己的在线及下架商品，若存在侵权行为，请立即将侵权商品删除。同时，严格把控进货来源，杜绝来源不明的产品，建议实拍图片，提高图片质量，让买家更直观地了解商品，获得更多订单。

（2）发展有品质的自营品牌

如果产品有品质，建议注册自有品牌，跟平台一起扩大自营品牌影响力，让自己的品牌商品出海，不断增加附加值。

（3）完成品牌准入流程

建议跨境卖家完成品牌准入再发布品牌商品，不要发布未获得发布权限的品牌商品。

拓展练习

3～5 位同学为一组，分组查找 Wish、速卖通、eBay 和亚马逊等跨境电商平台上 2～3 个店铺的 10～20 张商品图片，下载这些图片，判断它们是否违反了知识产权或平台规则，做成 PPT 并进行展示分享。

任务三　跨境电商选品工具的运用

任务描述

俗话说：“磨刀不误砍柴工。”在跨境电商选品过程中，了解和学习选品工具的运用方法，理解如何运用数据进行选品，可以作为跨境卖家选品时的有效辅助。每个卖家都需掌握至少 1～2 个选品工具的使用方法。

学习目标

1. 了解不同选品工具的特点及其能对应的平台。
2. 基本掌握本节介绍的几种常用跨境电商选品工具的使用方式。

任务分配

本任务为分组任务：根据不同选品工具的内容分配，每组若干组员在组长带领下，结合【任务准备】板块的问题引入，分别完成几种常用跨境电商选品工具的使用方法学习。

任务准备

引导问题 1：不同平台的跨境卖家在选品时的方法一样吗？

引导问题 2：你听说过的跨境卖家可以使用的选品工具有哪些？请举例说明。

任务实施

一、跨境电商选品工具之 Google Trends

1. Google Trends 概述

Google Trends（谷歌趋势）是 Google（谷歌）推出的一款基于搜索日志分析的应用产品，它通过分析谷歌搜索引擎每天数十亿个用户的数据，告诉卖家某一关键词或话题在各个时期被搜索的频率及其相关统计数据。卖家可以通过这些搜索数据了解产品市场、目标受众群体信息及店铺未来的营销方向等。

Google Trends 支持亚马逊（美国、英国、加拿大、墨西哥、德国、意大利、法国、日本、印度）、Wish、eBay、速卖通等不同的跨境电商平台，是一款可免费使用的选品工具。其精选数据分析首页如图 4-13 所示。

图 4-13　谷歌趋势精选数据分析首页

2. 主要功能

（1）关键词研究功能

Google Trends 的关键词研究功能能显示用户每天的搜索趋势。卖家输入产品关键词，就可得到此产品关键词被搜索的数据情况。

（2）查看网站流量

在 Google Trends 页面，卖家可以查看相关网站的流量。

（3）色彩强度信息图表

色彩强度信息图表能用不同的方式比较不同主题，它显示了关键词在特定区域受欢迎的程度，同时也可以生成有用的关键词研究数据。

3. 如何判断关键词是否值得使用

步骤 1：打开 Google Trends，将要设定的主要关键词输入搜索框。

步骤 2：观察被搜索关键词的趋势图，再由趋势的走向评估是否值得投资。

步骤 3：了解这些关键词最近的搜索数量，判断其是增加的还是减少的。如果这个关键词的搜索数量只有一段时间处于高峰期，之后持续减少，那么这个关键词就不值得选用。以“electric car”为例，其关键词搜索数量页面如图 4-14 所示。

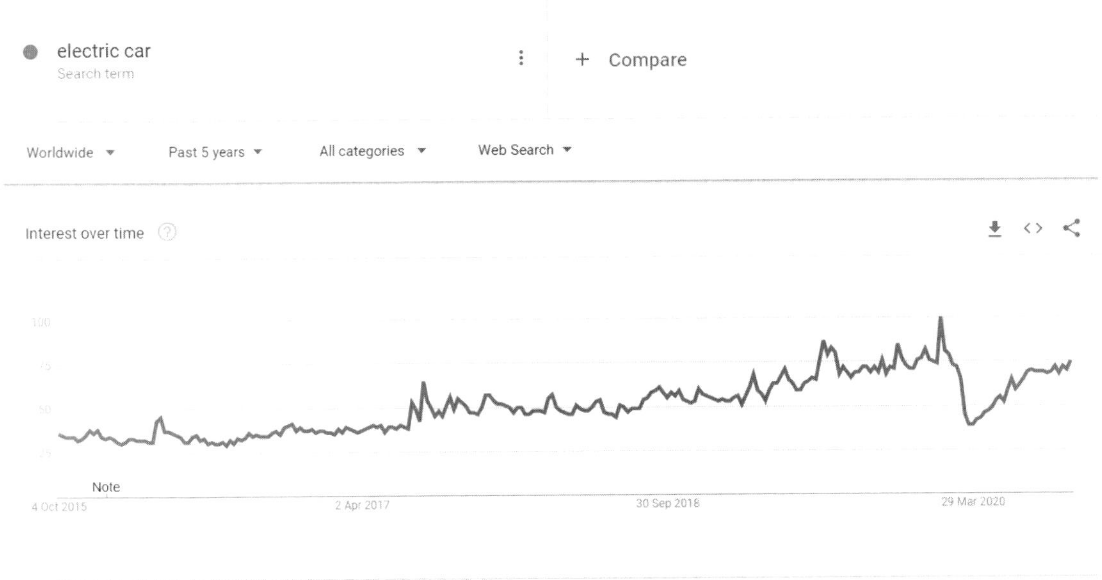

图 4-14　谷歌趋势关键词搜索数量页面

4. 如何挖掘长尾关键词

步骤 1：运用 Google Trends 搜索要研究的主题长尾关键词，可在搜索框中输入需要搜索的关键词，下拉至搜索相关数据位置后，可以发现界面右边会显示许多相关的关键词。

步骤 2：选定相关关键词，用 Keywords（关键词工具）进行搜索，卖家会得到一系列的相关词组。这里一连串的长尾关键词都可以用来作为卖家选关键词的灵感来源。

二、跨境电商选品工具之 Jungle Scout

亚马逊平台不允许刷评价，卖家就更需要学习专业的运营技术，使用相关工具进行关键词选择和优化，从而获得更多的曝光量和流量，进而提高销量。在这种情况下，Jungle Scout 就成为了亚马逊卖家选品分析时的首选。

1. 认识 Jungle Scout

Jungle Scout 是 Greg Mercer 在 2015 年创立的一个品牌，公司的总部位于美国得克萨斯州的奥斯汀市，于 2018 年在中国深圳创办了分公司，为中国的亚马逊卖家提供服务，其解决方案覆盖了卖家选品、竞品跟踪、市场趋势分析、关键词搜索及反查、Listing 优化、站外引流、邮件营销、店铺利润分析、PPC 广告优化、供应商搜索及管理等全解决方案。

Jungle Scout 倡导数据化智能选品、打造精品店铺、通过运营技巧和策略来获得中国品牌跨境出海，是亚马逊跨境电商行业的领军品牌，影响全球超过 100 万个亚马逊从业者。其中文官网首页上有该插件的试用下载链接，如图 4-15 所示。

图 4-15 Jungle Scout 大数据工具首页截图

2. Jungle Scout 的应用

Jungle Scout 是大多数卖家在选品过程中最重要的参考数据之一。Jungle Scout 数据是系统每天采集和对比的，在数值相对稳定时，数据每周或者每两周更新一次，新品的数据一般会在 12 小时内采集和更新；产品销量波动比较大的时候，系统会自动调整频次，每天进行更新。

Jungle Scout 的产品数据库，业界最大的亚马逊产品目录，只需按照需求设置过滤器，便可以找到符合要求的产品列表。所有的预估销售数据是基于独创的系统算法 AccuSales^{TM}，全方面的数据收集、分析和整合计算出来的。

过滤搜索结果可以选择亚马逊站点，产品品类，关键字，预估销量，产品价格，产品品类排名，评价数量，评级，产品尺寸、重量，产品质量列表等。

Jungle Scout 分 JS 插件版、网页版和混合版，其各版本所包含的功能不同。

其中可供新用户试用的 JS 插件版在 Chrome 浏览器上的使用步骤如下：

① 在 Chrome 浏览器扩展程序栏里点击选品插件，页面出现插件添加提示，点击“添加扩展程序”。

② 添加好之后，浏览器界面会有 JS 的标志，也就是 Chrome 在安装插件之后就可以在亚马逊页面直接点击使用了，如图 4-16 所示。

图 4-16 Jungle Scout 插件安装后的亚马逊页面提示截图

③ 直接点击右上角的 JS 按键，就可以查询相关产品的数据。

以图 4-17 中卖家的数据为例，可看到其平均月销量、平均排名、平均价格、平均评论数、机会分数及列表中不同产品的具体销售数据信息。点击每个商品还可查看其历史数据。此外，想更多地了解这个产品的信息和近段时间的情况，可以点击左侧的带圈的加号（⊕），就可以将产品添加到竞品跟踪器留存了。添加了若干款竞品后，我们对比上述几个数据，自然就能够筛选出数字更好的商品，从而直接确定选品目标。

图 4-17 相关产品数据示例

更多关于 Jungle Scout 工具的使用方法，其官网提供了实时更新的免费在线课程供用户学习使用。

三、跨境电商选品工具之海鹰数据

海鹰数据是 Wish、亚马逊、eBay、Shopee 平台卖家用于数据选品和热销产品分析的常用工具。

以海鹰数据绑定 Wish 平台为例，该工具的主要功能包括查询 Wish 平台上的历史热销商品、飙升商品和新品热销商品等，能很好地辅助 Wish 卖家进行店铺运营。海鹰数据中 Wish 选品说明页面如图 4-18 所示。

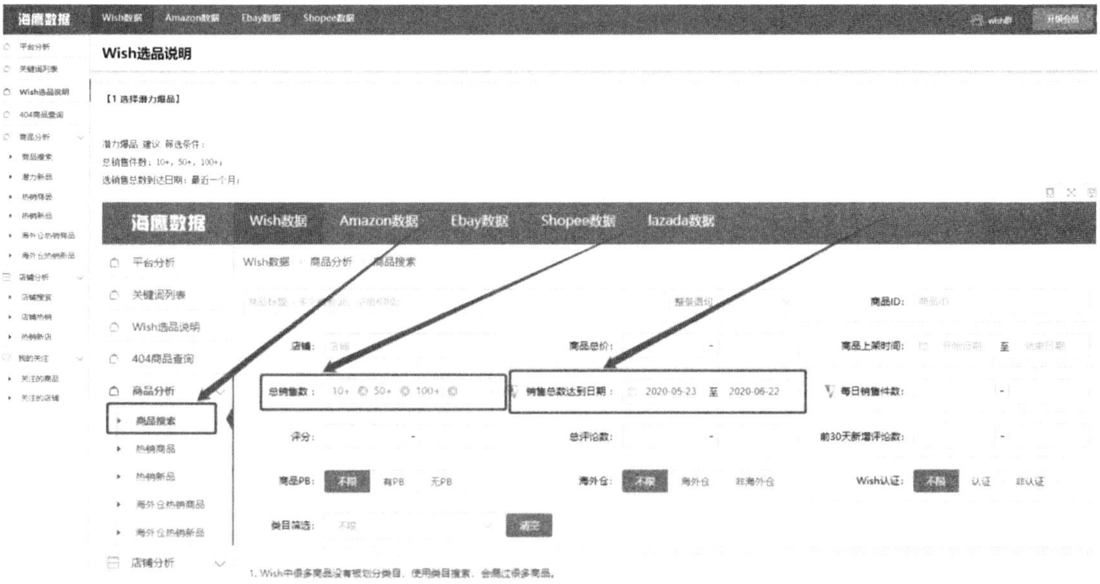

图 4-18 海鹰数据中 Wish 选品说明页面

海鹰数据能提供不同的数据分析，以供跨境卖家在选品时参考，其中最常用的是热销商品数据和潜力新品数据。

1. 热销商品

热销商品界面中可以查看到 Wish 平台历史上热销产品排行榜，可以了解什么类型、什么价位的产品在 Wish 平台上更热销。此外，还能查看具体商品的总购买人数、总收藏人数、评论总数和前 7 天的相关数据，以及产品的上架日期和店铺成立日期等非常详细的数据。其使用步骤如图 4-19 所示。点击搜索出的具体商品，还可以看到更详细的产品数据、货源信息等。

2. 潜力新品

潜力新品界面展示 Wish 平台最近 60 天内上架的新品中最热销的商品，这类产品对于 Wish 选品更有参考意义。因为历史热销产品已经积累了很高的搜索权重和搜索排名，老客户和产品评价数量会非常多。如果新手卖家做这些产品，即使产品价格更低也很难获得订单。新品则不一样，它们是最近 60 天刚刚上架的产品，正处于上升趋势，产品的搜索排名和评论数并不是太高，这些产品可以作为卖家选品的重要参考。

此版块的使用方式与操作步骤与前面热销商品部分一致，此处不予重复说明。

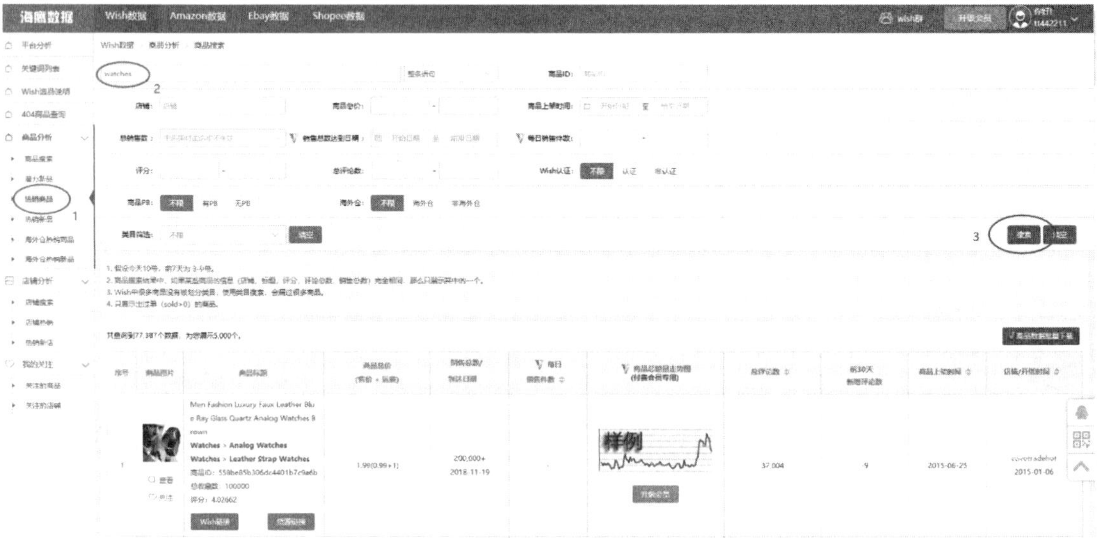

图 4-19　海鹰数据 Wish 热销商品搜索步骤说明

拓展练习

注册本节所介绍的三个选品工具中的至少一个，以 smart phone 为关键词进行检索，对搜索出的关键词数据进行列表，查看其排序前 20 位的关键词分别是哪些，然后进行分享。

项目五

跨境电商视觉美工

在跨境电商平台做商品或者服务推广时，可谓“一图胜千言”。“电商就是卖图”的说法也得到很多卖家的普遍认可，跨境电商视觉内容的重要性不言而喻。视觉美工可以通过图片、小视频等处理来刺激买家的感官来提高商品认同感，从而激发购买欲，可以在短时间内产生最大的影响力，增进商品或服务与消费者之间的联系，促成最终的交易行为，达到营销目的。因此，作为可视化的在线业务，跨境电商视觉美工至关重要，堪称卖家的“必杀技”。

本项目将介绍如何进行跨境网店的店铺装修、商品图片的拍摄与处理、商品视频的拍摄与处理等技能，从而达到辅助商品销售的目的。

任务一　跨境网店的店铺装修

任务描述

网店装修与实体店装修的目的都是让店铺空间更美，更能吸引消费者。对于网络店铺来说，好的店铺设计至关重要，因为网络消费者只能通过图文形式来了解商品和商家。优秀的店铺装修设计可以增加网店的附加值，给人正规、大气、专业的感觉，给顾客留下深刻的印象且能促进销售。本任务对现有的图形元素进行合理的组织和安排，进行店铺装修模板设置、Logo 设计、店招设置和海报制作。

学习目标

1. 懂得确定店铺首页风格和模板设置。
2. 了解店铺 Logo 的常见位置、类型和设计策略。
3. 熟悉店招所包含的常规内容及基本操作。
4. 掌握海报的功能、尺寸要求、制作小技巧与后台设置。

任务分配

本任务为分组任务：每组若干组员在组长带领下，根据不同内容的跨境网店店铺装修任务进行任务分工，合力完成某跨境电商店铺首页的设计与制作。

任务准备

引导问题 1：跨境电商店铺装修通常包括哪些内容？

引导问题 2：什么是店招？店招一般有哪些作用？

任务实施

一、跨境网店装修模板设置

店铺的装修首先需要做的就是结合店铺自身的风格定位、活动、商品和顾客圈层等信息，在跨境电商平台允许的结构范围内进行合理组合与布局，达到让顾客从设计的网店中更便捷、更清晰、更享受地获取店铺信息和商品信息的目的。

1. 店铺装修注意事项

① 店铺风格是店铺布局的前提，要充分考虑品牌、商品信息、目标顾客、市场环境及季节等因素的影响。

② 店铺活动和主推信息模块要放在非常重要和显眼的位置，让人一目了然。

③ 商品推荐模块中所推荐的商品一定要经过精心筛选，数量不宜过多。

④ 模块结构和商品系列要清晰明了。

2. 店铺装修后台操作

很多跨境电商平台系统配置了相应的店铺装修模板，掌握店铺装修模板的使用方法是进行店铺装修的前提。下面以速卖通平台 AliExpress 的店铺装修为例，讲解店铺装修的后台操作步骤。

步骤 1：在速卖通卖家中心，在菜单栏中单击“店铺”并从下拉菜单中选择“店铺装修”，然后在“模板”中选择“无线端模板”或“PC 端模板”，即可在“官方模板”内选择速卖通店铺装修页面的基本版式，也可使用购买的“第三方设计师模板”，如图 5-1 所示。

步骤 2：选好模板后，切换到“页面”板块，可选择无线端或 PC 端，分别查看“首页”命令，此时可对店铺进行“一键智能装修”，如图 5-2 所示。智能化首页会通过智能化模块对店铺的热销和满减营销活动进行推广，按照宝贝分类及新品进行用户浏览的引导。模块均采用系统算法，自动实现实时更新，无须编辑，同时你还可以在智能化首页的基础上添加所需的装修模块。

步骤 3：若需要增加页面，则可打开“新增页面”窗口，在弹出的弹窗中填写新增页面名称，如图 5-3 所示；然后单击“下一步”按钮，打开“选择页面模板”，如图 5-4 所示。选择所需模板后，便可单击“确定，开始编辑”按钮。

图 5-1 速卖通后台店铺装修入口页面截图（图中“模版”应为“模板”）

图 5-2 速卖通店铺装修“首页”入口截图

图 5-3 速卖通店铺装修“新增页面”填写页面名称弹窗截图

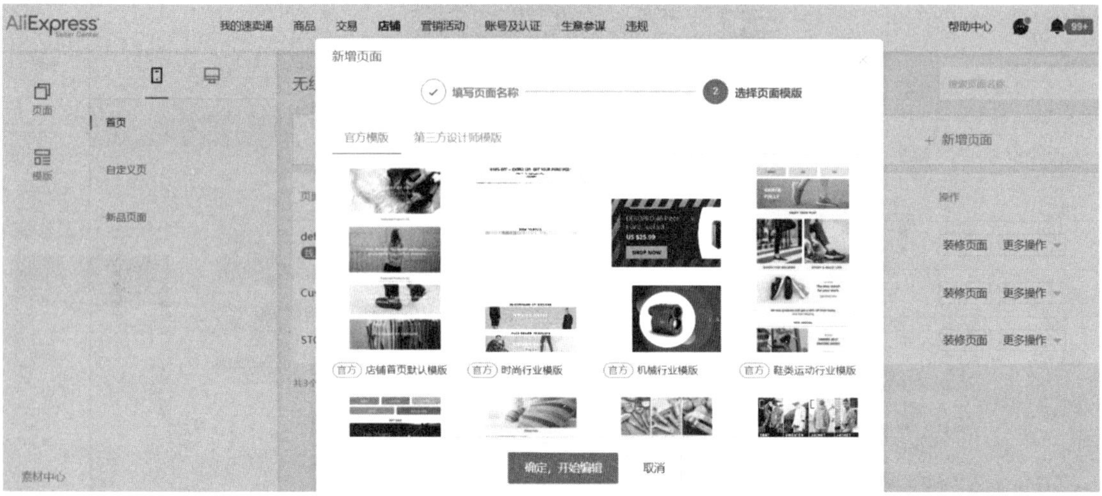

图 5-4　速卖通店铺装修“新增页面”选择页面模板弹窗截图

步骤 4：在“自定义页”和“新品页面”查看自己店铺已发布的页面，并进行预览和编辑。图 5-5 所示为某店铺无线端新品页面，在后台右侧的“预览”状态中点击“装修页面”，便可对该店铺无线端的页面进行再装修。

图 5-5　速卖通店铺无线端新品页面装修举例

二、跨境网店 Logo 设计

店铺 Logo 就是网络店铺的标志，其承载着网店的无形资产，是网店综合信息传递的媒介，是网店形象传递过程中应用最广泛、出现频率最高的元素，同时也是最关键的元素。

1. Logo 的发展趋势

现代 Logo 的概念更加完善、成熟，标志的推广与应用已建立了完善的系统。随着数字时代的到来与网络文化的迅速发展，传统的信息传播方式、阅读方式受到了前所未有的挑战，展现出如下几个趋势。

（1）个性化趋势

各种标志都在广阔的市场空间中抢占自己的视觉市场，吸引顾客，因此如何在众多标志中脱颖而出，易辨、易记、个性化，就成为新的要求。个性化包括消费市场需求的个性化和来自设计者的个性化。不同消费者的审美取向不同，不同商品的感觉不同，不同设计师的创意和表现形式不同，因此在多元的平台上，无论是对消费市场还是对设计者来讲，个性化都成为不可逆转的一大趋势。

（2）人性化趋势

19 世纪末以来，受工业革命及包豪斯设计风格的影响，设计倾向于机械化，有大工业时代的冰冷感。随着社会的发展和审美的多元化，以及对人的关注，人性化成为设计中的重要因素。

（3）信息化趋势

现今的网络时代使得 Logo 与以往不同，它除表明品牌及企业属性外，还要有更丰富的视觉效果、更生动的造型、更适合消费心理的形象和色彩元素等。同时，通过整合企业多方面的综合信息，进行自我独特设计语言的翻译和创造，使标志不仅能够形象贴切地表达企业理念和企业精神，还能够配合市场对消费者进行视觉刺激和吸引，协助宣传和销售。标志成为信息发出者和信息接收者之间的视觉联系纽带和桥梁，因此信息含量的分析准确与否是 Logo 取胜的关键。

（4）多元化趋势

意识形态的多元化，使 Logo 的艺术表现方式日趋多元化：有二维平面形式，有半立体的浮雕凹凸形式；有静态的立体标志，也有动态的霓虹标志；有写实标志，也有写意标志；有严谨的标志，也有概念性标志。随着网络科技的进步和电子商务的发展，网络标志已成为日益盛行的新的标志形态。

2. 店铺 Logo 的主要类型

（1）纯文字型 Logo

MARVEL，即漫威漫画公司（Marvel Comics），是美国漫画公司两大巨头之一，创建于 1939 年，于 1961 年正式定名为 Marvel。其 Logo 设计为纯文字型 Logo 的典型代表，如图 5-6 所示。红色传统上用于超级英雄漫画，以描绘终极英雄。拥有道德制高点的英雄们总会为了别人而牺牲自己，最常穿红色（如该公司所创造的蜘蛛侠、超人等角色）。红色也是一种非常有活力的颜色，能够使人们感到饥饿，并引起公众的注意。该 Logo 采用无衬线英文字体，配上大红色银幕比例色块，干净利落，没有一点元素是多余的。这种极简平面风格的 Logo 设计得到了公众的广泛认可。

图 5-6 纯文字型 Logo 举例

（2）纯图形型 Logo

前期主攻鼠标设计与制作的雷蛇（Razer）品牌将 Logo 以纯图形的形式呈现。其图案是 3 条绕在一起的蛇，灵感来源是希腊神话中的著名半神怪兽美杜莎。其主要设计理念在于鼠标对应英文单词 mouse，其核心是想做“吃”掉其他所有鼠标的鼠标，而在食物链中常见吃老鼠的就是猫和蛇，明显是后者形象更霸气，于是结合希腊神话，就有了图 5-7 中所示的雷蛇品牌的 Logo 设计。

（3）图文结合型 Logo

作为中国的企业，华为能够取得如今的成绩无疑是值得人们自豪的。华为 Logo（见图 5-8）代表的含义就连华为官方都曾给出过好几个答案，但是一直都没有最标准的解释，而其中一个解释是代表着太阳，因为现在华为的业务可以说遍布全球各个地区，将它形容成太阳也比较合适。

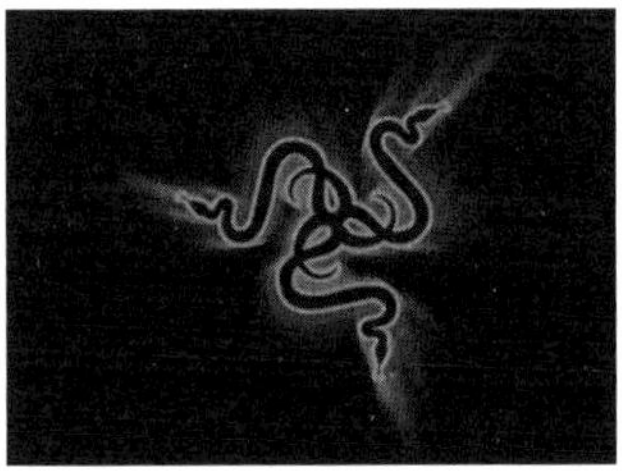

图 5-7　纯图形型 Logo 举例

图 5-8　图文结合型 Logo 举例

3. 跨境店铺 Logo 的常见位置

不同的跨境电商的 Logo 摆放位置不尽相同，最为常见的位置是店招左侧（见图 5-9）、中间（见图 5-10）或商品主图的左上角（见图 5-11）。

图 5-9　店铺 Logo 位于店招左侧举例截图

图 5-10　店铺 Logo 位于店招中间举例截图

图 5-11　店铺 Logo 位于商品主图左上角举例截图

4. 店铺 Logo 的设计策略

（1）明确经营策略

进行店铺 Logo 设计时，首先需要明确网店的经营策略，了解其侧重品牌还是侧重销售，抑或侧重资讯传播。选好网店经营策略是进行店铺 Logo 设计的第一步，也是至关重要的一步。

（2）明确品类策略定位

此步骤和上一步同样重要，根据所售商品的品类和店铺自身的特点来确定店铺的定位。

（3）明确风格定位

根据经营产品的品牌或者产品的特点，以及经营理念和风格，确定店铺的风格。

（4）明确元素

确定以前面介绍的 Logo 类型中的哪一种形式展现 Logo，如纯中文、纯英文、中英文结合、纯图形、图文结合等。

（5）明确字体

确定设计 Logo 时需要用到的字体。Logo 设计时可以选用的字体甚多，需要根据前面确定的网店经营策略、品类策略定位、风格定位、所需元素等信息进行综合判断，进而选出较为合适的字体、字号及其呈现形式等。

（6）明确色调

根据前面的操作判断，确定店铺 Logo 的色相、饱和度、明度等色调相关指标，进行色彩方面的调整。

三、跨境网店店招设置

1. 店招的常规内容

店招，即一个店铺的招牌，通常由店铺 Logo、主打商品图、导航栏、搜索框、优惠信息或关注礼等信息共同构成。店招代表一个店铺的品牌定位和商品定位，一般位于店铺首页的最顶端，是店铺的展示窗口，也是买家对店铺生成第一印象的主要来源，应当结构清晰和便于记忆，如图 5-12 所示。

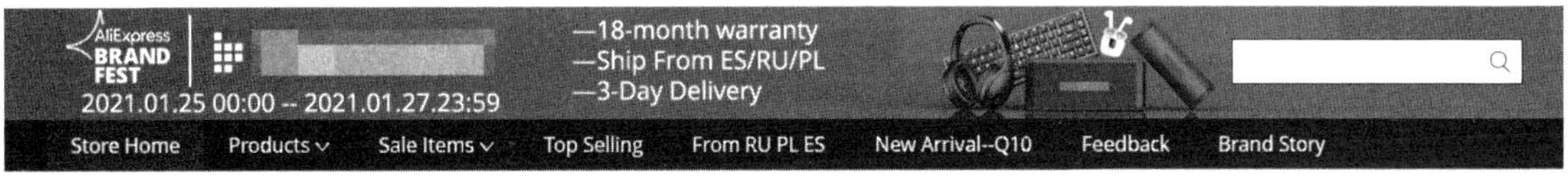

图 5-12　跨境网店店招举例

店招内容的设计可根据店铺的实际情况进行安排，其中最主要的功能项便是导航栏。导航栏也叫导航条，店铺中的导航栏类似于实体店的环境导视，能迅速指引买家找到其想要购买的商品。

2. 跨境网店店招设置操作

速卖通平台是较为注重店铺打造的一大跨境电商平台，此处仍以速卖通平台为例，介绍跨境网店店招制作的步骤和注意事项。

步骤 1：速卖通平台对店铺店招的尺寸有严格规定，PC 端店铺装修时可直接用店铺名称或店铺 Logo 作为店招，若是用自定义背景图作为店招，则图片的宽度应为 1200 像素，高度为 90 像素（导航栏另设）；无线端自定义背景图店招尺寸为 750 像素×300 像素。两个端口的店招均只支持 JPG 或 PNG 图片格式，图片大小均不得超过 2MB，如图 5-13 所示。

图 5-13　速卖通 PC 店招设置页

步骤 2：根据店铺店招的内容安排，利用 Photoshop 软件工具，按照“步骤 1”中的图片尺寸大小规定制作好店铺店招。

步骤 3：在速卖通后台“店铺—店铺装修”页面中，点击“装修”，查看“使用中模块”，可切换选择 PC 店招和无线店招。如图 5-14 所示，单击“无线店招”按钮，中间店铺首页预览图的右侧就会出现“设置无线端店招”窗口，此时可随时上传新的自定义背景图，或用默认背景（一般为纯色）作为店招。

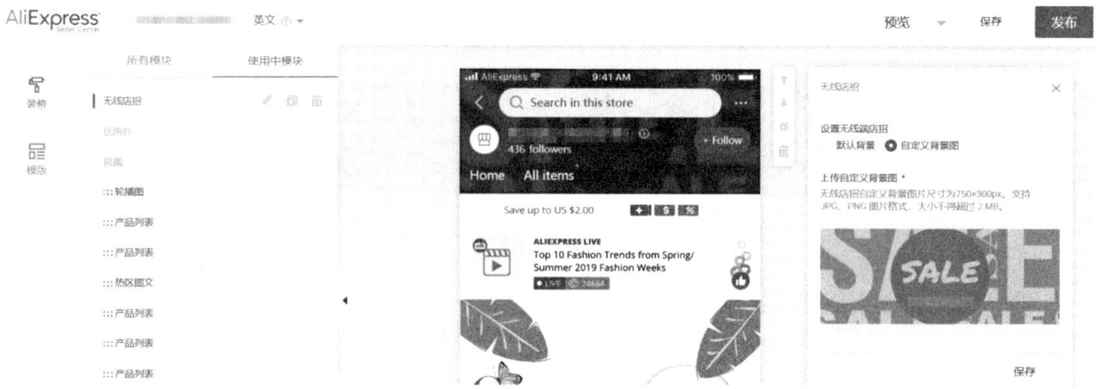

图 5-14　速卖通无线店招设置举例

四、跨境网店海报制作

1. 跨境网店海报的基本功能及内容

在跨境网店装修中，店铺海报占据重要的位置，它可以让商品信息更加一目了然，还能个性化地展示店铺，被点击后可快速进入主推商品页面，便于将主推商品展现给买家。很多商家都喜欢采用轮播海报的方式，通过 2～5 张自动切换的海报让进店的买家更快、更全面地了解到店内能提供的商品、服务或促销活动等信息。也有些跨境卖家倾向于采用更具视觉冲击力的全屏海报，全屏整体上很大气且容易突出店铺风格，视觉上让人感觉很舒服。

跨境网店的海报一般包括店铺 Logo、模特展示图、主打商品图、促销文案等信息，如图 5-15 所示。

图 5-15 跨境网店海报举例

2. 跨境网店海报的尺寸要求

海报的设计讲究号召力和感染力，文案简洁鲜明，容易引起买家共鸣。海报的设计需要先根据大小来定义内容。例如，可以实现全屏效果的海报通常使用 1920 像素宽度，但这时就会产生一个问题，即一些小的屏幕无法展示那么大的画面，因此屏幕中只显示海报一部分内容，如果设计时把产品主体放在了海报偏旁边的位置，则产品主体很可能无法在屏幕中完全显示。所以，在动手设计之前要把产品主体的位置定在海报中心部位，确保海报主体在任何屏幕上都可以展示。

无线端轮播海报则一般不宜尺寸太大，这是因为考虑到有些跨境买家所在国并未普及 4G 网络，网速有限，店铺海报太大容易影响切换显示速度，致使本来好不容易得来的流量流失；但如果海报太小又容易给人不够清晰、不够专业的感觉，于是很多平台会给出轮播海报的具体尺寸建议，如速卖通平台店铺装修中的无线端海报轮播图的建议尺寸为宽度固定在 750 像素，高度控制在 960 像素以内，图片大小在 2MB 以内。

3. 跨境网店海报制作小技巧

（1）行动按钮不可或缺

对于一张标准海报，首先需要有一个主标题，有的包含副标题和其他信息。特别需要注意的是，顾客在看到一张海报时，可能已经产生了购买的欲望，或者想更多地了解商品，这就需要海报上能有个“BUY NOW”或“SHOP NOW”按钮作为能够促进点击的行动按钮，如图 5-16 所示。

图 5-16　跨境店铺海报之行动按钮举例

（2）把握黄金分割比例

跨境电商的客户虽来自不同国家、不同文化，但是大家对美的追求是一致的，产品图在一张海报中的摆放位置，若能在黄金分割线的地方，往往是最符合大家的视觉审美的，也就是说，将产品图/模特展示图放在一张海报的 1/3 处（靠左或靠右均可，另一侧摆放文案），如图 5-17 所示。

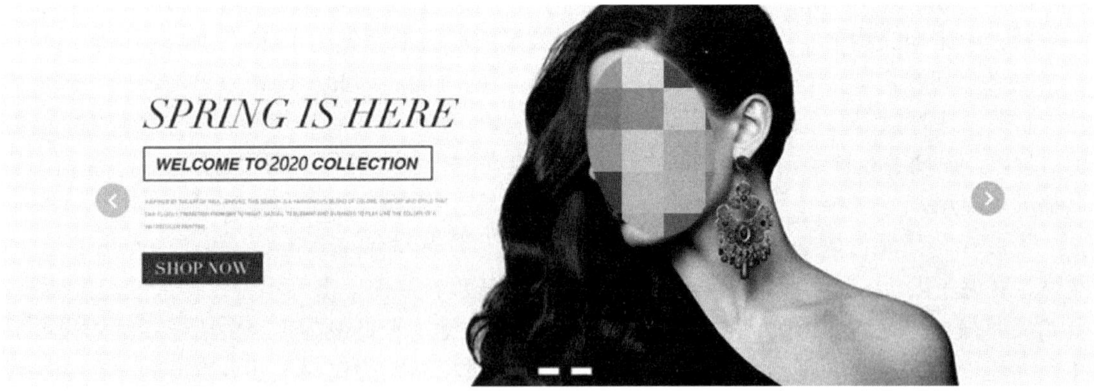

图 5-17　跨境店铺海报之黄金分割举例

4. 跨境网店海报设置操作

此处仍以跨境电商速卖通平台为例，其后台中无论是 PC 端还是无线端的店铺轮播海报，上传均在“装修”板块进行，入口如图 5-2 和图 5-5 所示。图 5-18 所示的是速卖通某店铺无线端海报轮播图设置页面，在这里可以为店铺上传最多 5 张海报，海报须为 JPG 或 PNG 格式，可以通过海报缩略图的向上/向下的箭头调整切换时的先后顺序。

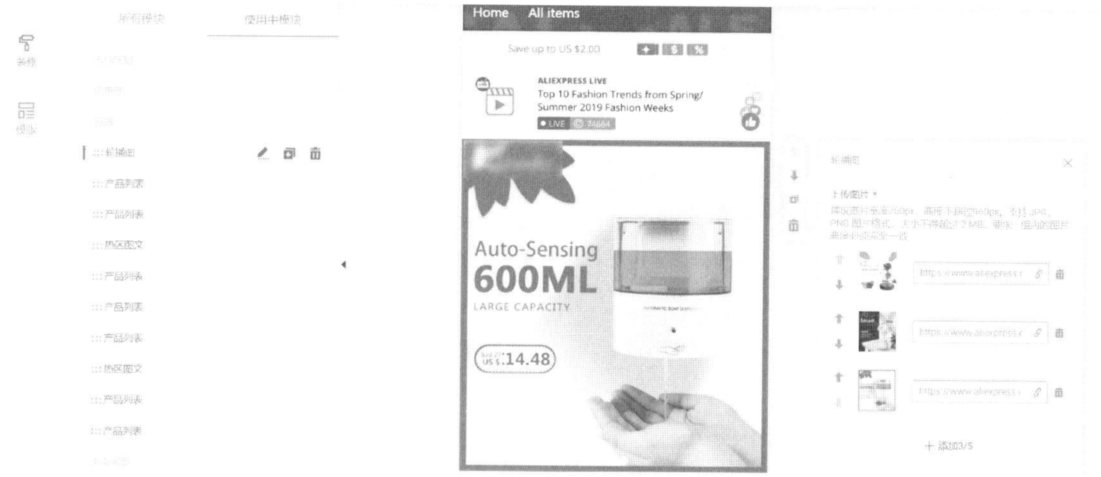

图 5-18　速卖通无线端海报轮播图的设置页面

拓展练习

利用 Photoshop 等软件工具，任选主打商品，结合本节所讲的海报设计思路，每人完成某一个专题节日海报的设计与制作（跨境平台上通常会做营销活动的节日，包括情人节、母亲节、儿童节、万圣节、圣诞节等）。

任务二　跨境商品图片拍摄与处理

任务描述

网购的特殊性决定了消费者无法直接接触到商品实物，于是在这个“有图有真相”的时代，商品图片是商品最直观的展现方式，其品质直接影响着买家对商品及其品牌的印象。拍摄清晰、处理得看起来赏心悦目的商品主图，能赢得更多的点击率、浏览量、收藏量，优质的详情图更能提升该商品的转化率。这些数据是跨境电商卖家十分看重的，会给他们带来直接的收益。因此，跨境电商卖家需要学习专业的商品图片拍摄方法，掌握商品图片的处理技巧，能针对商品主图进行制作，并对详情页图片进行优化。

学习目标

1．掌握商品图片拍摄的方法。
2．能较为熟练地对商品主图和详情页图片进行优化处理。

任务分配

本任务为两两组队任务：根据对商品特色与卖点的把握，每两位同学自行协商分工，配合完成某一个商品套图的拍摄任务。

任务准备

引导问题 1：拍摄商品图片前通常需要做哪些准备？

引导问题 2：一套商品图片大约包括多少张？请说说它们分别是哪些。

任务实施

一、跨境商品图片拍摄

要拍出好的图片，先要做好策划，这是个系统的过程，可以分为拍摄前的准备、图片拍摄和拍摄后期处理三步，如表 5-1 所示。

表 5-1　拍照策划准备事项

阶　段	准备事项
拍摄前的准备	产品拍摄要点分析
	选择合适的相机、拍摄环境、灯光和道具
	照片的风格定位
图片拍摄	根据材质布光
	背景陈设
	调整相机的解像度
	拍出清晰的照片
拍摄后期处理	挑选照片与管理
	图片处理

1. 商品图片拍摄前的准备

（1）产品拍摄要点分析

任何产品都有其自身的商业价值，而产品的卖点必须经由照片呈现出来，才能让买家了解到它的价值。于是，在拍摄产品图片时需要懂得换位思考，拍出买家想了解的产品角度和细节，思量如何在有限的几张主图中将买家所关注的东西展现出来，同时还需要注意不同产品首图的统一性。

（2）拍摄工具与场地

当确定好产品的拍摄要点后，就需要选择相机、拍摄环境、灯光和道具。

相机的选择要根据拍摄要求、经济条件和对摄影知识的了解程度来选择，如果追求高品质的拍摄效果，条件许可的情况下建议选用单反相机，因为单反相机的可操作性、成像效果比普通的卡片相机有明显的优势。

拍摄环境可以分为室外自然环境、室内自然环境和室内摄影棚三种。不同的拍摄环境各有其优势，拍摄环境的选择取决于拍摄时的光线条件，以及产品的大小、材质、想要拍出的预期效果等。目前跨境电商的商品图较多采用的是白底图，拍摄环境和灯光设置如图 5-19 所示。

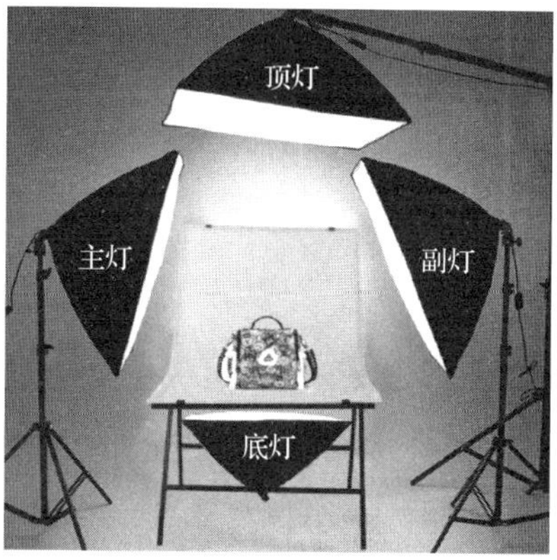

图 5-19 室内摄影棚及灯光设置

此外，有时还需要用到一些背景布、衬托物和辅助拍摄的道具，这些物品也需要在图片拍摄前准备好。

（3）照片的风格定位

当拍摄要点明确、设备到位后，还需要确定一下商品图片的拍摄风格。这首先要从产品本身出发，考虑这件产品最终的消费者是谁，从消费者的民族文化、年龄特点、消费能力、价值观、审美观等方面进行分析，综合确定拍摄的背景、整体色调和模特。

同时，还需要考虑照片与其他同类产品照片的差异性，因为几乎所有产品都有很多同类产品，如果能从视觉上体现出与众不同的效果，则更容易使得商品在竞争大潮中脱颖而出。

目前各大跨境电商平台产品总体的拍摄风格有以下几种：

① 简洁风格：纯色背景，整体效果干净明快，能突出产品本身。

② 时尚风格：在服饰、箱包、饰品等类目中最为常见，一般以时尚性感的模特加上恰当的背景来体现产品的时尚感。

③ 情景创意风格：将产品摆放于特定的环境中，或对产品进行创意摆放，添加陪衬物来营造氛围，从而达到烘托产品商业价值的效果。

如果对产品风格定位难以把握，则建议去查看同类目或同行业中销量或人气排名较为靠前的产品图片拍摄风格，有选择性地作为参考。

2. 商品图片拍摄时的注意事项

① 只要有可能，请尽量使用自然光；一定要保证光线充足，并确认整件商品都能均匀采光。

② 背景应该选用纯净的素色，尽量简单，不混杂其他陈设，从而突出商品。大多数情况下以纯白色为佳，这样不但有助于将买家的注意力集中于商品本身，也不容易造成买家对实际出售商品的混淆。当然，如果商品本身颜色较浅，则可以用深色背景衬托物品。

③ 将相机的解像度设为中等，不但可以确保图片质量，而且可加快图片档案在网站的上载时间，更方便进行图片编辑。

④ 拍摄商品时，图片中的商品尺寸必须够大，以便清楚地显示商品的细节。尽量让商品占满整个图片画面。同时，需多角度地拍摄多张图片，以便让买家对商品有更全面的了解。例如，卖家可以拍摄商品标签、原品包装和配件，以及商品正面、背面、侧面、顶部的多角度图片，如图 5-20 所示。

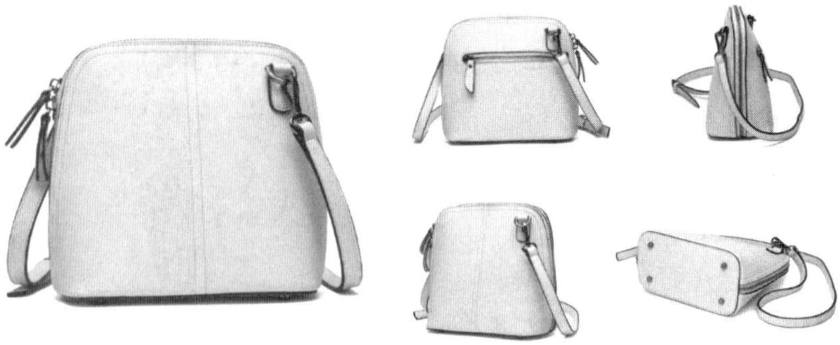

图 5-20　商品多角度图片拍摄举例

3. 商品图片的后期处理

图片上传到电脑硬盘后，通常需要挑选出满意的图片，再用图片编辑软件来改善效果。可以使用 Photoshop 或者其他图片编辑软件对图片进行处理。一般需要进行如下几种基本操作：

① 裁剪图片，删除所有不必要的背景。

② 平衡对比度和亮度。

③ 锐化处理，但不要过分锐化。

④ 根据跨境电商平台对商品图片尺寸的要求，将图片大小进行调整。

⑤ 打上吸引买家眼球的标，如“Sale”或“50% OFF”等字样，切记标不要太大，可以放到图片的一角，采用比较醒目的颜色。

⑥ 产品图片不宜进行拼图处理；同款但不同颜色的产品图不宜全部上传。

⑦ 图片设计需要基于对产品和消费人群的定位，在处理图片时可适当加入产品定位人群所喜好的元素与设计。图片后期处理通常会用到的网站包括但不限于如下几个：

设计方案网站：花瓣网和站酷网。

图片素材网站：我图网和全景网。

图表素材网站：素材中国和千图网。

字体下载网站：16 素材网。

二、跨境商品主图制作

Photoshop 是一款用于图像处理和制作的专业软件，具有强大的图像装饰功能，可以有效地进行图片的编辑工作、修复拍摄图片中可能存在的不足，同时还能修复模特人物身上的瑕疵、进行皮肤润色等，是跨境电商卖家在商品图片处理过程中必备的工具软件。

目前，跨境电商商品主图根据各平台的规定不同，一般包括 5～8 张，其中第一张又称首图。首图多以清水图为主。所谓清水图，指的是纯色背景（以白色居多）、背景上无道具、只展示商品本身的图片，如图 5-21 和图 5-22 所示。

也有不少卖家会在主图上配以文案，展示商品的 Logo、功能、卖点、促销信息等文案，如图 5-23 和图 5-24 所示。

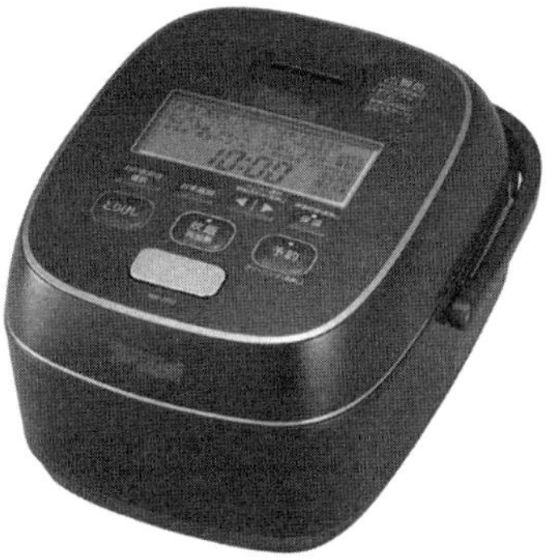

图 5-21　跨境商品主图清水图举例之一

图 5-22　跨境商品主图清水图举例之二

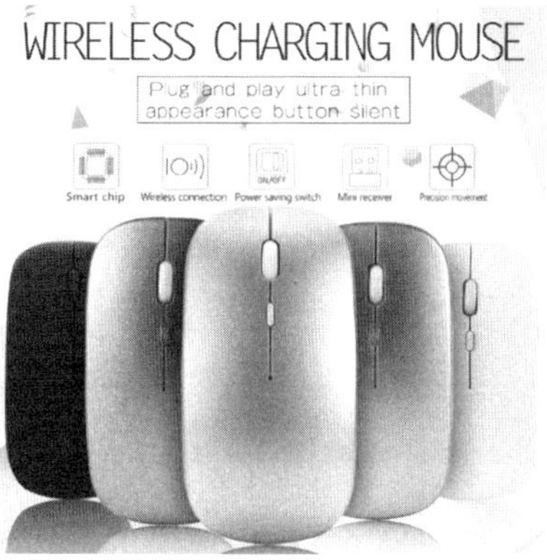

图 5-23　跨境商品配文案主图举例之一

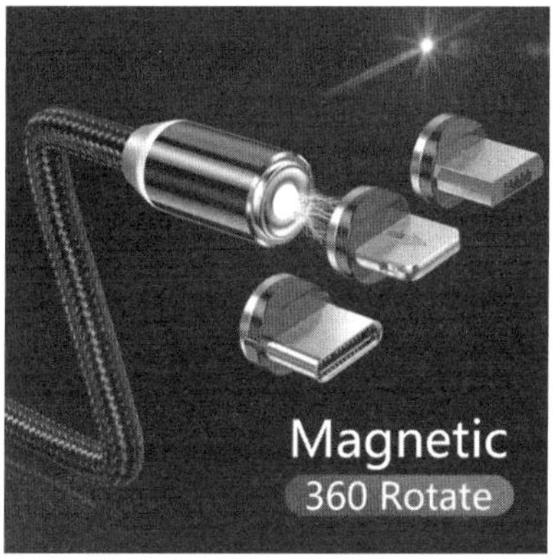

图 5-24　跨境商品配文案主图举例之二

利用 Photoshop 进行跨境商品主图制作的步骤和操作示例如下。

步骤 1：打开所拍摄的原图。打开 Photoshop 软件，选择“文件”菜单中的“打开”命令，打开拍摄好的商品原图，如图 5-25 所示。

图 5-25　跨境商品主图处理之打开原图示例图

步骤 2：等比例裁剪图片。用裁剪工具，将图片裁剪成 800×800 主图尺寸（这一尺寸是大多数跨境电商平台要求的商品主图须达到的标准），按选裁剪工具后，在上方裁剪工具对应的属性栏中选择方形 1∶1 就可以裁剪了，如图 5-26 所示。

图 5-26　跨境商品主图处理之等比例图片裁剪示例图

步骤 3：添加滤镜效果。Photoshop 滤镜效果很多，此处以液化效果为例。选择“滤镜”菜单中的“液化”命令，编辑衣服不完美的地方。这个工具对于新手操作有一些难度，多练习就能控制好了。此处主要用到的工具包括：向前变形工具、冻结蒙版工具、解冻蒙版工具，如图 5-27 所示。其中一些参数具体需要根据情况自行调节。

图 5-27　跨境商品主图处理之添加滤镜效果示例图

步骤 4：商品抠图。勾选物体时可以用的工具有很多，如魔术棒、套索工具、钢笔、通道等。选区工具的选择往往需要结合图片本身的特点来综合分析确定，每位图片处理者往往都有自己用得比较习惯的工具。本例中抠图后的商品如图 5-28 所示。

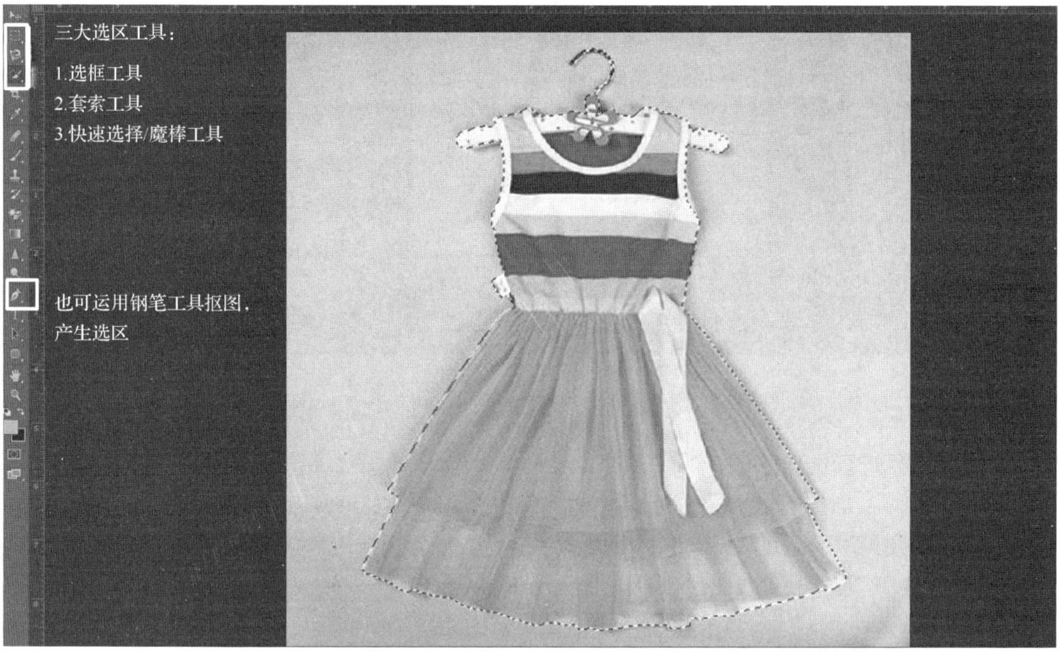

图 5-28 跨境商品主图处理之商品抠图示例图

步骤 5：进行图像调整并添加白色背景。勾选衣服出来后，就需要填充一个白色的背景。首先添加图层再填充白色，然后再用“图像→调整”命令里的亮度、饱和度工具，将衣服调亮、调正颜色，用图层下面的调整也一样可以做到，如图 5-29 所示。不同物体需要做的调整并不一样，如果拍摄前期的工作做得比较好，可能无须调整。此例的处理如图 5-30 所示。

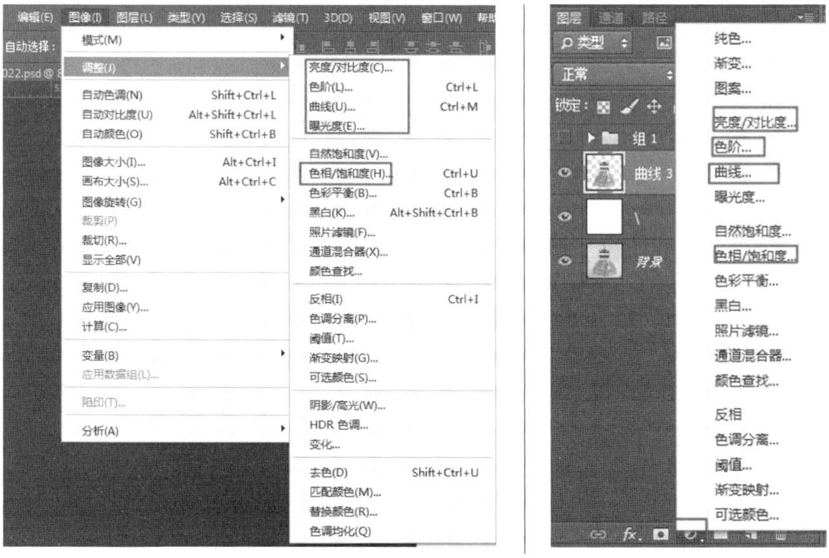

图 5-29 跨境商品主图处理之图像调整示例图

图 5-30　跨境商品主图处理之白色背景添加示例图

步骤 6：添加 Logo。如上处理完这张图后，可以看出和之前的原图有很大的区别，很明朗地突出了主体。最后一步就是尽量添加商品对应的品牌 Logo，一般直接把 Logo 拖动到商品主图的左上角就完成了，如图 5-31 所示。

图 5-31　跨境商品主图处理之添加 Logo 示例图

▶▶ 三、跨境商品辅图处理

跨境商品辅图指的是除商品主图以外的其他图片，一般用于从多角度、多场景展示商品的不同卖点、细节，用于优化商品的详情页。好的详情页会带来高点击量、高转化率、较长的平均页面停留时间和较深的平均访问深度等，其中最重要的是带来了高转化率。产品详情页从布局上看一般如图 5-32 所示。

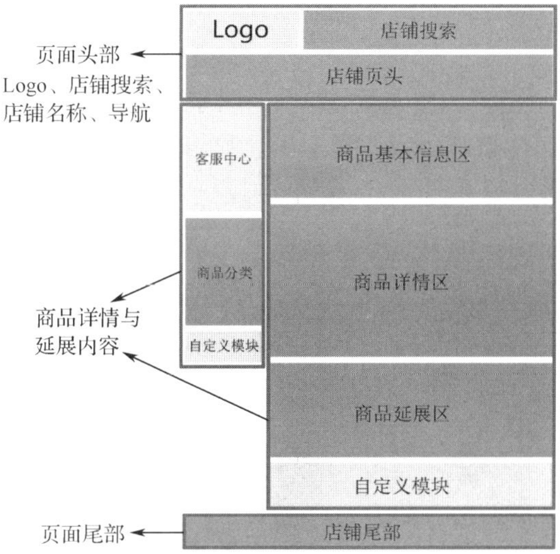

图 5-32 产品详情页一般布局

产品详情页上的内容可以包括：品牌介绍；整体展示图；商品细节图；质检报告；尺码说明；使用/保养方式；运输/支付问题；生产实力展示图；常见问题（Frequently Asked Questions，FAQ）、关联商品推荐；等等。

下面以某速卖通店铺假发产品的详情页为例，介绍跨境电商打造产品详情页时推荐进行优化的几个方面。

1. 品牌介绍

品牌介绍可以让买家觉得品牌质量可靠，使得产品更容易得到认可。此部分可以加入企业简介、主营品类和优势介绍等，如图 5-33 所示。

图 5-33 跨境商品详情页优化之品牌介绍举例

2. 整体展示图处理

整体展示可分为摆拍图和场景图两种类型。场景图最普遍的就是模特展示图，适合衣服等物品，如图 5-34 所示；摆拍图比较适合家居、数码、鞋、包等小件物品，通常需要突出主体，采用模特拍摄的话反而喧宾夺主。

图 5-34　跨境商品详情页优化之整体展示举例

3. 商品细节图优化

细节图需用实拍图加上简短的文字描述，尽可能地展示商品细节、材质、功能、特点等。

详情页上的细节图要尽量保证图片的清晰度，且同一模块选用相似风格的图片，可将图片设计成图文并茂的形式以达到最佳页面效果，如图 5-35 所示。

图 5-35　产品详情页优化之细节图举例

4. 提供质检报告

对于亲肤型产品、食品或珠宝手表等产品而言，质检报告能很大程度地提升产品在消费者心目中的可靠性与安全感，只要有质检报告，就应该加入产品详情描述中，如图 5-36 所示。

国家发制品及护发用品质量监督检验中心
National Hair Products And Hair Care Products Quality Supervision And Inspection Center
检　验　报　告
Inspection Report

No.201590511　　　　第 2 页 共 4 页 Page 2 of 4

产品名称(Sample)：人发发条 (Human Hair Weaving)　　规格型号(Model)：14″(14inch)

序号 No.	检验项目 Items	计量单位 Unit	标准要求 Requirements	检验结果 Results	单项结论 Conclusions	备注 Remarks
1	人发含量 (Human Hair Content)	%	≥98	100	合格 (Qualified)	/
2	甲醛 (Formaldehyde)	mg/kg	≤75	<5	合格 (Qualified)	/
3	异味 (Peculiar smell)	/	无异味 (None)	符合 (Conformed)	合格 (Qualified)	/

图 5-36　跨境商品详情页优化之质检报告举例

5. 添加尺码说明

产品详情页上，应该列出产品的尺码，尤其是衣服，方便买家查看。对于此处举例的假发产品而言，则是对其尺寸和测量方式的说明，如图 5-37 所示。

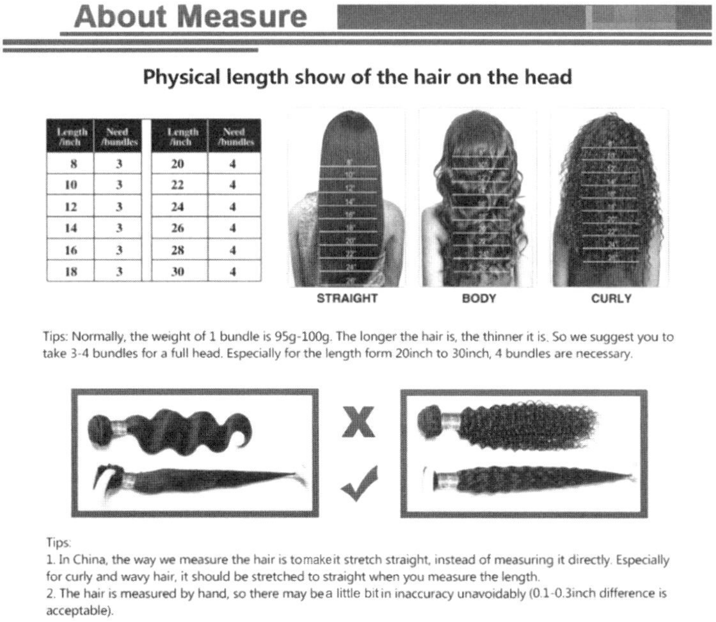

图 5-37　跨境商品详情页优化之尺码说明举例

6. 使用/保养方式图像化

产品详情页上加上保养方式的说明和图示，可以给消费者更为专业和贴心的印象，增强消费者对产品的信赖感，有助于转化率的提升。经营衣物服饰类的产品都建议能在详情页加上此方面的内容，如图 5-38 所示。

图 5-38　跨境商品详情页优化之使用/保养方式举例

7. 运输/支付问题图形化

买家在选定商品后，一般都很关心产品的收货时长/支付方式等问题，所以卖家最好能在买家提问前就做好说明，这样可以节省大量回复此类常见询盘的时间。此类问题可以用图片列表说明，便于买家一目了然地了解情况，如图 5-39 所示。

图 5-39　跨境商品详情页优化之支付与运输说明举例

8. 用图片进行卖家生产实力展示

在商品详情页的后面可以把店铺实力展示出来，主要指实体店、工厂和生产线的图片展示等，还可以将产品包装加入其中，这些都有助于增强买家对产品的认可度，如图 5-40 所示。

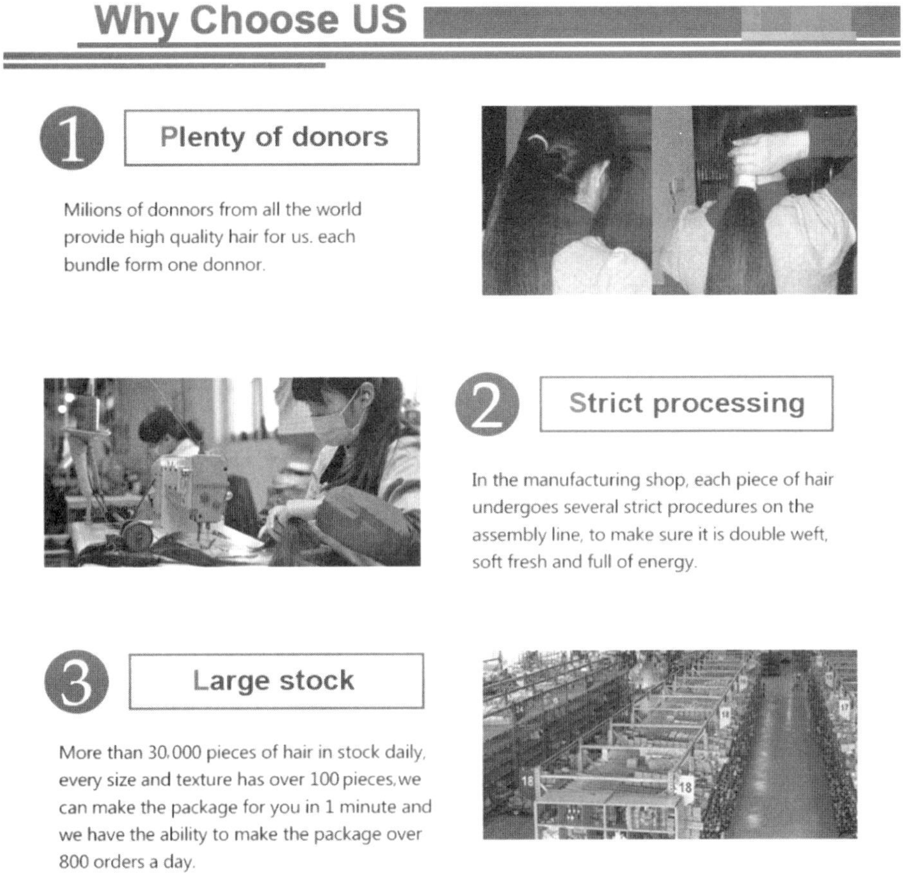

图 5-40 跨境商品详情页优化之生产实力展示举例

9. 优化 FAQ 板块

在详情页的末尾需要列出一些常见问题（FAQ）及其回答，这样做的目的除可以省去一些回复询盘的时间外，还有助于提升卖家的专业性和在买家心中的可靠程度，如图 5-41 所示。

10. 关联商品推荐

在商品详情页中，如果不做关联搭配的话，就等于白白浪费了展现和销售该店铺其他产品的机会，故建议尽可能把店内其他宝贝合理地展现给买家浏览，这样才能达到更好的营销效果。如果不想挤占太多本商品详情页面的话，可以采用图 5-42 所示的形式，在末尾处添加本店铺/品牌的链接进行关联。

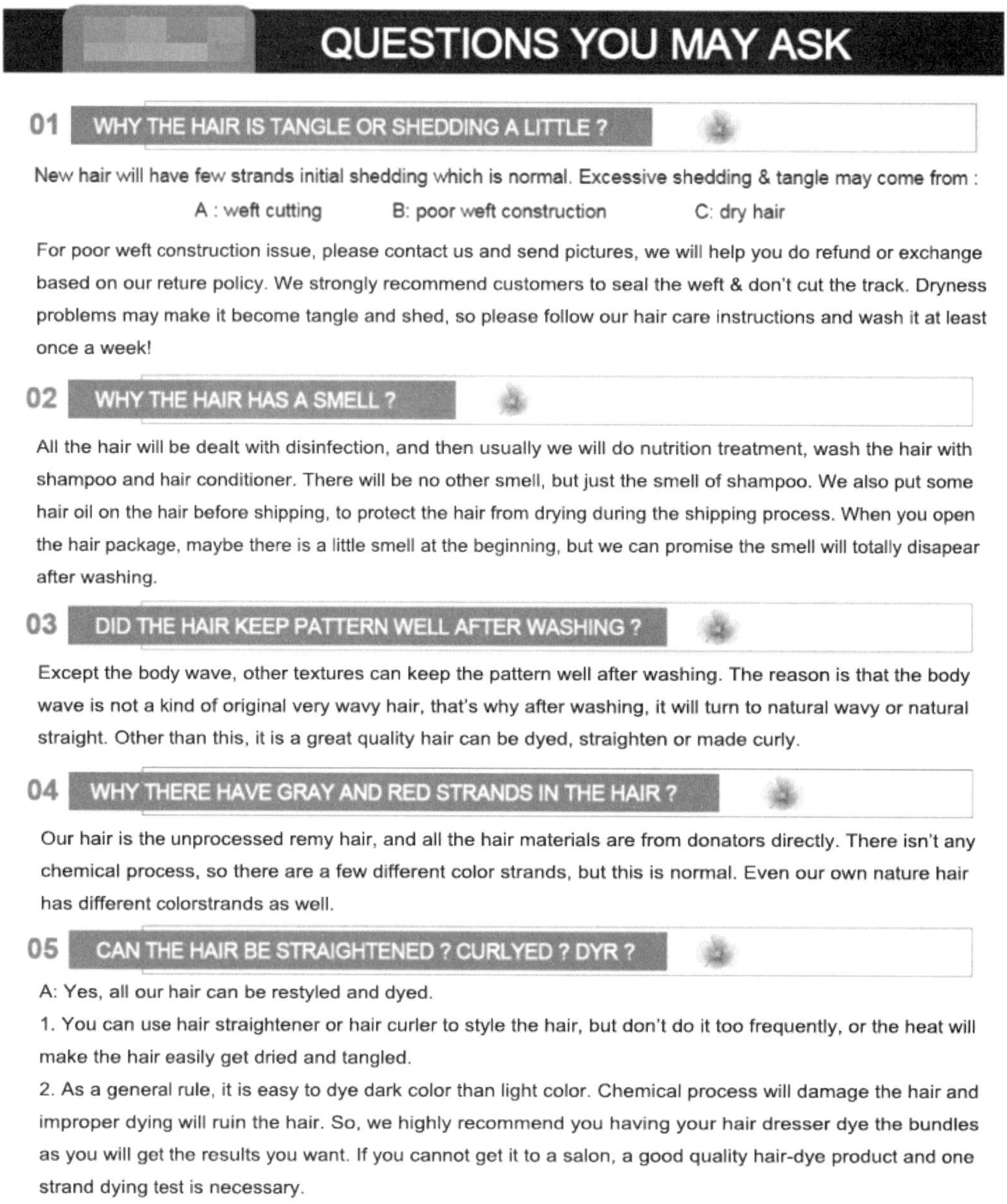

QUESTIONS YOU MAY ASK

01 WHY THE HAIR IS TANGLE OR SHEDDING A LITTLE ?

New hair will have few strands initial shedding which is normal. Excessive shedding & tangle may come from :

A : weft cutting B: poor weft construction C: dry hair

For poor weft construction issue, please contact us and send pictures, we will help you do refund or exchange based on our reture policy. We strongly recommend customers to seal the weft & don't cut the track. Dryness problems may make it become tangle and shed, so please follow our hair care instructions and wash it at least once a week!

02 WHY THE HAIR HAS A SMELL ?

All the hair will be dealt with disinfection, and then usually we will do nutrition treatment, wash the hair with shampoo and hair conditioner. There will be no other smell, but just the smell of shampoo. We also put some hair oil on the hair before shipping, to protect the hair from drying during the shipping process. When you open the hair package, maybe there is a little smell at the beginning, but we can promise the smell will totally disapear after washing.

03 DID THE HAIR KEEP PATTERN WELL AFTER WASHING ?

Except the body wave, other textures can keep the pattern well after washing. The reason is that the body wave is not a kind of original very wavy hair, that's why after washing, it will turn to natural wavy or natural straight. Other than this, it is a great quality hair can be dyed, straighten or made curly.

04 WHY THERE HAVE GRAY AND RED STRANDS IN THE HAIR ?

Our hair is the unprocessed remy hair, and all the hair materials are from donators directly. There isn't any chemical process, so there are a few different color strands, but this is normal. Even our own nature hair has different colorstrands as well.

05 CAN THE HAIR BE STRAIGHTENED ? CURLYED ? DYR ?

A: Yes, all our hair can be restyled and dyed.

1. You can use hair straightener or hair curler to style the hair, but don't do it too frequently, or the heat will make the hair easily get dried and tangled.

2. As a general rule, it is easy to dye dark color than light color. Chemical process will damage the hair and improper dying will ruin the hair. So, we highly recommend you having your hair dresser dye the bundles as you will get the results you want. If you cannot get it to a salon, a good quality hair-dye product and one strand dying test is necessary.

图 5-41 跨境商品详情页优化之 FAQ 举例

拓展练习

分组练习：每组同学都选择身边的一样物品作为商品，到某跨境电商平台上搜索同类型商品中销量较好的，查看其商品主图、副图，分析它们在图片拍摄和处理方面的优势与不足，然后拍摄自己的商品图片，并用 Adobe Photoshop 软件进行处理，形成一套由 5～7 张图片构成的套图。

图 5-42　跨境商品详情页优化之关联推荐举例

任务三　跨境商品视频拍摄与剪辑

任务描述

在视频营销迅速发展的时代，许多跨境平台上的卖家采用产品短视频制作方式来宣传和推广自己的产品。相比图片而言，视频具有感染力强、形式内容多样、创意新颖、能快速吸引消费者的关注、主动传播性强、传播速度快等优势，应用于跨境电商平台商品展示时往往可以达到更好的营销效果。现阶段，不少跨境电商平台都鼓励卖家上传商品视频，甚至分配了更多的流量，以吸引卖家用小视频形式对商品进行全方位展示。可见，利用专业设备和软件对商品视频进行拍摄和剪辑，成为跨境商品展示时的重要任务。

学习目标

1. 了解制作跨境商品视频需要做的前期准备。
2. 掌握商品视频的拍摄、剪辑方法。

任务分配

本任务为两两组队任务：根据对商品特色与卖点的把握，每两位同学自行协商分工，配合完成某个商品视频的拍摄任务。

任务准备

引导问题 1：跨境卖家在进行商品视频拍摄前需要做哪些准备？
引导问题 2：你听说过哪些可用于视频处理的工具软件？请举例说明。

任务实施

一、跨境商品视频拍摄

1. 商品视频制作的前期准备

在为商品拍摄视频前，应准备好拍摄设备、三脚架、录音设备、静物台、摄影场地、照明设备、视频剪辑软件和脚本等。

（1）拍摄设备

常用的商品视频拍摄设备有手机、单反相机、DV 摄像机及专业级摄像机等。若条件有限，则可以使用手机进行拍摄，因为现在很多手机的拍摄功能都已经达到高清像素的标准了；若条件允许，则可以购买家庭使用的 DV 摄像机，价格一般在 2000 元到上万元。此外，也有很多人使用单反相机拍摄商品视频，很多优质的商品视频作品都是使用单反相机拍摄出来的。

（2）三脚架

三脚架是视频拍摄时的防抖必备神器，无论是视频拍摄的业余爱好者还是专业技术人员，在进行视频拍摄时都离不开三脚架。拍摄者可以使用三脚架稳定摄像机，从而改善视频画面，更好地完成拍摄任务。在选择三脚架时，拍摄者一定要明确制作商品视频的内容主线。若拍摄内容为街拍，则一定要选用轻便、体积小的三脚架，这样不容易引起周围人的注意，能够迅速地进入拍摄状态。若为影棚拍摄，则一定要把三脚架的稳定性放在第一位，而在轻便方面无须考虑过多。

（3）录音设备

声音是制作者制作初期商品视频时经常忽视的问题，但随着创作的不断深入，其重要性不言而喻。除拍摄设备的自录音外，如果条件允许，还应配备一些录音设备。

（4）静物台

商品视频的拍摄一般在纯白底的静物台上拍摄完成，以便后期处理时进行抠图；也可在静物台上增加道具摆放，辅助拍摄。

一般情况下，把商品直接放置在静物台上 45° 摆放，再进行拍摄。

（5）照明设备

一般情况下，在室内拍摄商品视频，为了保证拍摄效果，需要配备必要的灯光照明设备。常用的灯具包括冷光灯、LED 灯、散光灯等。其中，散光灯常用作顶灯、正面照射或打亮背景。在使用灯光照明设备时，还需要配备一些相应的照明附件，如柔光板、柔光箱、反光板、方格栅、长嘴灯罩、滤镜、旗板、调光器和色板等。

（6）视频剪辑软件

视频剪辑软件是对视频源进行非线性编辑的软件。利用视频剪辑软件，商品视频制作者可以对加入的图片、背景音乐、特效、场景等素材与视频进行重新混合，对视频源进行切割或合并，通过二次编码生成具有不同表现力的新视频。目前，常用的视频剪辑软件包括爱剪辑、会声会影、Adobe Premiere Pro 等，还有些视频剪辑 App，在手机上就可进行剪辑操作。

（7）脚本

脚本是拍摄商品视频的根本指导性文件，是商品视频作品的灵魂，它为整个商品视频的内容及观点奠定了基础。一个优秀的脚本可以让商品宣传视频具有更加丰富的内涵，引起观众的深度共鸣。在拍摄视频的过程中，一切场地安排与情节设置等都要遵从脚本的设计，以避免产生与拍摄主题不符的情况。

脚本的构成要素通常包括：框架搭建、主题定位、人物设置、场景设置、故事线索、影调运用、音乐运用和镜头运用等，其说明如表 5-2 所示。

表 5-2　脚本的构成要素说明

要　素	说　明
框架搭建	在脑海里搭建商品视频拍摄的总体构想，含拍摄主题、故事线索、场景等
主题定位	该视频想表达和传递的中心思想和主题
人物设置	需要几个人物完成拍摄、人物是否出镜、人物分工等
场景设置	在室内、室外拍摄，还是在静物台或柔光箱内拍摄
故事线索	商品视频拍摄若需要贯穿于某故事情境之中，故事线索应该如何安排
影调运用	根据视频的主题配以相应的影调，如欢乐、怀旧、搞笑风等
音乐运用	选用恰当的音乐来配合视频呈现
镜头运用	使用什么样的镜头进行商品视频内容的拍摄

2. 商品视频的拍摄

下面以某家电类商品为例，讲解商品视频的拍摄方式及对脚本的解读。

家电类产品属于功能性产品，所以拍摄家电类的商品短视频时，除外观、细节卖点这些部分之外，还需要特别呈现产品的功能及使用方法。故家电类产品的视频拍摄通常包括外观全景展示、细节卖点展示和操作方法展示三大部分，具体拍摄步骤包括如下几步。

步骤 1：镜头从上至下进行商品整体拍摄，此时需要挑选合适的场景位置摆放产品，拍摄其整体外观，对品牌、型号、名称进行展现。拍摄画面如图 5-43 所示。

图 5-43　商品视频拍摄之外观全景展示拍摄画面 1

步骤 2：固定镜头，仍然进行商品整体拍摄，此时将产品放置在转台上，360° 展现产品。拍摄画面如图 5-44 所示。

图 5-44　商品视频拍摄之外观全景展示拍摄画面 2

步骤 3：镜头从右摇至左进行近景拍摄，展示产品的第一个细节卖点。拍摄画面如图 5-45 所示。

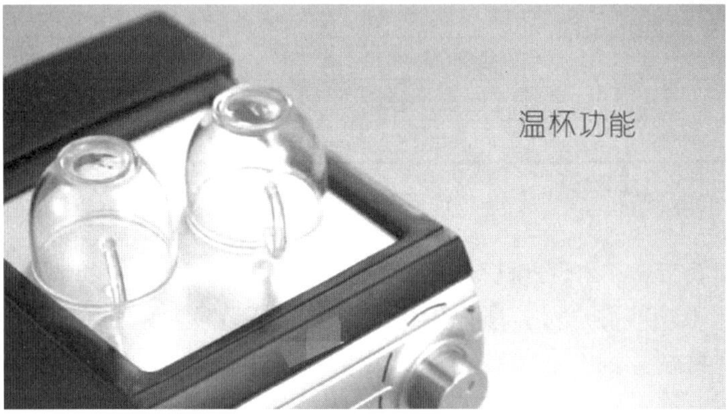

图 5-45　商品视频拍摄之细节卖点展示拍摄画面 1

步骤 4：镜头从上向下摇，进行中景拍摄，然后转场，展示产品的第二个细节卖点。拍摄画面如图 5-46 所示。

图 5-46　商品视频拍摄之细节卖点展示拍摄画面 2

步骤 5：镜头从左往右摇，进行近景拍摄，然后再转场，展示产品的第三个细节卖点。拍摄画面如图 5-47 所示。

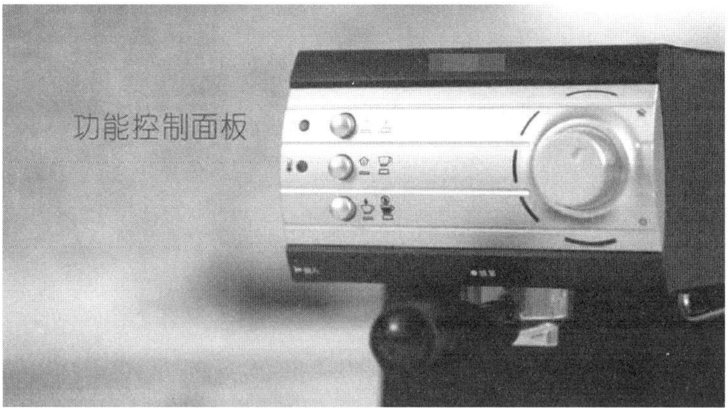

图 5-47　商品视频拍摄之细节卖点展示拍摄画面 3

若产品还有其他的细节卖点需要展示，则拍摄方法与此类似，此处就不赘述了。需要注意的是，这一部分虽然大多使用摇镜头的摄法，但是在方向上一直在变化，所以并不让人觉得重复。

步骤 6：再次固定镜头，进行中景拍摄，工作人员至少需要手出镜，以演示产品的操作按键使用方式。拍摄画面如图 5-48 所示。

图 5-48　商品视频拍摄之操作方法展示拍摄画面 1

步骤 7：镜头保持固定，硬切进行后续功能演示的近景拍摄。拍摄画面如图 5-49 所示。

拍摄商品操作方法展示画面这一部分的切换大多是直接硬切的，这样可以使工作人员的操作看起来更简洁利落，而固定镜头的拍摄也使操作过程更清晰，利于消费者观看欣赏。

二、跨境商品视频编辑

拍摄好的商品视频一般都需要进行后期编辑，将其制作成能更加完美展示商品特色和卖点的短视频，此时跨境卖家就需要借助专业视频编辑软件。市面上可进行商品视频后期编辑制作的软件很多，PC 端的主要有爱剪辑、会声会影、Camtasia Studio、快剪辑等；移动端的这类软件主要有巧影、快影、剪影、蕉片、乐秀等。此处以“爱剪辑”为例，讲解跨境商品视频的编辑。

图 5-49　商品视频拍摄之操作方法展示拍摄画面 2

“爱剪辑”是一款简单实用、功能强大的视频剪辑软件，其创新的人性化界面是根据我国用户的使用习惯、功能需求与审美特点进行设计的，许多创新功能都颇具独创性。下面就以“爱剪辑”这一视频处理工具（全新 2020 版 V3.6）为示范，举例说明某品牌保温杯的剪辑操作。

1. 视频的导入和剪辑

步骤 1：启动“爱剪辑”软件，在弹出的“新建”对话框中设置视频大小和临时目录，单击“确认”，如图 5-50 所示。

图 5-50　新建视频文件窗口截图

步骤 2：打开程序窗口，单击“添加视频”，在弹出的“请选择视频”对话框中选择需要处理的视频素材，然后单击“打开”，在弹出的“预览/截取”对话框中，单击“确定”，如图 5-51 所示。

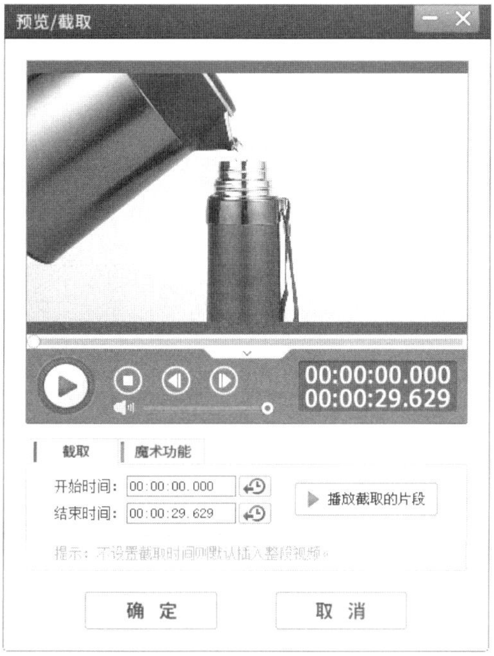

图 5-51 “预览/截取”对话框截图

步骤 3：此时拍摄好的商品视频已导入，单击视频预览区域下方的“保存所有设置”（见图 5-52），然后单击“确定”保存。

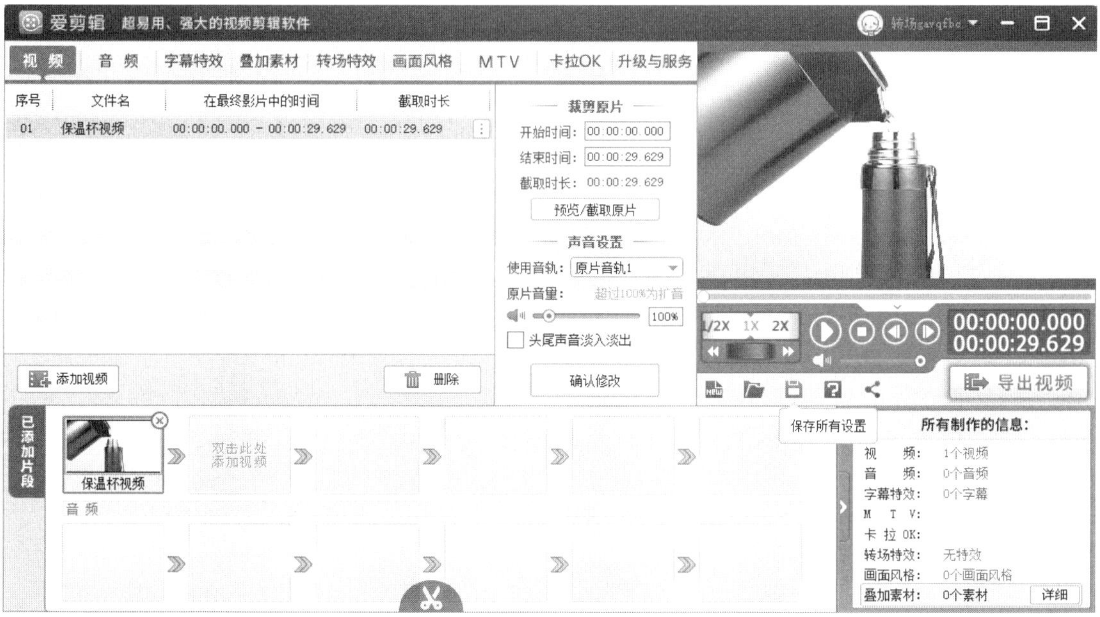

图 5-52 导入视频窗口截图

步骤 4：在视频列表中选择要调整的视频，通过把音量调整为 0%，可将该视频设置为静音，然后单击“确认修改”，如图 5-53 所示。

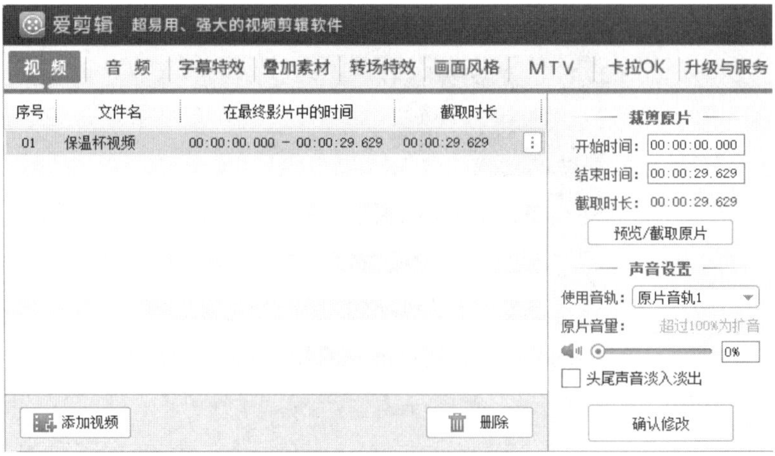

图 5-53 静音设置窗口截图

步骤 5：在“已添加片段”中单击视频，在弹框中选择“复制多一份”命令，或用【Ctrl+C】快捷键组合将视频复制几份备用，如图 5-54 所示。

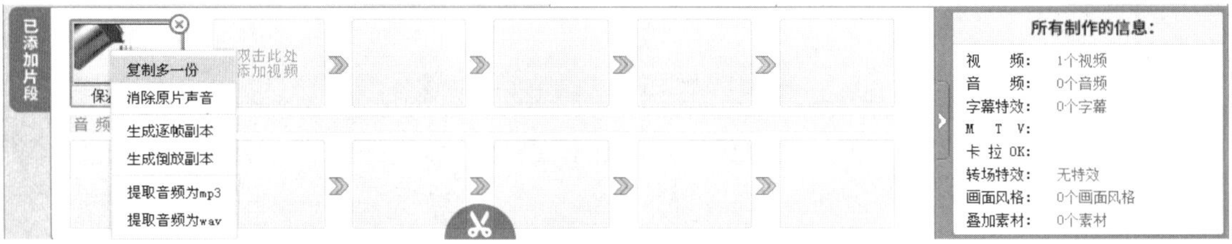

图 5-54 选择“复制多一份”命令窗口截图

步骤 6：在视频列表中选择一个视频，单击“预览/截取原片”，如图 5-55 所示。在弹出的对话框的“截取”选项卡中选择视频需要的起止时间，点击音量条上的左右箭头按钮可以对视频进行“上一帧”和“下一帧”的微调。

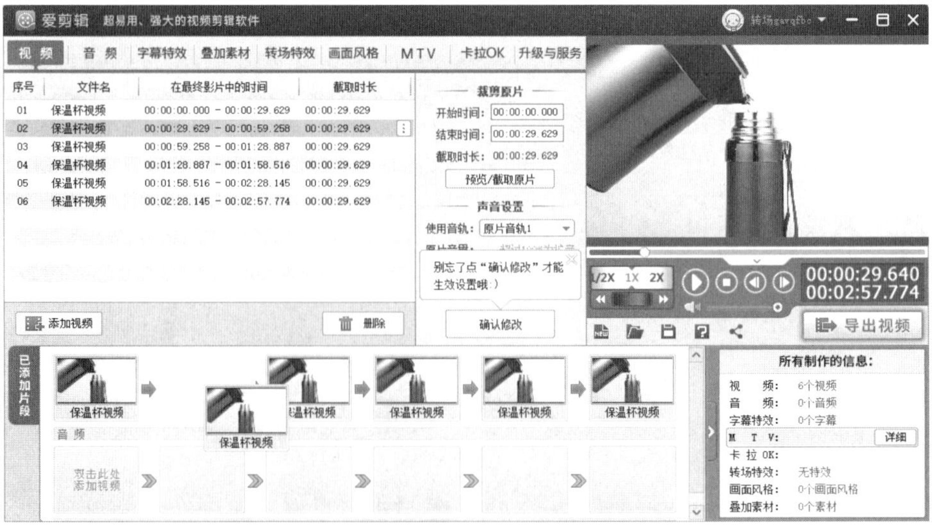

图 5-55 “预览/截取原片”操作窗口截图

步骤 7：根据需要，还可在对话框的“魔术功能”选项卡中，选择“对视频施加的功能”下拉列表中的效果，如选择“快进效果”，之后可在下面进度条中设置“加速速率”，如图 5-56 所示。

图 5-56　设置快进效果窗口截图

步骤 8：重复步骤 6 和步骤 7 中的操作，对其他复制的视频同样进行截取操作。若有多余被复制的备用视频，则需要删除。

步骤 9：在视频片段中拖动视频，可以调整截取后的视频片段的先后顺序，如图 5-57 所示。然后，保存完成视频剪辑。

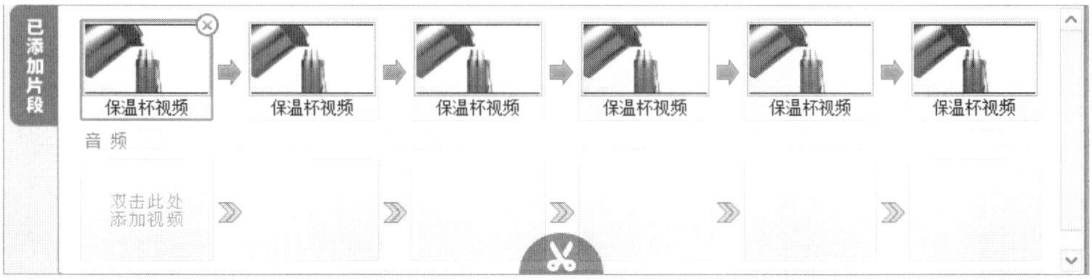

图 5-57　调整视频先后顺序窗口截图

2. 添加字幕

视频剪辑完成后，若需要添加字幕，则可在“爱剪辑”中编辑添加字幕，包括出现特效、停留特效、消失特效三种方式，还可以选择沙砾飞舞、缤纷秋叶、火焰喷射、水珠撞击等各具特色的高级字效呈现方式。下面仍以上面的保温杯商品小视频为例，介绍如何利用“爱剪辑”来添加字幕的步骤分解。

步骤 1：在视频列表中选择一个视频，然后单击“预览/截取原片”，如图 5-58 所示。

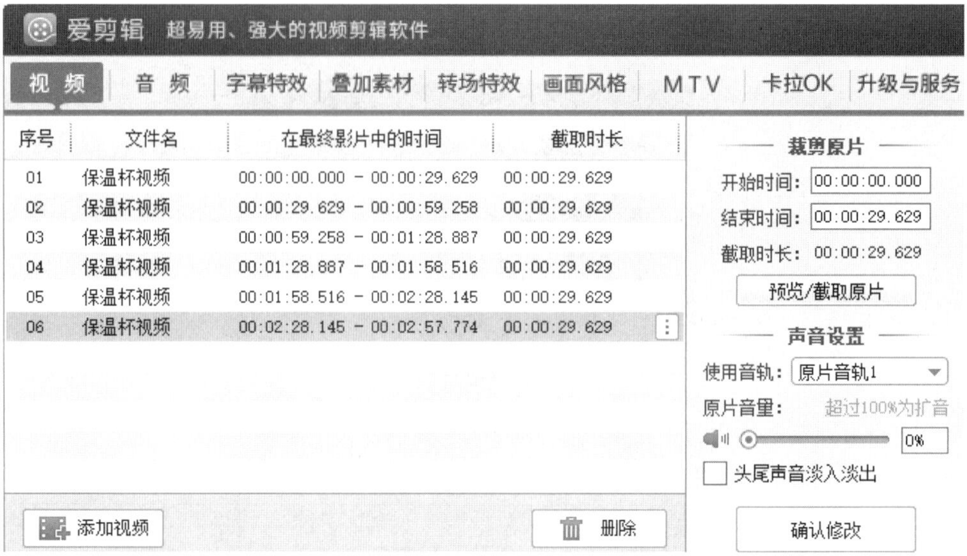

图 5-58 “预览/截取原片”窗口截图

步骤 2：在弹出的“预览/截取”对话框中选择“魔术功能”选项卡，在“对视频施加的功能”下拉列表中选择“定格画面”选项，设置定格的时间点和定格时长，然后单击“确定”，如图 5-59 所示。

图 5-59 设置定格画面窗口截图

步骤 3：上一步骤定格的时长中即可显示字幕动画。在窗口上方选择“字幕特效”选项卡，然后在视频预览画面中双击，如图 5-60 所示。

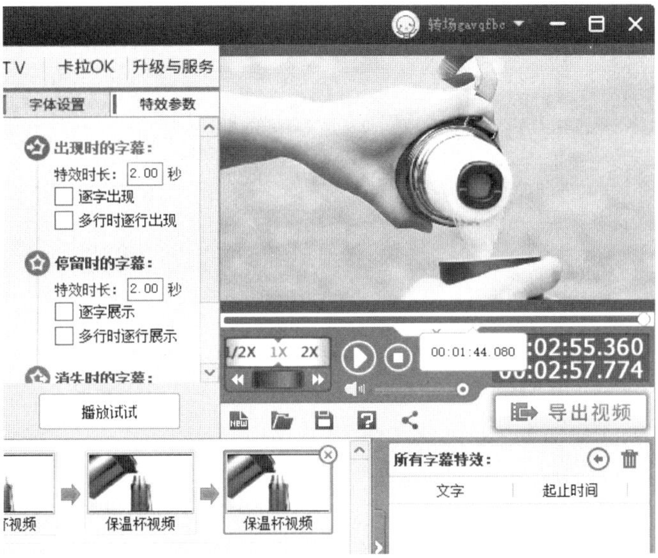

图 5-60　视频预览窗口截图

步骤 4：在弹出的对话框中输入需要加为背景的文字，还可根据需要为字幕配上音效，然后单击“确定”，如图 5-61 所示。

图 5-61 “输入文字” 窗口截图

步骤 5：在“字体设置”选项卡中为选定的字母文字设置字体格式，如图 5-62 所示。

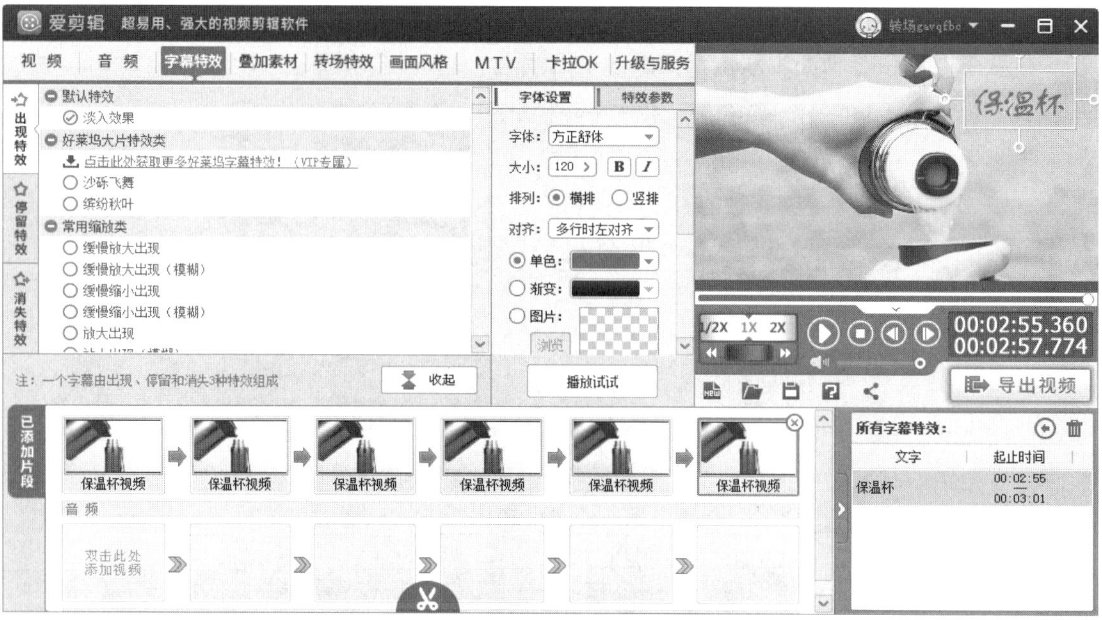

图 5-62　设置字体格式窗口截图

步骤 6：在字幕特效列表中选择“沙砾飞舞”特效，在右侧的“特效参数”选项卡中设置特效的停留、消失时长，选中“逐字消失”复选框，然后单击“播放试试”，即可预览字幕特效，如图 5-63 所示。

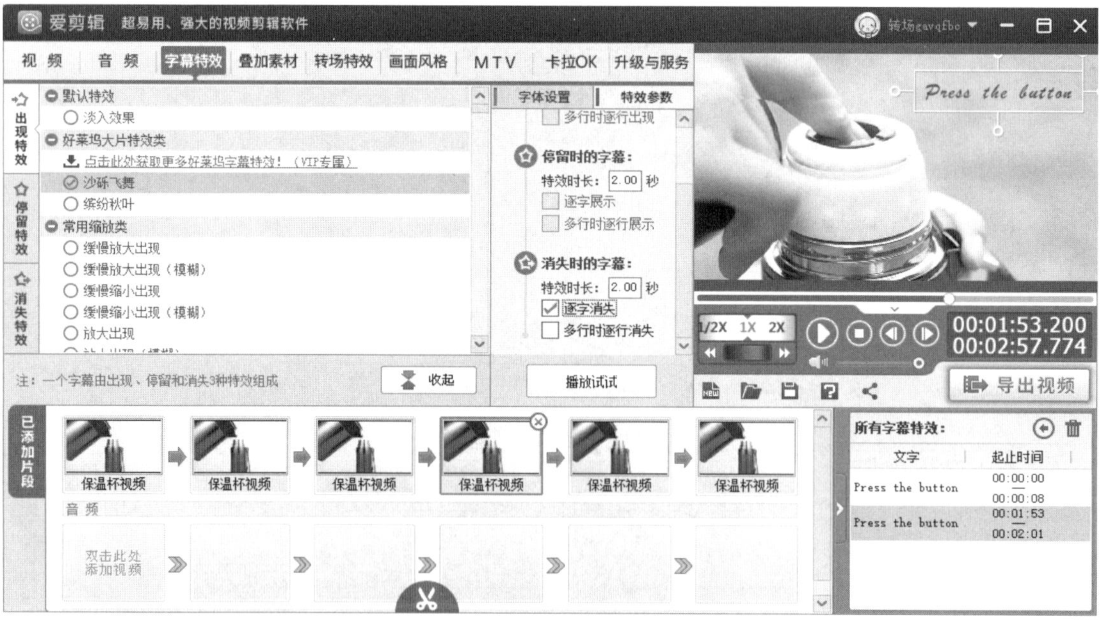

图 5-63　设置字幕特效窗口截图

步骤 7：若需要删除字幕特效，则可在如图 5-64 所示的窗口右下方“所有字幕特效”中选择需要删除的字幕段（标蓝代表选中），单击“删除”按钮。需要插入的字幕可以使用通用快捷键组合【Ctrl+C】（或【Ctrl+X】）与【Ctrl+V】进行复制（或剪切）与粘贴操作。

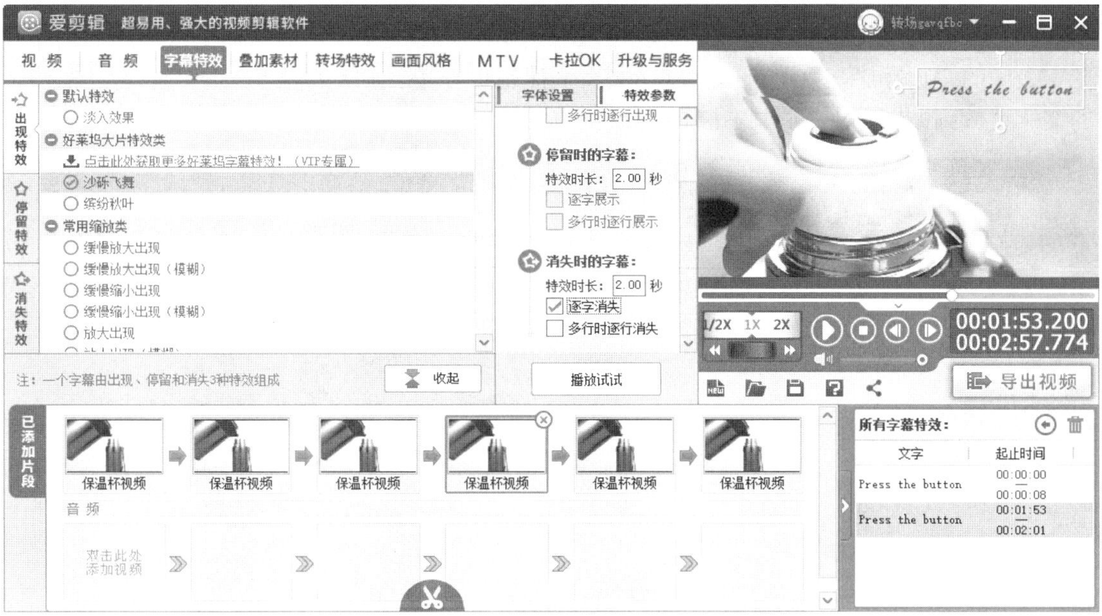

图 5-64 删除字幕特效窗口截图

3. 添加叠加素材

“爱剪辑”软件中的叠加素材包括“相框”“贴图”和“去水印”三类，其添加方式举例如下。

步骤 1：选择“叠加素材”选项卡，在视频预览区双击，在弹出的“选择贴图”对话框中选择需要的贴图，选好后单击“确定”，如图 5-65 所示。

图 5-65 “选择贴图”窗口截图

步骤 2：将贴图移至合适的位置，可以看到贴图位于文字上方，若需更改添加的贴图和文字之间的叠放顺序，则可选择文字，利用快捷键组合【Ctrl+X】与【Ctrl+V】，将之前添加的文字叠放到贴图的上方，如图 5-66 所示。

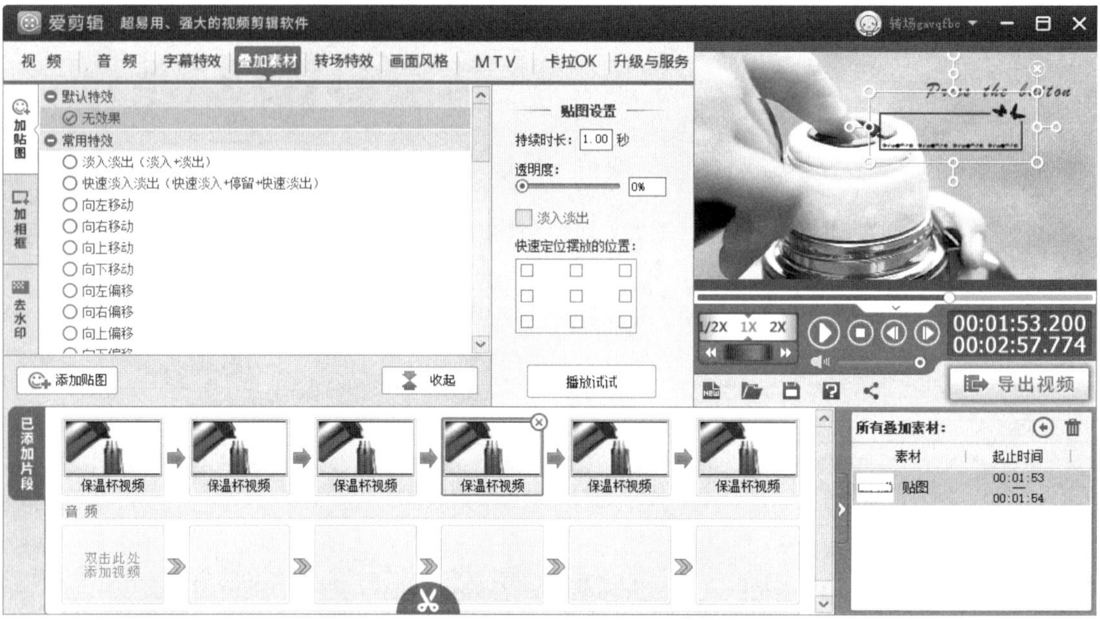

图 5-66 更改文字顺序窗口截图

步骤 3：在“常用特效”列表中选择“快速淡入淡出（快速淡入+停留+快速淡出）”效果，设置贴图的“持续时长”和“透明度”，如图 5-67 所示。

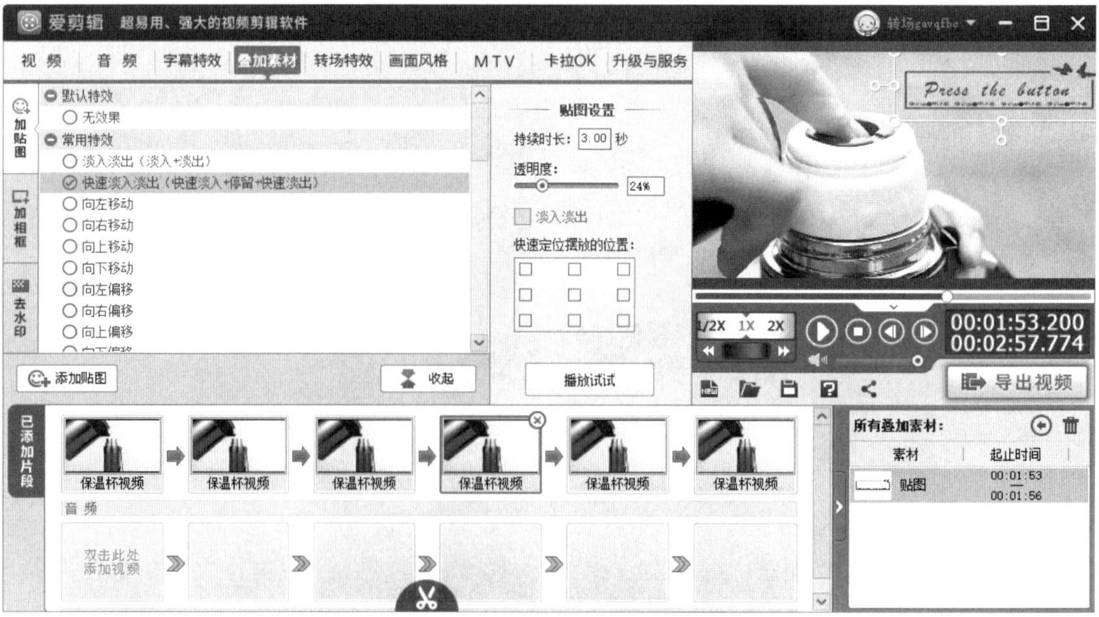

图 5-67 设置贴图的“持续时长”和“透明度”窗口截图

步骤 4：若需增加相框，则可在“视频片段”列表中选择需要添加相框的视频片段，在左侧单击“加相框”按钮，然后选择所需的相框样式，单击“添加相框效果”，在弹出的列表中选择“为当前片段添加相框”选项，然后单击“确认修改”，即可为视频做添加相框处理。

拓展练习

分组练习：每组自选一款商品，组员共同讨论挖掘该商品的 3～5 个卖点，完成该商品视频拍摄所需的脚本，然后利用手机拍摄完成该商品的视频。视频时长控制在 2 分钟之内。

项目六

跨境电商商品定价与刊登

跨境电子商务是以网络上的虚拟店铺为媒介进行的交易，因此跨境电商网店运营的首要内容就是商品的刊登。刊登商品是卖家在跨境电商平台上向海外客户进行商品展示的重要途径，能够让买家迅速、清楚、全面地了解商品，缩短询盘时间，提高成交速率。一个好的商品信息，能够更好地提升商品的可成交性、提高转化率、增强买家的下单决心，而一个好的商品描述要做到标题精准专业、图片丰富新颖、描述详尽到位、属性完整、价格合理等。那么，如何将商品价格定在一个合理的范围就成了跨境卖家的一项必备技能。

本项目介绍跨境商品成本核算的方法、定价策略及商品刊登的操作，旨在提高跨境电商运营人员的定价能力和商品刊登能力。

任务一　跨境电商的商品定价

任务描述

要做好跨境电商，首要问题就是定价。卖家要综合考虑商品的利润及企业的整体运作成本，清楚跨境商品的成本核算方法，掌握定价策略。

学习目标

1. 掌握跨境商品的成本核算方法，知道跨境商品的运营成本包括哪些内容。
2. 掌握跨境商品的定价策略。

任务分配

本任务为分组任务：根据不同内容的商品定价任务，每组若干组员在组长带领下，根据【任务准备】板块的若干引导问题进行任务分工，分别完成某一具体的跨境电商商品定价任务内容。

任务准备

引导问题 1：跨境电商的运营成本包括哪些内容？

引导问题 2：跨境电商如何定价才算合理？

任务实施

一、跨境商品的成本核算

跨境电商企业的核心目的是盈利，所以首先要弄清楚真正的商品成本，这也是后期对于商品定价策略的基础。由于跨境商品的种类繁多，商品重量、属性各不相同导致的物流成本差异较大，加之每个跨境电商平台收取的平台佣金额度不同，不同订单的推广和服务成本又因具体情况而异，故针对跨境电商商品的成本构成通常只分析其包含的成本项目，而无须细算各商品的各项成本占比。

跨境商品的实际成本一般会由以下几项内容组成，表现公式如下：

跨境商品的实际成本=进货成本+跨境平台管理费用+物流成本+运营推广成本+售后维护成本+其他综合成本

在这众多的成本构成里，进货成本涉及商品价格、国内运费和破损率，其他综合成本主要指人工成本、公司的日常开销等，这些相对比较容易理解，此处不加赘述。下面就需要卖家着重理解的跨境平台管理费用、跨境物流成本、运营推广成本及售后维护成本 4 项成本如何进行核算加以说明。

1. 跨境平台管理费用

卖家在跨境电商平台开店，一般都需要向平台缴纳各种管理费用。各个跨境电商平台包含的开店和管理费用项目，以及收费标准都不尽相同，下面介绍几个主流跨境电商平台当前的开店费用及标准。

（1）亚马逊

亚马逊卖家分专业卖家（Professional）与个人卖家（Individual）两类。由于亚马逊是多站点平台，根据站点的不同，各类型店铺开店费用也有差异。表 6-1 展示的是亚马逊北美站点的开店费用及相关说明。

表 6-1 亚马逊北美站点的开店费用及相关说明

账号类型	个人卖家（Individual）	专业卖家（Professional）
注册主体	个人/公司	个人/公司
月租金	免费	39.99 美元/月
按件收费	0.99 美元/件	免费
销售佣金	根据不同品类亚马逊收取不同比例的佣金，一般为 8%～15%	
功能区别	单一上传，无数据报告	单一上传/批量上传，可下载数据报告

① 月租费，即亚马逊网站使用费，按月收取。

② 按件收费，即每售出一件商品，亚马逊将收取的费用。

③ 销售佣金，即卖家为每件所售商品支付销售佣金。

（2）速卖通

速卖通店铺的平台管理费用主要包括店铺年费、类目佣金、商标注册费及提现手续费。

① 店铺年费（以 2019 年新入驻公告为主）。速卖通的店铺年费实行按类目收费。不同类目收费金额不同，如电子烟、手机类目为 3 万元人民币、真人发类目为 5 万元人民币，其他类目为 1 万元人民币。每个速卖通账号只准选取一个经营范围来经营，并可在该经营范围下经营一个或多个大类。年费按照经营大类收取，入驻不同的经营大类需要分别缴纳年费。同一经营大类下，年费只缴纳一份。速卖通的店铺年费可以根据不同的店铺类型和销售额进行全额返还或者 50%返还。

② 类目佣金。类目佣金是指平台按订单销售额的一定百分比扣除的佣金。速卖通各类目交易佣金比例不同，一般为 5%～8%。

③ 商标（R 标或 TM 标）注册费。速卖通规定，若卖家手上早已有品牌商授权的商标，或所申请的类目不需要商标授权就可售卖的，商标注册费用不必再掏，直接用即可；若所需类目需要商标，而卖家自己没有或未得到商标持有人的授权，则需花商标注册费用。不同国家的商标注册费用不同。

④ 提现手续费（若没提现则可忽略）。卖家在进行提现时，银行会收取 15 美元/笔的手续费，手续费在提现时扣除。如果是使用支付宝进行结汇，那么是无手续费的。

（3）eBay

注册 eBay 是完全免费的，不过开设 eBay 店铺需要根据所选择的店铺级别每月支付相应的店铺月租费。此外，在 eBay 各个站点上刊登商品需要支付商品刊登费，商品售出后需要支付一定比例的成交费。因此，在 eBay 平台上销售所产生的基本费用即刊登费加上成交费。卖家选择的商品刊登形式不同，产生的费用也会有所区别。卖家还可以为商品添加一些特殊功能，但需要缴付相应的功能费。

① 刊登费用。卖家每个月可以获得一定的免费刊登额度（不同类型卖家免费额度不同）。不开设店铺的卖家，每月有 50 条免费刊登条数；订阅店铺的卖家，则依据店铺等级来定。

注意：listing 刊登超过了免费刊登数量，才会收取每条 0.3 美元的刊登费。对于免费的部分，有些品类或产品是不参加的。

② 成交费用。eBay 成交费基于买家支付的费用来计算，包含产品费用和物流费用。在没开店铺的情况下，绝大部分产品的成交费是收取销售总额的 10%，但最高不超过 750 美元。

注意：在 eBay 美国站，如果销售表现跌落到“below standard seller”（低于标准卖家），则成交费收取的费率会上涨一定比例。

③ PayPal 费用。销售额收取一定比例的 PayPal 费用。若月销售额在不同区间，则按标准费率或优惠费率进行收取。

④ 其他可选费用。不同等级店铺，收取费用不同。费用有月度和年度两种收费方式，而不同等级的店铺，每月免费 listing 的刊登数量、刊登费及成交费收取的比例均不相同。但店铺等级越高，免费刊登数量越多，且其他费用的费率越低。若卖家想增开额外的店铺功能，则需要额外再缴费。

（4）Wish

① 预缴注册费。2018 年 10 月 1 日以后新注册的所有商户账户，需缴纳 2000 美元的店铺预缴注册费。同时，也是自这个时间起，Wish 平台上的非活跃商户账户也将被要求缴纳 2000 美元的这一费用。

② 平台佣金。产品售出后，Wish 将从每笔交易中按一定百分比或按一定金额收取佣金。即卖出物品之后收取这件物品收入的 15%作为佣金。

Wish 平台佣金=（商品售价+邮费）×15%

③ 其他费用。Wish 平台的使用还包括提现手续费、物流运费、平台罚款等。

（5）Shopee

Shopee 平台的卖家无须支付任何开店费、入驻服务费、年费及上架费，仅需通过官方招商渠道提供符合要求的资料。

新卖家前三个月全免佣金，三个月后按经营类目收取不同比例的佣金。

若不算卖家筹集所需的开店资料、产品采购成本、人工成本，Shopee 开店可以说是零成本的。

2. 跨境物流成本

跨境物流费用的报价一般建议包含在产品标价里面，并且在产品上传时打上 FREE SHIPPING 这样的标价方式，可以较好地吸引流量。下面以中国邮政小包挂号为例来简单讲解跨境商品物流运费的计算方式，以及有些跨境平台上出现的运费模板折扣的计算方法。

表 6-2 中国邮政小包资费表

分区	国家	挂号/kg	挂号费/票
1	日本	62.00	8.00
2	新加坡、印度、韩国、泰国、马来西亚、印度尼西亚	71.50	8.00
3	奥地利、克罗地亚、保加利亚、斯洛伐克、匈牙利、澳大利亚、瑞典、挪威、德国、荷兰、捷克、希腊、芬兰、比利时、爱尔兰、意大利、瑞士、波兰、葡萄牙、丹麦、以色列	81.00	8.00
4	新西兰、土耳其	85.00	8.00
5	英国、加拿大、美国、西班牙、法国、俄罗斯、乌克兰、卢森堡、爱沙尼亚、立陶宛、罗马尼亚、白俄罗斯、斯洛文尼亚、马耳他、拉脱维亚、波黑、越南、菲律宾、巴基斯坦、哈萨克斯坦、塞浦路斯、朝鲜、蒙古国、塔吉克斯坦、土库曼斯坦、乌兹别克斯坦、吉尔吉斯斯坦、斯里兰卡、叙利亚、阿塞拜疆、亚美尼亚、阿曼、沙特、卡塔尔	90.50	8.00
6	南非	105.00	8.00
7	阿根廷、巴西、墨西哥	110.00	8.00
8	秘鲁、老挝、孟加拉国、柬埔寨、缅甸、尼泊尔、文莱、不丹、马尔代夫、东帝汶、阿联酋、约旦、巴林、阿富汗、伊朗、科威特、也门、伊拉克、黎巴嫩、智利	120.00	8.00
9	塞尔维亚、阿尔巴尼亚、冰岛、安道尔、法罗群岛、直布罗陀、列支敦士登、摩纳哥、黑山、马其顿、圣马力诺、梵蒂冈、摩尔多瓦、格鲁吉亚	147.50	8.00

例如，一件商品包装后的实际重量是 100g，使用中国邮政小包（分区资费见表 6-2）五区包邮标准，运费应当是多少？若该商品被卖到八区内的某一国家，其八区的运费折扣应当是多少？

五区邮费：0.1kg×90.5 元/kg+8 元挂号费=17.05 元

八区邮费：0.1kg×120 元/kg+8 元挂号费=20 元

运费折扣：1－17.05/20=14.75%，即 1.475 折。

图 6-1 所示的是敦煌网在设置运费模板时对标准运费折扣的图解。该图很好地诠释了跨境卖家对包邮以外地区的运费折扣是如何计算的。在跨境电商平台上，卖家如果对前五区国家进行包邮，也就是将五区邮费算入商品定价之中，平台上显示的定价为：成本+利润+五区运费。而对于发往前五区以外的国家的商品，则需要向买家收取运费，此时为保证商品在价格上的优势，收取的运费应该是减去五区运费后的超额运费，于是就需要对后五区的标准运费进行打折。需要注意的是：

① 运费折扣除跟目的国所在区域的资费有关外，还与商品打包后的实际重量相关，若依每个商品的重量不同而逐一计算未免太过烦琐，故通常采用 100g、200g、500g 等几个范围来进行运费折扣模板设置。

② 在填写运费折扣时，为了方便起见，前面例子中算出的八区运费折扣 1.475 折可直接写成 1.5 折或 2 折。填写折扣比率时不宜采用四舍五入的方法，而宜采用进一法，因为对于卖家而言，折扣太低表示让利更多，在利润率不高的情况下甚至可能引起亏损。

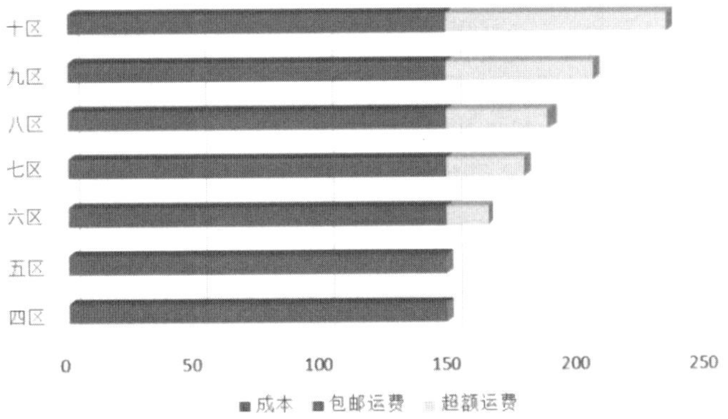

图 6-1 敦煌网在设置运费模板时对标准运费折扣的图解

3. 运营推广成本

运营推广成本包括各种营销活动的费用支出，需要加到产品价格里面。例如，阿里巴巴速卖通平台的 P4P 项目推广，就是突出强调运营推广成本可以带来收益的一种运营推广形式。

资金实力不是特别雄厚的中小卖家，对于商品的推广投入成本应该谨慎并且有非常详细的预算，一般建议是：（工厂进价+国际物流成本）×10%～35%。一般不建议超过 40%的投入，如果超过了 40%，运营压力就会非常大，店铺本质上会长期处于亏损阶段。

4. 售后维护成本

这部分的成本包括退货、换货、破损等，它是很多跨境创业新人最容易忽视的一个成本。

例如，很多中小跨境卖家通过中国境内发货，线长、点多、周期长，经常会出现一些产品破损、丢件甚至客户退货、退款的纠纷。因为跨境电商的特性，这样的成本投入往往比较高，在核算成本的时候应该把这个成本明确地核算进去。

比较合理的跨境电商商品售后维护成本比例一般是：（进货成本+国际物流成本+推广成本）×3%～18%。如果超过这个比例，建议放弃这类商品。因此，选择跨境品类的时候，应该选择一些适合国际物流、标准化强且不容易发生消费纠纷的品类。

二、跨境商品的定价策略

1. 跨境商品常用的定价方法

商品定价是整个商品销售链中非常重要的一环，它一方面直接关系到商品的销量和利润，另一方面直接影响到商品的定位、形象和竞争力。跨境电商商品定价不知道难倒了多少从事跨境行业的卖家，有合理的商品定价策略才能在竞争激烈的环境中留存下来。

跨境电商卖家常用的商品定价方法有通过分析商品本身的成本来定价、通过分析竞争对手来定价及通过分析商品的价值来定价。

（1）成本导向定价法

基于成本的定价即成本导向定价法，是在产品单位成本的基础上，加上预期利润作为产品的销售价格。这种方法又被叫作成本加成定价法。采用成本导向定价方式的关键是，一要准确核算成本，二要确定适当的利润加成率（也就是百分比）。根据成本价加费用加利润，确定商品的销售价格，再决定上架价格，要依据营销计划的安排确定。简单而言，要想计算基于成本的定价，只需知道商品的成本，并提高标价以创造利润。

该定价策略的计算方式：成本+期望的利润额=商品定价。

例如，一家卖 T 恤的跨境电商店铺采购一件衬衫并打印样式，需要花 11.5 美元。这件衬衫的平均运费是 3 美元，所以基础成本是 14.5 美元。卖家要想在每件售卖的衬衫上赚取 10.5 美元的利润，那么定价就应该是 25 美元。

如果新增了一种 T 恤，这种 T 恤需要额外的打印费，成本可能需要 15 美元，加上 3 美元的预计运费，定价就应该为 28.5 美元，也就是 18 美元的产品成本再加上 10.5 美元的利润。

当然，卖家也可以使用百分比来计算定价，即简单地在商品成本上加上期望达到的利润率来创建价格。

基于成本的定价策略可以让零售电商卖家避免亏损，但它有时可能会导致利润下降。比如国外的客户可能乐意为产品支付更多的费用，从而增加卖家的利润；或者因为价格太高，导致卖家销售的商品数量较少，利润下降。

（2）竞争导向定价法

基于竞争对手的定价也称竞争导向定价法。它的基本依据是市场上同行相互竞争的同类商品的价格，特点是随着同行竞争情况的变化随时来确定和调整其价格水平。若想了解某商品同行的平均售价，具体做法是，在想要进驻的跨境电商平台买家端，按照拟销售产品相关质量属性和销售条件搜索商品关键词，依照销售量进行大小排序，则可获得销量前十的卖家价格；如果想获得销量前十卖家的平均价格，可以按照销量前十的卖家价格做加权平均，再根据平均售价倒推上架价格。

例如，在全球速卖通买家网页，搜索商品关键词打底裤（leggings），依照销售量进行排序，搜索同行竞争卖家的价格，如果搜索到的前十位卖家的价格差别很大，有益的参考价值有限，就需要依据前十位卖家的店铺、销量、价格等计算其价格加权平均数，得到平均售价做参考。这种通过计算权量的定价方法，理论上行得通，实际上应用得不多。

采用竞争导向定价法，更多地要依据商品的差异性和市场变化因素。这种零售定价模式，只有当自己与竞争对手销售相同商品、两种商品没有任何区别时，才可以起到作用。实际上，如果使用了这种策略，就是在假设竞争对手的价格一定是匹配市场期望的。

遗憾的是，这种定价策略很可能会带来价格竞争，有些人称其为“向下竞争”。假设在亚马逊平台上有两个卖家销售同样的商品，一位卖家将价格设定为299.99美元，发现订单并没有涌来，后来发现竞争对手正在以289.99美元的价格出售该商品，因此又将价格降至279.99美元。不久之后，双方都会因为不断降价，把利润空间压缩得几乎可以忽略不计。所以，一定要谨慎使用这种基于竞争对手的电商定价方法。

（3）价值导向定价法

如果跨境卖家专注于可以给客户带去的价值，其想法是，在一段特定时期内，客户会为一个特定商品支付多少价格，然后根据这种感知来设定价格，这就是基于产品价值的价值导向定价法。

基于商品价值的电商定价，相对前面介绍的两种定价方法而言更为复杂，原因有以下几点：

① 这种策略需要进行市场研究和顾客分析。跨境电商卖家需要了解最佳受众群体的关键特征，考虑他们购买的原因，了解哪些商品功能对他们来说是最重要的，并且知道价格因素在他们的购买过程中占了多大的比重。

② 如果跨境卖家使用的是基于价值的定价策略，这意味着其商品定价的过程可能是一个相对较长的过程。随着对市场和商品的了解加深，卖家需要不断地对价格进行重复、细微的改动。

不过，由于该定价方式需要进行一定的市场和顾客调查，它也可以为卖家带来更多的利润，不管是从平均商品利润还是盈利整体来说。

想象一位在繁忙的大街上卖雨伞的供应商，当阳光灿烂时，路过的行人没有必要立即买雨伞的需要。如果他们买了雨伞，那也是未雨绸缪。因此，在天气好的情况下，雨伞的感知价值相对会较低。尽管如此，卖家仍可以依靠促销价来达到薄利多销的目的。

在下雨天时，雨伞的价格可能上升很多。一位着急赶去面试的行人在下雨天时可能愿意为一把雨伞支付更高的价格，因为他不愿意浑身湿透了再去面试，因此卖家可以从每把销售的雨伞中获得更多利润。

换句话说，有些商品的价值更多的是依靠顾客的感知为基础的，那么就可以采用价值导向定价法为商品定价。

2. 跨境商品的定价技巧

跨境消费者有订货时间、地点分散，选购商品种类、时效性不同，以及订货批量不大等特征，所以跨境卖家经常使用的商品定价策略有免费策略、差别定价策略、动态订货时间不同定价策略及联盟定价策略等。在具体运用中，跨境电商商品的价格定位有以下几个技巧。

（1）依据不同电商平台销售相同商品的定价技巧

许多网上商品的价格已经相当透明，为广大卖家所熟知，因而卖家对自己想经营的商品的价格及价格变化，要保持较高的敏感度，要通过对比不同跨境电商平台销售相同商品的价格来定价。这种方法或技巧简单易用，但是也容易引发问题，如同样的玩具商品，外形式样相同但材质不同，价格差别有的很大，因而买家购买后在不了解的情况下容易引起纠纷。所以，卖家一定要了解某类不同档次商品的市场价格，具体做法可以通过搜索选项找出该商品价格从高到低的排序，并分析商品质量对应价格的情况。

比如，现在想了解打底裤的国际价格，就可以在亚马逊、eBay、速卖通上分别搜索，会发现亚马逊平台上的价位高一些，而且在冬季，质地厚保暖性强的打底裤更畅销，价位也要高于春秋季节；如果在跨境电商平台上没有找到完全与自己销售的同质商品，则可以找同类商品中类似的材质或款式样式商品的价格作为参考；如果所在的电商平台没有同类同质的商品，则可以把利润控制在 20%左右，作为定价依据。

（2）依据市场买家不同特点的定价技巧

不同的跨境电商平台所对应的消费群体各有特点，要仔细研究市场买家特点，从而确定不同的商品价格。如果跨境电商平台买家是经营网点或实体店的中小批发商，其特点是库存量小，商品订购频繁，商品的专业性不强，一般是同时经营几条产品线，比较在意的是转售利润空间，注重卖家商品的专业性及售后服务质量的高低。根据这类买家的特点，小巧轻便的产品可以打包销售，设置免运费；跨境电商平台卖家的批发价一般要比国外直售单价至少低 30%，低的这 30%给买家转售留下了利润空间，又包含其转售商品的基本费用成本。如果跨境买家是个人消费者，定价要稍高；如果是个人定制的商品，价格要更高一些。

作为卖家，要重视消费者行为对商品定价的影响，如跨境消费者的上网频率、购买方式、习惯传统及对商品的喜好程度等。

（3）依据卖家企业不同的经营目标的定价技巧

卖家企业的经营目标不同，制定出的价格策略也会不同。比如，在进入跨境电商市场初创时期，经营用户规模比较小，可以采用低价甚至免费定价策略来快速获得用户，提高流量，采用多种营销手段使访问者转化成潜在的购买者和实际购买者。

如果实行个性化、差别化经营策略，专业化运作的专门出售某类商品的平台或网站，定位明确，有利于吸引大批忠实的消费者，则可以在商品定价方面推出高中低三个价位：低档做引流吸引客户，中档作为赚取利润的主要来源，高档用来提升总体的品牌质量。比如，推主品牌的同时，推出子品牌或副品牌，彼此不产生品牌形象冲突，可以在大品牌的统领下，推出三个系列，不同系列的商品价格差别很大，用差别定价技巧可以不流失客户，并能赚取更多的利润。

（4）依据物流费用的优惠程度的定价技巧

合理设置运费或跨境物流运费，特别是新手卖家应该给予足够的重视。针对单位价值较低的商品，可以设置免运费，比较容易吸引客户，也便于隐藏高额运费。

卖家在上架商品前，应对每个商品进行称重并计算相应的运费，合理设置包装方式，尽量将运费成本降到最低，并让利于买家，这会在价格上获得更多的竞争优势，利于商品的销售。作为卖家，一定要提高物流反应速度，提升消费者满意度，选择高质量的第三方物流或在有足够实力的情况下发展自己的物流体系，注重商品需求与退货为随机条件下的逆向物流定价策略，有利于企业制定更具实效性且符合商品市场实际情况的价格策略，使成本消耗更低和收益更高。

（5）合理运用定价区间的定价技巧

进行跨境电商产品定价时，可以合理运用定价小技巧，如下面举例说明的同价销售术或分类型同价销售、价格分割法、非整数法和弧形数字法等。

① 同价销售术或分类型同价销售：如设置 1 元、10 元、50 元、100 元商品区等。

② 价格分割法：可以采用较小的单位报价或用较小单位商品的价格进行比较两种形式。

③ 非整数法：能激发消费者的购买欲望，即把商品零售价格定成带有零头结尾的非整数的做法，如以每件 1 元的价格销售的商品，价格变成 0.98 元。

④ 弧形数字法：用带有弧形线条的数字进行定价，如 5、8、0、3、6 等。

拓展练习

选择一款你喜欢的产品，假设要在速卖通平台进行销售，先对其进货成本、跨境平台的管理费用、跨境物流成本、运营推广成本、售后维护成本、其他综合成本等进行成本核算，再尝试用不同的方法对其定价。

任务二　跨境电商的商品刊登

任务描述

跨境电商运营中商品刊登的质量尤为重要，了解商品刊登前需要做的准备工作，掌握商品刊登的流程及商品信息的刊登要求。

学习目标

1. 了解商品刊登前的准备工作。
2. 能在跨境电商平台熟练并高质量地刊登商品。

任务分配

本任务为分组任务：根据不同内容的商品刊登任务，每组若干组员在组长带领下，根据【任务准备】板块的若干引导问题进行任务分工，分别完成某一具体的跨境电商商品刊登任务内容。

任务准备

引导问题 1：跨境买家购物时主要关注的商品信息有哪些？

引导问题 2：跨境卖家如何高质量地刊登商品信息？

任务实施

一、跨境商品刊登前的准备

一般在跨境电商平台上发布商品信息都是完全免费的，但在对某商品进行上传发布之前一定要确定其是否为禁销品，须符合平台的禁售、限售规则；同时，考虑到国际运输方面可能出现的问题，在选品时最好注意选择体积小、重量轻、不易破损的商品。

不同的跨境电商平台产品刊登的方式不尽相同，但都是为了让买家了解商品，所以在对商品信息进行设置时应当符合这样几个标准：标题专业、图片清晰、描述详尽、定价合理、商品属性及其他信息完整、图文描述符合平台规则。

跨境商品刊登前，要预先准备好所需要的各种图文信息，包括主图、详情图、标题、关键词、价格、属性内容等，还要了解所选的跨境电商平台对信息的规范化要求。

1. 产品标题编写

标题是便于买家搜索到商品并吸引买家点击进入商品详情页的首要因素。优质的产品标题将直接影响产品排名。产品标题的字数不应太多，要尽量准确、完整、简洁。一个好的产品标题中应包含产品的名称、核心词和属性词等。

（1）标题编写规范

以速卖通为例，产品标题不能超过 128 个字符，一般包含销售方式、产品重要属性、产品名称、核心词、营销词等。一个好的标题一定是足够吸引买家眼球、满足买家诉求的，对于提升产品的点击率和转化率起重要作用。但是，产品标题也不是任由卖家随意发挥的，必须遵守平台的规范要求。卖家在编写产品标题时要平衡营销效果和规范要求。

在标题中清楚地描述产品的名称、型号及一些关键的特征和特性，让买家一看就清楚地知道产品是什么，从而进入详情页进一步查看。

标题撰写要符合境外买家的语法习惯，没有错别字及语法错误，不要千篇一律地描述，否则容易让买家产生审美疲劳。

标题中切记避免关键词堆砌，如“mp3，mp3 player，music mp3 player”这样的标题关键词堆砌，不仅不能提升商品排名，反而会被搜索降权处罚。

标题中切记避免虚假描述，如卖家销售的产品是 MP3，但为了获取更多的曝光，在标题中填写类似“MP4/MP5”的描述。系统会监测此类的作弊产品，同时虚假的描述也会影响产品的转化情况，得不偿失。

总之，产品标题的编写应尽量全面，核心词放在前面，避免使用标点、关键词堆砌或出现品牌原词。

（2）关键词的分类

产品标题中的每一个字、每一个词组都称为关键词。关键词的分类有三种：顶级关键词、二级关键词和长尾关键词。各类关键词的特点如表 6-3 所示。

表 6-3　各类关键词的特点

关键词类别	详　情	特　点	实　例
顶级关键词	由 2～3 个字组成。这类词均属于速卖通热搜词，也可以看成是产品的统称	搜索量非常大，竞争比较激烈	Dresses、bags、jackets
二级关键词	由 3～5 个字组成。这类词稍逊于顶级关键词的搜索热度，竞争力度也没有顶级关键词强烈，可以看成是产品本身的属性词+产品的统称或店铺的促销词（包邮、秒杀等）	搜索量比较大，竞争比较激烈	Korean version dress、Retro female bag、Leather seconds killer jacket
长尾关键词	由 5 个字或多个字组成。这类词一般没有顶级关键词和二级关键词的搜索度高，但其流量非常精准，同时成交量也比较大	精准度高，竞争小，搜索量小，一般一天的搜索量不会超过 500 次	Broken flower Korean dress、K-BOXING Leather jacket

（3）关键词的选取

一般来说，关键词选取的方法主要有以下三种：

方法 1：打开速卖通买家首页，单击搜索栏，输入产品名称，分析下拉列表显示的词，显示结果越多，表示该关键词越热门。

方法 2：打开“生意参谋”中的“搜索分析”，分析选取关键词。

方法 3：借鉴他人的标题，用“搜索分析”去分析其中的一些词，查看其搜索指数。

其中，“方法 2”是卖家使用较多也非常实用、科学的方法，下面介绍该方法的具体操作。

① 在速卖通后台，单击“生意参谋”—“市场”—“搜索分析”，根据需要选择热搜词、飙升词或零少词，一般先选择“热搜词”进行分析，然后选择自己所卖产品的具体类目。

② 根据需要在“时间”选项中选择最近 7 天或最近 30 天的数据进行查看，举例如图 6-2 所示。

图 6-2　速卖通后台搜索分析页面举例截图

③ 在下载好的表格中，根据人气和自己的实际需要选择关键词，并在速卖通买家界面搜索并决定是否使用。

④ 把查找好的关键词应用到产品标题的编写中。

（4）“三段法”制作标题

卖家可采用“三段法”来制作标题，即“核心词+属性词+流量词”的方法。

核心词是指行业热门词，一般也是直接表明商品“是什么”的词语。这类词的选取可以参考跨境电子商务平台上的类目名称及行业大卖家的标题。核心词应该放到最前面，保证相关性。

属性词是描述商品的词，一般从商品自身角度出发来挖掘词汇，如从颜色、长度、材质、功能、款式等方面。

流量词是能带来店铺流量的词，一般是中词、小词或长尾关键词，也可以是精准的词。所谓长尾关键词，是指网站上非目标关键词但可以带来搜索流量的关键词，其特征是比较长，往往是由 2～3 个词组成的，甚至是短语。流量词可以从数据纵横的热搜词中挖掘。

在速卖通平台上，商品标题最长可输入 128 个字符，且核心关键词要出现在前 35 个字符中。标题中不能出现与实际商品属性无关的词，标题尽量不用符号分隔。为了美观，可以将每个单词的首字母大写，如某款女童连衣裙的商品标题为：Baby Girls Dress Summer Style Cotton Floral Dresses for Children Clothing Girl Princess One-piece Above Knee Dresse。

2. 产品图片的选取与优化

产品图片特别是主图的好坏，直接影响产品的曝光及平台营销活动的入选概率等。

卖家首先应该了解速卖通产品图片的统一规范，然后根据这些规范选择优质的产品图片并上传到产品主图和详情页面上。

速卖通要求产品图片格式为JPG，文件大小在5MB以内；图片像素建议大于800像素×800像素；横向和纵向比例建议 1∶1 到 1∶1.3 之间；图片中产品主体占比建议大于 70%；背景使用白色或纯色，风格统一；如果有 Logo，建议放置在左上角，不宜过大。不建议卖家自行在产品图片上添加促销标签或文字。注意切勿盗用他人图片，以免受平台处罚。

除根据各类要求进行图片选取外，卖家打造优秀的主图必须符合三个条件：图片背景简洁，产品主题突出；颜色搭配合理；搭配文字简洁明了。所需商品图片的拍摄与处理相关内容详见本书“项目五任务二”。

二、跨境商品刊登的基本操作

以速卖通为例，不同类型的速卖通店铺，可以刊登的商品数量不同。选择“标准销售计划”的店铺，在线商品数量上限为 3 000 个；选择“基础销售计划”的店铺，在线商品数量上限为 300 个；特殊类目（Special Category）下的每个类目在线商品的数量上限为 5 个。

在刊登商品之前，首先需要完成店铺后台设置和运费模板设置，还需要完善商品信息表。速卖通店铺刊登商品的流程如图 6-3 所示。

图 6-3　速卖通店铺刊登商品的流程

下面如表 6-4 所示的商品为例来说明速卖通店铺刊登商品的流程。

表 6-4　举例商品信息表

商品编号	商品名称	商品图片	商品属性	成本价
01001	女式条纹衬衫		颜色：黑色/白色/藏蓝 尺寸：S/M/L/XL 材质：涤纶、棉 产品毛重：0.22kg	26 元

1. 选择商品类目

步骤一，登录速卖通卖家后台，选择“商品”—“发布商品”菜单，如图 6-4 所示；步骤二，选择“服装服饰配件”—“女装”—“雪纺衫/衬衫”商品类目，如图 6-5 所示。

图 6-4　速卖通卖家后台截图

图 6-5　选择商品类目界面截图

选择商品类目有两种方式：一是输入英文商品关键词；二是直接选择商品类目。此外，卖家还可以根据已经上传的商品，选择“类似产品导入”。如果商品类目的字体颜色为灰色，说明卖家无当前类目商品的发布权限，需要先完成类目准入申请。

2. 编辑商品标题

根据“三段法”来编辑商品“01001”的标题，首先需要挖掘商品相关的核心词、属性词和流量词，然后组合这些词汇，并将每个单词的首字母改成大写，且标题尽量用满 128 个字符，具体操作如表 6-5 所示。

表 6-5　编辑商品标题具体操作

词　性	词 语 来 源	词　汇
核心词	速卖通类目（见图 6-6） 搜索界面推荐（见图 6-7）	blouse, shirt blouse women, women tops and blouses, blouses 2018, …
属性词	从产品自身特点出发，挖掘材质、装饰、风格、袖长等方面的词汇	cotton blend, pearl, stripe, casual, half sleeve, …
流量词	生意参谋—市场—搜索分析—热搜词，设置行业、国家、时间（见图 6-8）	women's tops and blouses, skirt, blouse, summer top
标题	Cotton Blouse Stripe Shirt Summer Tops and Blouses for Women Casual Style Half Sleeve Top with Pearl Decoration	

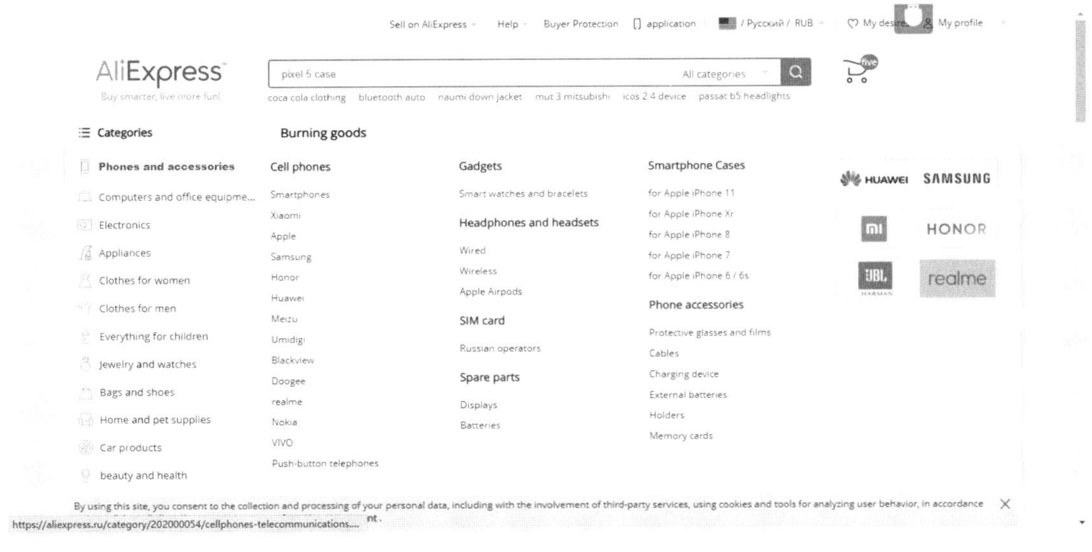

图 6-6　速卖通类目

3. 上传商品图片

根据速卖通平台对商品图片的要求，卖家可以利用 Photoshop、光影魔术手、美图秀秀等图像处理软件进行修改图片尺寸、更改图片背景色、添加 Logo 等操作。速卖通平台要求上传 6 张商品主图，且拍摄角度最好各有不同，可以是商品正面图、商品背面图、商品侧面图、商品细节图、商品实拍图各一张。速卖通对商品主图的要求如图 6-9 所示。

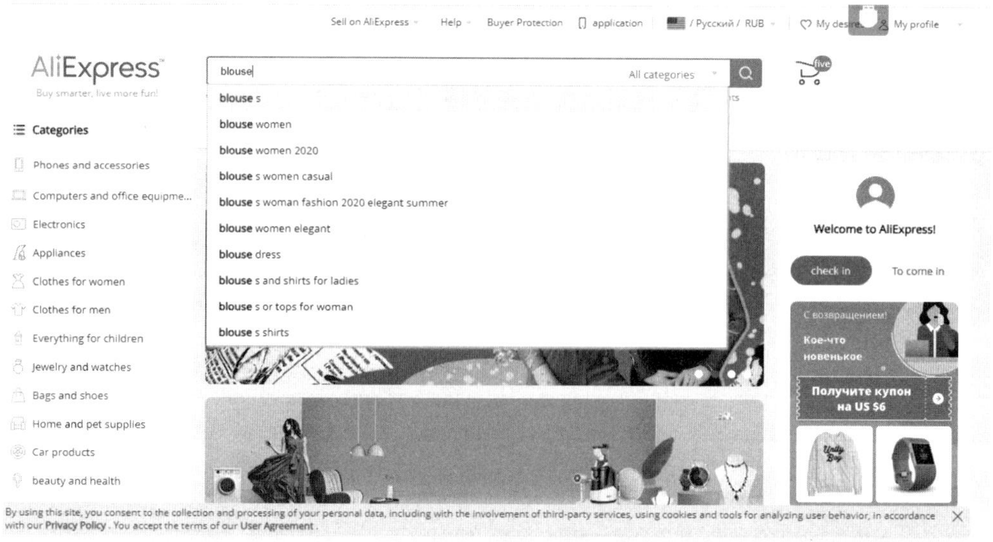

图 6-7　速卖通搜索界面推荐

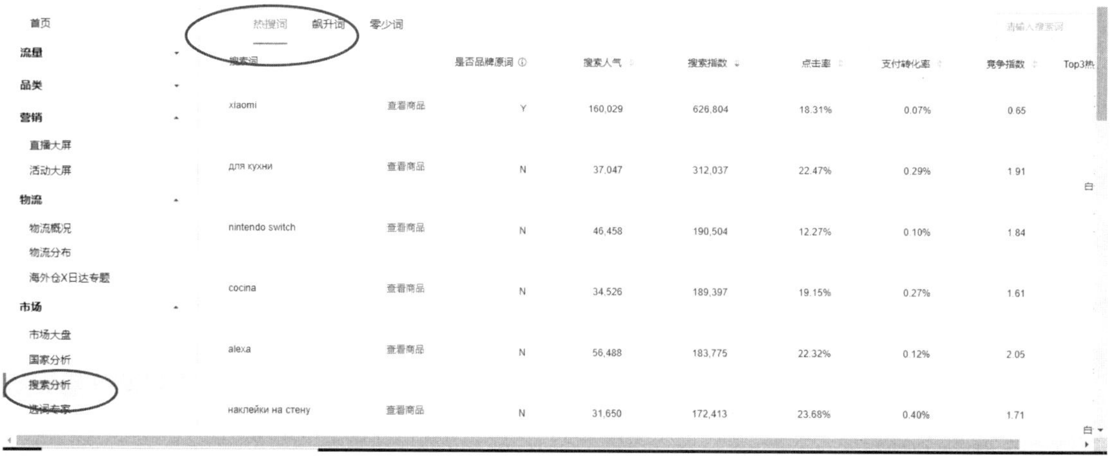

图 6-8　生意参谋的热搜词界面

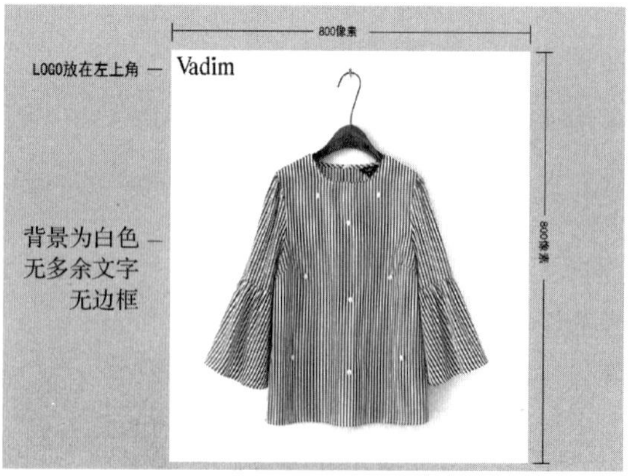

图 6-9　速卖通对商品主图的要求

4. 计算商品价格

根据成本导向定价法，速卖通商品的包邮价格公式为：

上架价格=（成本+国际运费）÷（1-预期利润率）÷（1-佣金率）÷汇率

注：假设没有产生包装费、营销费等其他费用。

计算商品价格的具体操作如表 6-6 所示。

表 6-6　计算商品价格的操作

影响因素	具体分析
成本	该商品是从 1688 采购的，因此，成本为采购价格+国内运费
国际运费	国际运费可以用邮寄到俄罗斯的国际运费来计算，e 邮宝邮寄到俄罗斯的计费方式为每克 0.1 元，每单 10 元操作费（截至 2018 年 5 月 1 日的资费标准），使用 e 邮宝邮寄到俄罗斯的运费：220g×0.1+10=32 元
预期利润率	该商品定位为利润款，预期利润率为 15%～40%
佣金率	速卖通对女装品类收取 5%的佣金率
汇率	查询中国银行外汇牌价，汇率为 1 美元=6.32 元人民币（2018 年 5 月 1 日外汇牌价）
价格	上架价格=（成本+国际运费）/（1-预期利润率）/（1-佣金率）/汇率

5. 设计详情页

根据商品 01001 的特点，可以为其设计包含以下内容的详情页（见图 6-10）：①商品细节图（Product Show），用以展示衣服的面料、装饰物；②尺码表（Size Reference），用以帮助买家选择尺码；③测量方法（How To Measure），用以告知买家尺寸的测量标准；④发货方式（Shipping Method），用以指导买家选择合适的物流方式；⑤评价方式（About Feedback），用以引导买家给予好评。

图 6-10　商品详情页举例

Size Reference >>>

Size	Shoulder		Bust		Back Length		Sleeve	
	CM	Inches	CM	Inches	CM	Inches	CM	Inches
S	37.0	14.57	92.0	36.22	57.0	22.44	43.0	16.93
M	38.0	14.96	96.0	37.80	58.0	22.83	44.0	17.32
L	39.0	15.35	100.0	39.37	59.0	23.23	45.0	17.72
XL	40.0	15.75	104.0	40.94	60.0	23.62	46.0	18.11

Please allow "±3"cm as the error range for manual measure.

How To Measure >>>

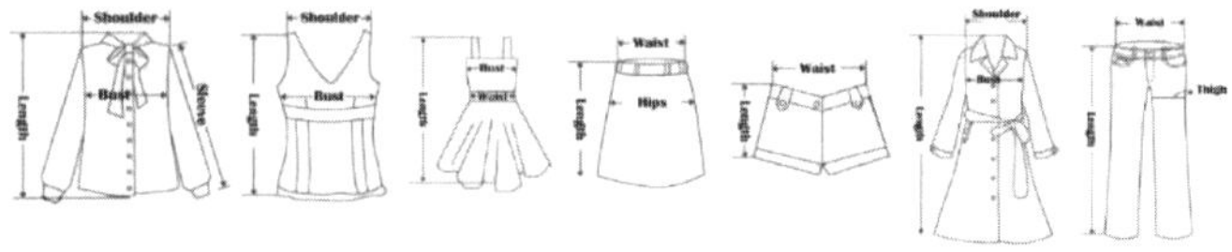

Shipping Method >>>

中国邮政 CHINA POST

China Post Registered Air Mail
China Post Ordinary Small Packet Plus

For Most Packets

中国邮政 CHINA POST
UNITED STATES POSTAL SERVICE

e-Packet

For Orders shipping to U.S.

EMS
ups
FedEx Express
TNT
aramex
DHL

For Clients need Express Shipping

About Feedback >>>

Dear Buyers, please give us 5-Star Positive Feedback after receiving our packages.

We are appreciated for your surpport, thanks!

How to leave 5-Star Positive Feedback——

1. Please give us 5-Star Positive Feedback

2. Choose 5-Star positive feedback for the three detailed feedback

Item as Described :
Communication :
Shipping Speed :

If you are not satisfied with our products, please contact with us firstly. Our staff will try our best to help you resolve problems.

图 6-10 商品详情页举例（续）

6. 完善其他信息

其他信息包括商品属性、销售属性、包装信息、物流设置、服务模板等。

（1）商品属性

商品属性是买家购物的重要依据，特别是有叹号标识的关键属性。卖家需要详细、准确地填写系统推荐属性或自定义属性，以让商品获得更多的曝光机会。自定义属性的填写可以补充系统属性以外的信息，让买家对商品了解得更加全面。不同的类目，所需要填写的属性也是不一样的，卖家需要在商品上传界面查看。

（2）销售属性

商品销售属性指最小计量单位、销售方式、颜色、尺寸、尺码表、价格、库存、发货期、商品编码等信息。

（3）包装信息

包装信息包括商品包装后的重量和包装后的尺寸。重量以千克为单位；尺寸需要填写长宽高，以厘米为单位。

（4）物流设置、服务模板

物流设置即选择运费模板。运费模板和服务模板均可提前设置。

（5）其他信息

其他信息包括商品组和商品有效期等。商品组的设置方式是单击“商品管理”—“商品分组”—“新建分组”，然后输入英文的商品组名称，且商品组名称不能重复。单击“创建子分组”，可以生成二级商品组。例如，女装店铺一级商品组名称为 Dresses，二级商品组名称为 Shift Dresses、Slip Dresses、T-shirt Dresses 等。

7. 成功刊登商品信息

经过以上步骤，即在选择商品类目、编辑商品标题、上传商品图片、计算商品价格、设计详情页、完善其他信息之后，卖家就在速卖通平台成功刊登了商品信息。一般商品需要经过系统审核才会上架。卖家也可以通过单击“商品管理”—“管理商品”，查看审核中的商品、审核不通过的商品和正在销售的商品，还可以进行编辑商品、下架商品和延长商品有效期等操作。

拓展练习

选择自己感兴趣的一件商品，进行该商品刊登前的准备，并尝试在速卖通实训平台上完成该商品的刊登，注意商品信息填写要符合平台的规范要求。

拓展阅读

速卖通跨境电商产品定价策略

做速卖通，有了产品以后，首要问题就是定价。在速卖通里，对排序起着重要影响的两大因素分别是销量及关键词，而影响销量的最关键因素在于价格。讲价格之前先解释以下几个名词：

- 上架价格（List Price，LP）：即产品在上传的时候所填的价格。
- 销售价格/折后价（Discount Price，DP）：即产品在店铺折扣下显示的价格。
- 成交价格（Order Price，OP）：用户在最终下单后所支付的单位价格。

这几个价格直接的联系是：

销售价格=上架价格×折扣

成交价格=销售价格−营销优惠（满立减、优惠券、卖家手动优惠）

搞清楚这几个价格的关系，就可以有针对性地对不同定位的产品采取不一样的定价策略。

1. 狂人策略

研究同行业卖家、同质产品的销售价格，确定行业最低价，以最低价减 5%～15%为产品销售价格。用销售价格倒推上架价格，不计得失确定成交价。

上架价格又可以两种思路来做：

1）上架价格=销售价格/（1%～15%）。此策略费钱，可以用重金打造爆款，简单、粗暴、有效。但不可持续，风险较大。

2）上架价格=销售价格/（1%～30%）。此策略略微保守一些，可以通过后期调整折扣来让销售价格回到正常水平。

这两种定价思路都可以在 15%的折扣下平出或者略亏，作为引流爆款。

2. 稳重策略

比较稳妥的方式是通过计算产品的成本价，根据成本价+利润来确定产品的销售价格。

产品的销售价格确定后，根据店铺营销的安排，确定上架价格。

例如：产品成本是3美元，按照速卖通目前的平均毛利润率（15%）、固定成交速卖通佣金费率（5%）及部分订单产生的联盟费用（3%～5%），可以推导：

销售价格=3÷（1−0.05−0.05）÷（1−0.15）=3.92（美元）

再保守点，销售价格=3÷（1−0.05−0.05−0.15）=4（美元）

其中，5%的联盟佣金并不是所有订单都会产生，但考虑到部分满立减、店铺优惠券直通车等营销投入，以5%作为营销费用，基本没有差错。

当然，这其中还可以加入丢包及纠纷损失的投入，按照邮政小包1%的丢包率来算，又可以得到：

销售价格=3÷（1−0.05−0.05−0.01）÷（1−0.15）=3.96（美元）

再保守点，销售价格=3÷（1−0.05−0.05−0.15−0.01）=4.05（美元）

得到销售价格后，我们需要考虑该产品是通过活动来销售还是作为一般款来销售。

假如作为活动款，那么按照平台通常活动折扣要求40%来计算：

上架价格=销售价格÷（1−0.4）。平时打40%折扣，活动最高可以到50%。

假如作为一般款销售，则上架价格=销售价格÷（1−0.3）。平时打30%折扣。

建议折扣参数不低于15%，平台大促所要求的折扣是这个数字，但一般不高于50%，因为折扣过大容易产生虚假折扣的嫌疑。而根据速卖通官方的统计，折扣在30%左右，是买家最钟情的折扣，属于合理预期范围。

对于50%折扣的活动要求，基于以上定价的模式，基本上相当于平出，不会亏本或者略亏，假如客户购买两个及两个以上，卖家就可以赚到一笔。

项目七

跨境电商营销推广

跨境卖家的商品如果得不到买家的点击、浏览、购买，那么卖家付出的努力将得不到回报。“得流量者得天下”，跨境卖家需要通过各种营销推广手段为店铺引流。那么如何增加店铺的流量呢？作为跨境卖家不仅需要了解各大跨境电商平台站内的营销方法，还要全面深入地了解各种站外推广平台，最大限度地利用网络提供的各种免费宣传工具，为自己的产品增加曝光度，传播自己品牌的价值和信誉度，让自己的店铺脱颖而出。本项目主要从跨境店铺促销、跨境电商平台活动及跨境电商网络营销三方面讲解跨境电商营销推广。

任务一 跨境店铺促销

任务描述

许多跨境电商平台为卖家提供了多种店铺促销的手段，如优惠券、限时限量打折、满立减等。本任务带跨境卖家了解不同的促销手段的优势和不足，掌握不同促销活动的创建方法，合理有效地使用这些手段，提高出单量和转化率。

学习目标

1. 了解跨境电商店铺促销的方式。
2. 掌握优惠券、限时限量打折、满立减等跨境店铺促销活动的创建方法。

任务分配

本任务分两组进行，每组由一位组长和若干组员构成，组员在组长的带领下，根据【任务准备】板块的若干引导问题进行任务分工，了解跨境电商店铺促销的方式，掌握跨境店铺促销活动的创建方法。

任务准备

引导问题 1：你知道的跨境电商店铺促销的方式有哪些？请举例说明。

引导问题 2：如何使用跨境店铺自主营销工具创建促销活动？

任务实施

一、发放优惠券

跨境电商卖家如何能够迅速卖出产品、刺激买家多买、让买家对原本可买可不买的商品下单，同时又能提高优惠的灵活度（比如设置各种小额的优惠或减免）、增加二次营销的机会、避免流失客户、提升销售额、拉高客单价？卖家可以考虑通过规范、正确设置店铺优惠券活动，达到提升销售额的目的。

以速卖通为例，店铺优惠券主要分为领取型优惠券、定向发放型优惠券、金币兑换优惠券、秒抢优惠券和聚人气优惠券 5 种类型。

1. 领取型优惠券

领取型优惠券须至少提前 1 小时创建活动。活动开始和结束时间表示买家可领取优惠券的时间。

领取型优惠券的展示位置为产品详情页主图右边（见图 7-1）、店铺的 Sale Items 页面及平台优惠券页面。

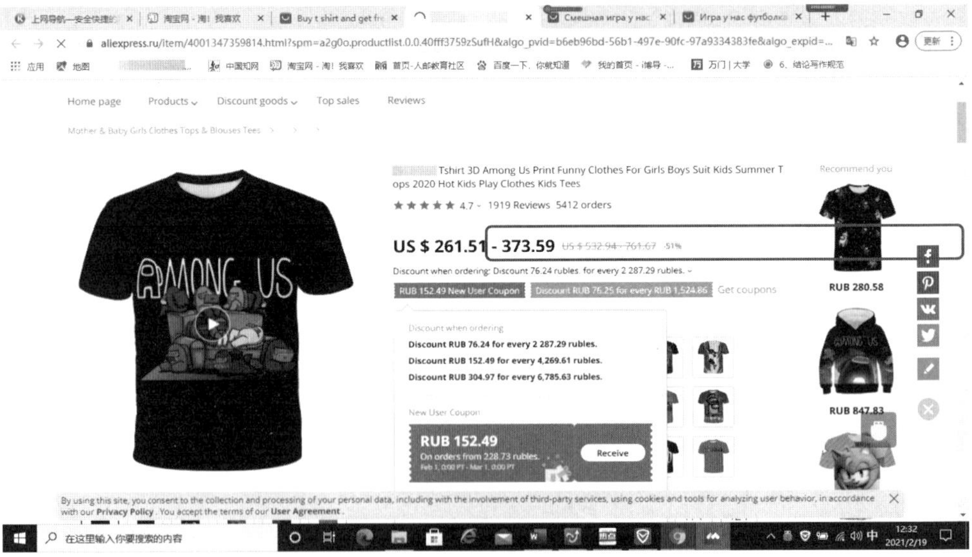

图 7-1　领取型优惠券的展示位置举例截图

领取型优惠券可根据会员级别进行区别设置，使用范围可选店铺全部或部分商品，如图 7-2 所示。

图 7-2　领取型优惠券的活动基本信息举例截图

领取型优惠券的面额代表优惠券金额，为 1～200 个正整数；每人限领数为 1～5 张；总发放数量为 50～9999 的正整数；使用条件可以不限，但订单金额必须大于优惠券金额，也可根据客单价设置满 *X* 减 *Y*（单位为美元）优惠券；优惠券"有效期"可设置为领取后的 *N* 天之内（如活动时间为 11 月 11 日—30 日，有效期为 7 天，即买家在 11 月 11 日领取的优惠券领用后可立即使用，最晚使用日期为 11 月 18 日），也可设置为指定的时间区间（优惠券使用开始时间必须在活动开始时间之后，结束时间必须在活动结束时间之前），如图 7-3 所示。

图 7-3　领取型优惠券的使用规则举例截图

2. 定向发放型优惠券

定向发放型优惠券有"选择客户线上发放"和"二维码发放"两种形式。"线上发放"定向优惠券需要添加客户，可以查看所有交易记录、加购物车或加收藏夹的客户，并进行筛选，给这些老客户或潜在客户发放店铺优惠券，建议卖家同时给客户发送优惠券营销邮件，刺激买家下单。

"二维码发放"定向优惠券要保存并下载二维码，建议卖家可以同时将二维码放在客户的包裹中，买家下载速卖通的手机客户端就可以扫码领取优惠券了，如图 7-4 所示。

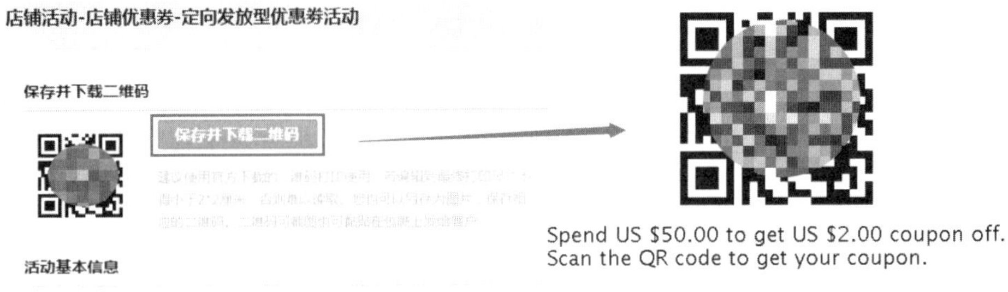

图 7-4 “二维码发放”定向优惠券的领取举例展示图

定向发放型优惠券在活动设置后即时生效，可设置限制条件或不限条件。与领取型优惠券不同，定向发放型优惠券是不会在店铺中展示的。

3. 金币兑换优惠券

金币兑换优惠券活动的创建与领取型优惠券相似，可设置限制条件或不限条件，不同的是金币兑换优惠券是增加店铺流量的一种手段。在活动开始后，卖家设置的优惠券信息将在无线端的金币频道（Coins& Coupons）向买家展示，买家可通过“金币兑换”领取优惠券，规则是 50 个金币兑换 1 美元，如图 7-5 所示。

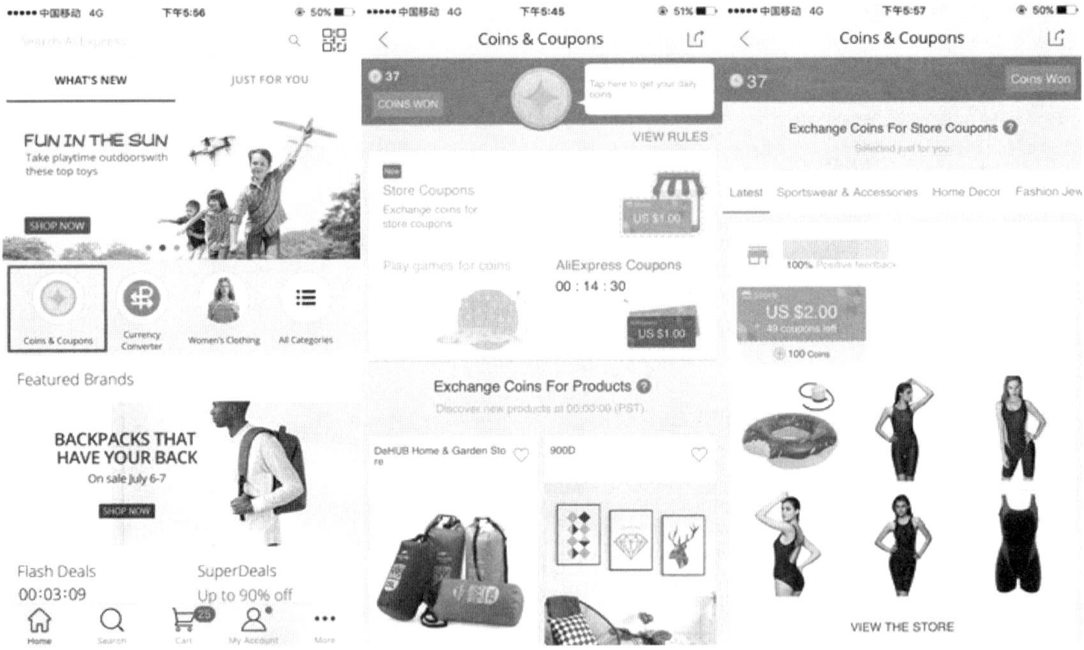

图 7-5 金币兑换优惠券举例截图

4. 秒抢优惠券

秒抢优惠券的活动时间可选择 2:00/8:00/14:00/20:00，结束时间为活动开始后的 2 小时。秒抢优惠券不能设置限制条件，通过无门槛的大额店铺优惠券吸引买家到店，可有效维持店铺的买家活跃度。秒抢优惠券设置后不会在店铺内呈现，只有报名相应的平台活动才会出现在平台活动的场景内，因此单独设置没有曝光渠道，需要结合平台活动才有曝光场景。

5. 聚人气优惠券

聚人气优惠券和秒抢优惠券一样，不能设置限制条件，也不会主动在店铺内呈现，会在一些平台活动中不定时获得相应曝光。买家需要拉其他买家帮其领取才能获得优惠券，因此可通过买家人传人的形式快速给店铺带来新流量。

二、店铺促销折扣

“限时限量折扣”“全店铺打折”“满立减”和“优惠券”是速卖通平台的四大店铺自主营销工具。图 7-6 是某产品设置店铺自主营销活动后的详情页展示效果。此外，平台还开发了“购物券”和“店铺互动”两种新的营销工具。卖家可在后台学习店铺活动教程，查看每一项活动资源的个数和时长。

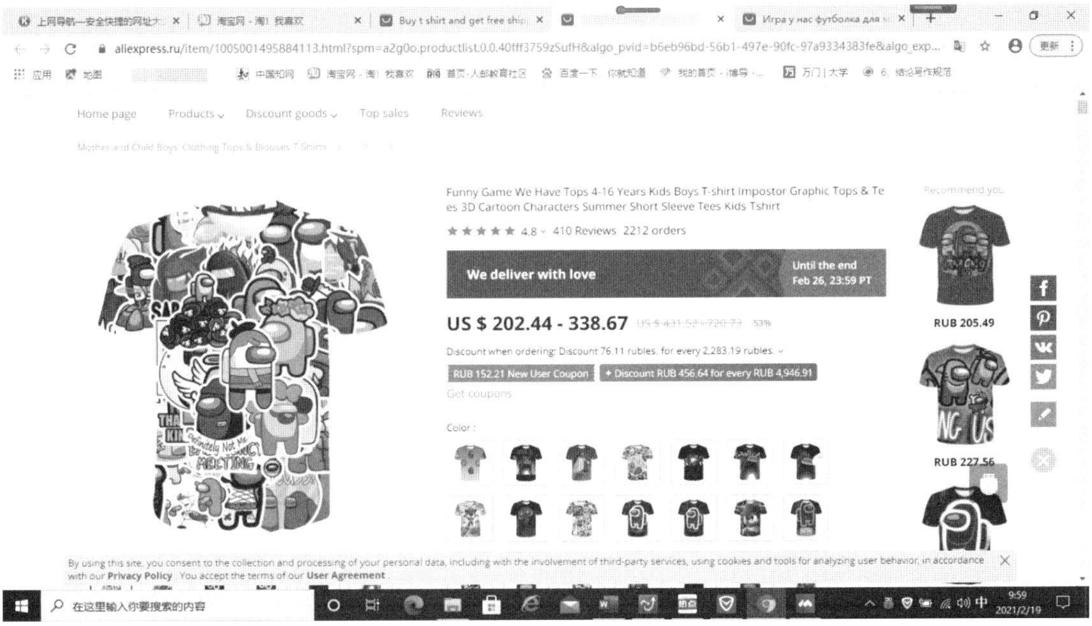

图 7-6 某产品设置店铺自主营销活动后的详情页展示效果举例截图

1. 限时限量折扣

（1）什么是限时限量折扣

限时限量折扣即选定店铺的某些商品在规定的时间区间内享受一定的折扣优惠。在此时间段内，商品不以原价而是以折后价进行销售。图 7-6 所示的产品销售价减免了 53%，并设置了结束时间。

限时限量折扣活动可配合产品满立减、优惠券等活动实现新品快速出单，打造爆款，清理库存，优化产品排名并提升转化率。

平台为了方便卖家和店铺粉丝的互动，增加粉丝黏性，限时限量折扣还增加了定向人群（店铺粉丝）的限时限量折扣活动，故每月限时限量活动数由 40 个增加到 60 个，活动时长额外增加了 960 小时。

（2）限时限量折扣的注意事项

限时限量折扣可跨月设置，但会同时占用 2 个月的活动数量，并扣减各自所占用的时长。比如，一个活动设置时间为 2021 年 1 月 31 日 00 : 00 到 2 月 3 日 23 : 59，这样 1 月和 2 月各会扣减 1 个活动数，活动时长分别会扣减 24 小时和 72 小时。

活动设置时间为美国太平洋时间。卖家可选择“实时发布”，即无须设置活动开始时间，活动创建后添加商品，可设置发布后 5 分钟内活动生效。卖家也可提前设置活动时间，但必须在活动开始前至少 12 小时完成活动商品创建。活动开始前 6 小时，商品将进入锁定状态等待展示，处于“等待展示”和“展示中”的产品只可编辑部分字段，如有错误，活动不能停止，只能下架商品。

活动折扣包括全站折扣和手机专享折扣。手机专享折扣可以不设置，如果设置，则必须比全站折扣至少低 1%。设置折扣要注意，参与限时限量折扣的产品价格会计入 30 天最低价，而在报名平台大促时须满足“30 天最低价”和“各行业最低类目折扣要求”的门槛，因此要注意控制商品的折扣。

限时限量折扣可单独或批量设置活动折扣和库存。活动开始后也可增加活动库存，如图 7-7 所示。

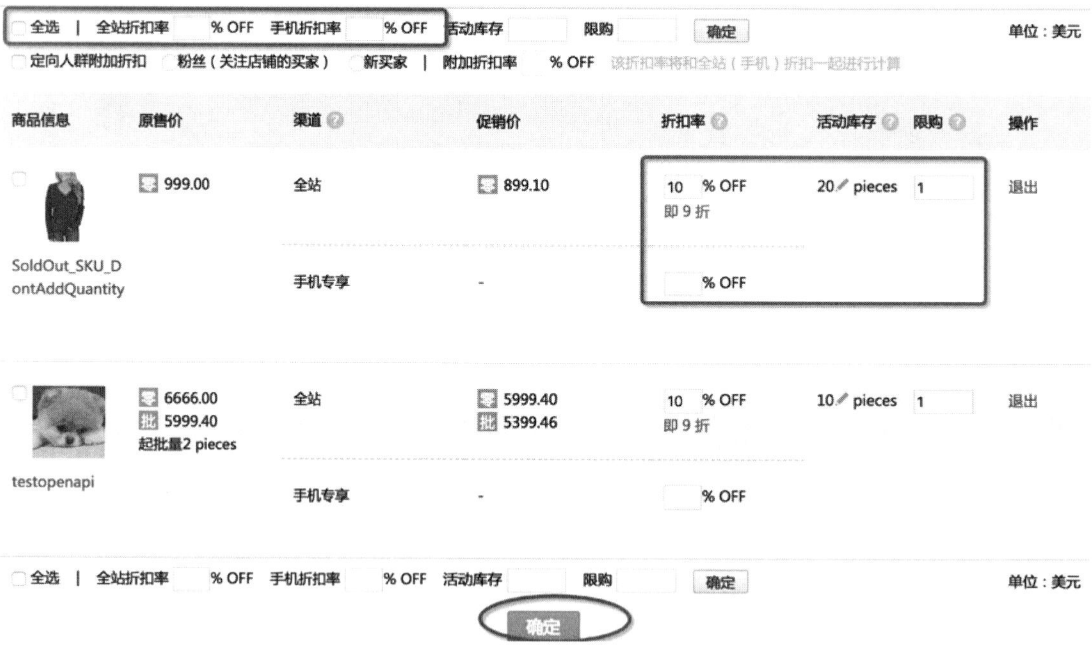

图 7-7　限时限量折扣设置举例截图

限时限量折扣活动与平台常规活动的优先级相同，商品不能同时参加这两个活动；限时限量折扣活动的优先级高于全店铺打折活动，当两个活动重叠时，优先展示限时限量折扣；限时限量折扣活动可与店铺满立减和店铺优惠券活动同时进行，产生叠加优惠，促使买家下单。

（3）限时限量折扣的设置技巧

限时限量折扣有“限时”和“限量”两个方面，因此活动应当设置少量多次，时间不宜过长，活动库存不宜过多。时间短、活动库存少，可以营造紧张的促销氛围，促使买家下单。但卖家同时也应时刻关注活动库存，若活动期内商品活动库存售完应及时补充。

由于活动资源有限，因此要选择表现较好的商品及时加入限时限量折扣，并做好跟踪。卖家应根据店铺的流量规律和主推市场来确定商品的流量高峰时段，以此作为活动的起始时间。

2. 全店铺打折

（1）什么是全店铺打折

全店铺打折是以“营销分组”为依据，不同组别设置不同的折扣率，可覆盖店铺所有商品的营销活动。卖家要注意“营销分组”与“商品分组”的区别。“营销分组”是以商品折扣为依据的分组，同一组别的商品设置相同的全店铺折扣率。“商品分组”是以商品类别、名称为依据的分组，方便卖家进行分类管理，也方便买家进行商品查找。不在营销分组的商品会被系统自动分配到 other 组内。

全店铺打折的展示效果和限时限量折扣一样，但优先级比限时限量折扣低。

（2）全店铺打折的注意事项

全店铺打折需在活动开始前至少 24 小时设置，活动开始前 12 小时进入锁定状态。全店铺打折每月活动有 20 个，30 天的月份活动时长为 720 小时（30×24），31 天的月份活动时长为 744 小时（31×24）。全店铺打折可跨月设置，但会同时占用 2 个月的活动数量，并扣减各自所占用的时长。

全店铺打折与限时限量活动不同，不设置独立的活动库存，售卖时直接扣减商品库存。除平台大促活动外，全店铺打折不要求所有营销分组（包括 other 组）必须打折，只需至少设置一个组别即可成功提交。

为避免卖家提高原价、虚假打折的情况，更好地提升买家的购物体验，平台针对各行业设置了适合行业情况的全店铺活动打折上限，如一级类目“服装/服饰配件”（Apparel Accessories）的折扣上限为 50%，即无线端和全站折扣都不能低于 5 折。因为每个行业的折扣上限都不一样，所以应尽量按照类目进行营销分组，以免活动设置失败。

3. 满立减

（1）什么是满立减

满立减活动针对店铺的全部或部分商品，在买家订单中，若订单中商品的总额超过了其设置的优惠条件（满 X 元），则在买家支付时系统会自动减去优惠金额（减 Y 元）。

（2）满立减的作用

设置满立减可以刺激买家为了达到优惠条件多买，从而提升销售额，拉高平均订单金额和客单价，因此卖家应计算店铺的客单价，设置合理的促销规则。例如，某店铺的客单价是 80 美元，可设置成满 100～120 美元的满减条件，但如果设置过高就形同虚设了。

满立减可以对指定商品实施优惠，且其最终成交价格不计入最低价，可用于新品快速出单。

（3）满立减的注意事项

满立减活动不仅可以支持全店商品维度进行创建，也可以针对部分商品进行设置。每月活动总数为 10 个，总时长 720 小时（30 天）。满立减活动与前两种店铺自主活动不同，不可跨越设置。满立减活动须至少提前 24 小时进行设置。

满立减条件可设置为单层级或多梯度满减。单层级满立减支持优惠累加的功能。例如，当促销规则为满 100 减 10 时，则满 200 可减 20，满 300 可减 30，依次类推，上不封顶。选择“多梯度满减”，则需要至少设置 2 个梯度、最多可以设置 3 个梯度的满立减优惠条件；多梯度满立减设置时需要满足以下两个条件：第一，后一梯度的订单金额必须大于前一梯度的订单金额；第二，后一梯度的优惠力度必须大于前一梯度，如满减第一梯度设置为满 100 美元立减 10 美元（即 9 折），则满立减第二梯度设置的单笔订单金额必须大于 100 美元，假设设置为 200 美元时，则设置对应的满立减金额必须大于等于 21 美元（即 8.95 折）。

满立减活动的订单金额包括商品的折后价和运费。由于满立减可以和任意活动叠加使用，卖家要注意核算利润率，可优化店铺的商品价格和品类，设置不同的搭配组合。例如，某店铺的满减规则是满 100 美元减 10 美元，而店铺大部分商品的价格为 80 美元左右，则可以巧妙插入价格为 20～40 美元的关联商品让买家凑单。

拓展练习

利用速卖通模拟教学平台，选择合适的商品，进入速卖通后台，分别设置限时限量折扣、满立减、优惠券等店铺促销活动。

任务二　跨境电商平台活动

任务描述

平台活动是指由平台组织、卖家参与的、以促进销售为主要目的主题营销活动。平台活动通常是在特定的行业、特定主题下实行的，它能快速增加店铺曝光率、点击率和转换率，是一种行之有效的促销方式，并且适用于店铺发展的不同阶段。本任务带跨境卖家掌握参加跨境平台活动的基本步骤，了解参加跨境平台活动的注意事项。

学习目标

1. 了解速卖通平台活动常见的类型。
2. 掌握参加跨境电商平台活动的基本步骤，学会跨境电商平台活动的报名流程。
3. 了解参加跨境平台活动的注意事项。

任务分配

本任务分两组进行，每组由一位组长和若干组员构成，组员在组长的带领下，根据【任务准备】板块的若干引导问题进行任务分工，了解速卖通平台活动常见的类型，掌握参加跨境电商平台活动的基本步骤，学会跨境电商平台活动的报名流程，了解参加跨境平台活动的注意事项。

任务准备

引导问题 1：跨境电商平台大促活动都有哪些类型？请举例说明。

引导问题 2：跨境电商平台活动如何报名？

任务实施

一、参加跨境平台活动的基本步骤

以速卖通为例。所谓“平台活动”，就是速卖通平台在某个时段或特定节假日，整合相关资源，利用专门设立的特定频道，或是给予特殊的推广渠道资源，以达到促进销售的目的。它能快速为店铺带来大量的流量和曝光度，而且转化率较高，是店铺营销的利器之一。

1. 平台活动的常见类型

目前，速卖通平台活动一般分为国家站团购、秒杀、行业热销品和新品、应季主题活动、大型促销活动等。活动的名称和方式会随时变化，每期活动都有其不同的消费客户群及活动特色，所促销的商品和要求也不相同，所实现的效果也会有所不同。

（1）国家站团购

针对主要国家市场，速卖通平台开放单独的国家团购页面，目前所对应的国家（地区）并不多，主要有俄罗斯、巴西、印度尼西亚和西班牙 4 个国家。

俄罗斯团购是最具代表性的，整个活动的流量也非常大。报名条件要求较高，还要求卖家尽快发货，最大可能地给买家以最优的购物体验。严禁提价销售，团购商品要求一口价。如果商品折扣力度大，库存多，在审核的时候，平台会优先考虑。

参加俄罗斯团购，选品要体现出商品的优势，主要表现在商品的历史成交量、好评率、日均销量等方面，可以参考以下几个标准：

① 选择爆款品类且近期俄语系销量多的商品。

② 商品热销价格在 1.5～20 美元为宜。

③ 选择的商品一定要有品牌。

④ 尽量选择单属性的库存量单位（Stock Keeping Unit，SKU）。

⑤ 商品的折扣力度大，从报名至活动结束前都不能出现价格低于或等于报名活动价格的情况。

⑥ 最好不要选择首页评价中有两个差评的商品。

⑦ 平台对商品有疲劳度控制，不要重复报名。

卖家可以通过俄罗斯团购官网进入对应的品类查看每期活动都有哪些商品，了解平台会选什么样的商品上俄罗斯团购，帮助自己选品。

印度尼西亚和西班牙团购招商的条件要求较低，比较适合平台的中小卖家和刚开张不久的新店铺。针对单一国家的团购活动是卖家打开这些国家市场的敲门砖。

（2）秒杀

为了更好地提升活动流量，提高商品曝光率，速卖通平台将“无线抢购”和“Super Deals”

活动合并升级，推出“Flash Deals”。“Flash Deals”在买家版首页的入口非常明显，如图 7-8 所示。

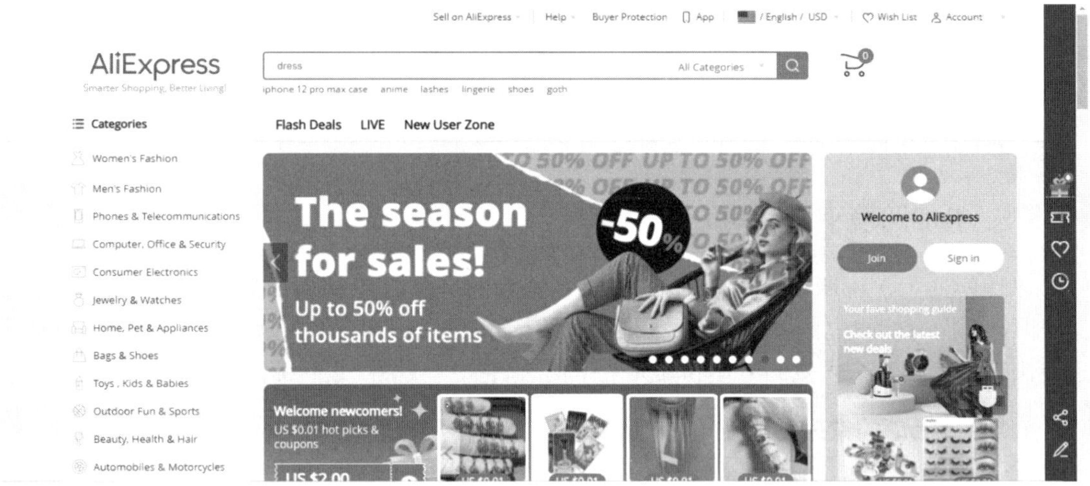

图 7-8 买家版首页的“Flash Deals”位置截图

（3）行业热销品和新品

针对不同行业的热销品和新品，速卖通平台会定期在首页相关类目的推广模块中投放资源。热销品和新品可以在搜索结果页面以专辑的形式显示。点开专辑后，将出现热销品集中展示页面。

为了打造多元化的、丰富的行业市场，速卖通大 FASHION 行业力推卖家上新品，平台对新品给予更多的关注和流量支持。女装、男装、配饰、鞋、包、珠宝、手表、婚纱礼服、扮演服等品类均属于大 FASHION 行业，首次上架到店铺的新款（店铺老款重发不算，平台已有老款不算）可受到平台力推，享受更多资源的扶持。新品图片要求主图无水印、无拼图。

（4）应季主题活动

对于周年庆、情人节、万圣节等各类节日和活动庆典，速卖通平台都会推出相应主题的促销活动，且在买家版首页上占据的推广位置非常明显。

（5）大型促销活动

通常平台大型促销活动一般每年会开展 3 次。根据实际情况，平台会适当地增加或减少活动次数。大型促销活动促销力度很大，流量也非常大。

目前速卖通平台大型促销活动主要有年初的 Shopping Festival、年中的 Superova Sale 及年底的 Double Eleven Carnival（“双十一”）。从活动促销的力度来看，Double Eleven Carnival 促销力度最大，同时流量也是最大的。

每次的大型促销活动都是平台精心策划准备的，吸引了大量的商家和优质的商品，流量也很大，因此促销活动的效果远远高于其他的营销活动。活动中商品销量都会计入商品搜索排名评分当中。活动的大量流量能为单品带来大量的销量，快速提升商品的搜索排名。

平台大型促销活动的类型有秒杀活动、主会场五折活动、分会场活动、主题馆、优质店铺推广活动、全店铺折扣活动和“海景房”。

其中，“海景房”是 Double Eleven Carnival 推出的一种新的活动类型，位于主会场顶端的正中间，在 Double Eleven Carnival 活动中很容易引入相当多的流量。但是“海景房”的申报非常严格，审核标准也非常高，主要针对一些实力非常强、商品销售量高、商品质量好的卖家，收费标准很高，按卖家的出价将其店铺展示在活动页面的不同位置、不同时段，每次展示按小时收费。因此，“海景房”比较适合大卖家参加。

在其余类型的活动中，主会场五折活动的流量是最大的，活动报名要求也相对低一些，因此是一些中小卖家重点争抢的活动。活动的审核标准主要是商品的综合排名，综合排名越高，越容易申请成功，而且还能获得优等的展示位置。因此，很多商家在活动前都会对商品进行优化，做各种活动“亏本冲销”，以提高单品的综合排名，达到主会场五折活动的审核标准。

2. 参加平台活动的步骤

阿里巴巴速卖通的平台活动是专门为卖家提供的一项引流推广服务，是完全免费的，不过有的活动需要满足一定的条件才有资格参加。卖家可以在平台的营销中心板块浏览当期的活动内容，自主选择符合条件的活动进行报名。如果平台审核通过，卖家申报的商品就会被平台活动推广，获得大量的免费流量。

（1）报名前的准备

平台活动一旦报名参加，中间就不允许退出，一直到整个促销活动结束。参加活动的商品审核主要分为两个流程：先由系统自动审核，主要是审核一些硬性指标，如销量、转化率等；系统筛选出符合报名条件的商品后，再交由人工审核，人工审核主要审核商品的活动主图、详情信息等。因此，做好报名前期的准备工作非常重要。

① 选品。选择需要推广的并且符合平台活动报名要求的商品。如果选择的商品不符合要求，那么活动审核的第一关都过不了。这就需要认真阅读平台活动的相关细则。

② 商品优化。选择好合适的商品后，需要对商品进行优化，如商品的标题创意优化、关键词优化、价格优化、详情页面优化等，不断地提升商品的信息质量，增加商品入选的可能性。

③ 完善供应链环节。检查商品的实际库存与参报活动的商品数量是否保持一致，两者一定要做到准确无误。因为活动报名成功后，如果商品的品质较好、深受买家的青睐，那么将会产生大量的订单。若实际库存不够，补货不及时而影响到发货时间等，就会产生大量的订单纠纷问题，一环扣一环，这对卖家来说得不偿失。所以，在报名时一定要注意商品数量之类的细节问题，避免带来不必要的麻烦。

（2）报名流程

每一期的平台活动招商中，卖家都可以在卖家后台的“营销活动”版块下的“平台活动”栏目中找到报名入口。通过点击“营销活动”，进入平台活动界面，可以查看是否有适合自己报名的活动，如图 7-9 所示。

如果不符合报名条件，系统会显示不符合的原因。一般情况下，参加平台活动需要有一定的销量和评价的产品，同时设置的折扣需要符合平台活动的相关要求，所选的产品和类目也要符合活动的要求。

图 7-9　平台活动报名界面举例截图

可以通过筛选栏找到符合自己要求的平台活动，查看活动报名要求，找到符合要求的活动进行报名。具体步骤如下：

① 登录“我的速卖通”，点击“营销活动”的“平台活动”。仔细阅读活动描述和活动其他信息后，选择感兴趣的活动，点击“立即报名”来报名参加。

② 阅读活动信息后，点击“选择商品”来选择要加该活动的产品，如图 7-10 所示。

图 7-10　选择商品举例截图

③ 通过对产品列表右侧的小方框打钩，来实现对产品的选择。选择好商品后，点击“确定”按钮。

（3）报名时的注意事项

① 活动价格。不同活动的价格也不一样，具体信息可以参考活动相关细则。

② 活动库存。一定要注意参与活动的商品数量，也就是活动商品的库存量。因为活动报名成功后，库存信息是不能修改的，即使订单数量超出了实际的库存数量，活动还是会继

续。具体情况可以参见不同活动所要求的库存量。

③ 运费模板。注意每个活动对商品包邮情况的要求。例如，在团购活动中，俄罗斯团购要求必须对俄语系国家包邮，巴西团购要求对葡语系国家包邮，因此在活动报名时，一定要仔细检查运费模板是否符合活动要求，如果有遗漏或信息不完善一定要尽快调整。活动报名成功后，运费模板是不能修改的，如果不符合要求，在审核中将会直接被淘汰。

④ 提前报名。平台活动的报名数额是有限的，为了避免在同一时间段与别的卖家竞争抢机会，应尽量提前报名，先到先得，从而提升入选的可能性。

（4）报名成功后的管理

活动报名成功后，并不代表就可以等着订单出现、等着收钱了。卖家还要对产品、店铺、活动等做好管理，做好充分的接单准备和售后服务准备等。

首先，需要对店铺进行装修，附上活动的海报，并通过用户的购物车、收藏夹等给予活动的相关提醒，通过优惠券、满立减等营销活动配合平台活动，积极开展促销，实现流量的最大化，提高商品的转化率。

其次，提高客服服务质量，增加客服人数和在线时长，提升客服回复速度，并且还要注意不同国家（地区）的时区、时差，知悉顾客网络购物的高峰时段，做好准备工作，避免发生“拥堵现象”。

最后，积极做好售后服务工作，及时发货，注意与买家之间的交流沟通，提升客户购买体验和服务体验，提升好评率，提高客户的回头率。

二、参加跨境平台活动的注意事项

对于卖家来说，平台活动是一个绝佳的销售机会。卖家要想抓住活动机会，让店铺营业额实现跨越式的增长，就需要做好以下几个方面的工作。

1. 清楚活动要求

不同的活动，参加的条件会略有不同。卖家可以登录平台活动报名的详情页面查看对应的活动要求，如渠道要求、价格门槛、支付时限、商品销售量、好评度及图片要求等。平台资源是有限的，报名参加活动的卖家众多，竞争十分激烈。在这种情况下，卖家就需要事先做好准备，在平时就要努力提高店铺经营等级，使各个指标符合活动的要求，这样入选的概率就会大很多，而且参加活动后的效果也较好。

2. 确定活动审核时间

清楚活动的审核时间，在审核时间截止之前完成报名。建议在招商开始时间一个星期内完成报名，以方便平台工作人员审核。

3. 做好商品优化

事先将商品优化好，比如商品的主图、标题、价格等。商品图片要清晰、美观，商品详情页的描述要详细。尤其是需要将价格设置好，留有足够的优惠空间。一般活动的力度都比较大，有些折扣都要达到 50%以上，这种情况下就要考虑商品的利润率是否有足够的折扣空间。

4. 准备好商品库存

事先也要准备好库存，因为一旦参与活动，销量相对而言是很大的，所以一定要防止由于库存不够而发生成交不卖的情况，更重要的是不能浪费了极好的展示机会。

5. 做好宣传推广

还可以事先利用电子邮件或是其他手段通知老客户，或是通过各种手段广而告之，以增加活动效果。活动开始后，要及时催款，及时发货，及时总结，以便使活动落到实处。

拓展练习

以速卖通“双十一”大促活动为例，查找卖家参加活动需要具备哪些条件，并对该活动报名做一个详细的规划。

任务三　跨境电商网络营销

任务描述

跨境电商站外引流常见的方式有搜索引擎营销、社交媒体营销等。搜索引擎营销包括竞价排名、购买关键词广告和搜索引擎优化，其中搜索引擎优化因其低成本和高效率而备受广大卖家重视。社交媒体营销的形式丰富，它是依托各社交媒体网站或网络红人而进行的内容营销，是当下流行的网络营销方式。本任务就带跨境电商了解并掌握搜索引擎营销和社交媒体营销的方法和技巧。

学习目标

1. 掌握搜索引擎营销的方法。
2. 掌握社交媒体营销的方法和技巧。

任务分配

本任务分两组进行，每组由一位组长和若干组员构成，组员在组长的带领下，根据【任务准备】板块的若干引导问题进行任务分工，分别完成运用搜索引擎工具（如谷歌）进行引流及运用社交网站进行引流的认知和基本应用。

任务准备

引导问题 1：跨境电商站外引流的方法有哪些？请举例说明。

引导问题 2：如何运用搜索引擎工具进行引流？以谷歌为例进行说明。

引导问题 3：国外比较流行的社交网站有哪些？请举例说明。

任务实施

一、搜索引擎与 SEM

1. 搜索引擎营销介绍

搜索引擎是近二十年来互联网行业发展最为迅速的领域之一。互联网就好像一个巨型的网络图书馆，在这个网络图书馆里存在着并且时时刻刻都在产生着大量的信息。数以亿计的信息远超出了人类的想象与掌控。如果没有搜索引擎，那么人们将难以找到想要的目标信息。

搜索引擎营销（Search Engine Marketing，SEM）是一种网络营销形式。SEM 所做的就是全面而有效地利用搜索引擎来进行网络营销和推广。SEM 追求最高的性价比，以最小的投入，获得最大的来自搜索引擎的访问量，并产生商业价值。

SEM 一般包括竞价排名、购买关键词广告和搜索引擎优化。

（1）竞价排名

竞价排名，顾名思义，就是网站付费后才能被搜索引擎收录，付费越高者排名越靠前。竞价排名服务，是由用户为自己的网页购买关键字排名，按点击计费的一种服务。用户可以通过调整每次点击付费价格，控制自己在特定关键字搜索结果中的排名，并可以通过设定不同的关键词捕捉到不同类型的目标访问者。

（2）购买关键词广告

购买关键词广告即在搜索结果页面中显示广告内容，实现高级定位投放，用户可以根据需要更换关键词，相当于在不同页面轮换投放广告。

（3）搜索引擎优化

搜索引擎优化就是通过对网站优化设计，使得网站在搜索结果中靠前。搜索引擎优化又包括网站内容优化、关键词优化、外部链接优化、内部链接优化、代码优化、图片优化、搜索引擎登录等。

2. 谷歌的运用

Google 搜索引擎是世界上最大的搜索引擎之一。谷歌广告（Google AdWords）因为广告流量巨大，很多跨境电商卖家将其作为一个海外营销推广的手段之一。Google AdWords 是一种适用 Google 关键词广告或 Google 遍布全球的内容联盟网络进行推广的付费网购推广方式，它可以选择文字、图片和视频广告等多种广告形式。

Google AdWords 可以投放 5 种类型的广告，分别是搜索广告（Search）、展示广告（Display）、购物广告（Shopping）、视频广告（Video）、应用推广广告（Universal App）。

（1）搜索广告

搜索广告是有人搜索才展示的广告。当用户对某些关键词进行搜索时，相应的文字广告会出现在用户的搜索结果中（可设置仅限谷歌搜索引擎或包括谷歌的合作伙伴）。

其工作原理是根据用户搜索的字词或词组与广告设置的关键词进行匹配，相匹配且质量较高的广告可能会在用户搜索结果中得到展示。例如，某卖家销售 truck，就可以在 AdWords 广告系列中将“purchase truck”添加为关键字，当用户在 Google 搜索中输入“purchase truck”时，卖家的广告就可能会出现在搜索结果页上。

（2）展示广告

展示广告是向广告投放者定位的特定群体或网站展示广告，使广告出现在众多网站、移动应用和视频内容中。Google 展示广告网络包含 200 万家网站，覆盖全球 90%以上的互联网用户。展示广告可以设置自适应广告、图片广告、互动广告、Gmail 广告等。

投放者可以按照特定受众群体来有针对性地展示广告，如曾经访问过网站的用户、将产品加入购物车但未下单的用户、可能有意向购买特定产品的用户、具有明显受众特征的用户（年轻妈妈）等。

投放者也可以定位内容来使广告展示在特定类别内容的网页或网站上。例如，卖瑜伽袜的广告，投放者可以将定位广告展示在瑜伽博客上。

（3）购物广告

购物广告是将包含产品照片、名称、价格、商店名称等的广告展示在用户的搜索结果中。

购物广告的投放需要投放者设置 Google Merchant Center 账户，并将其与 Google AdWords 账号绑定。

（4）视频广告

视频广告是指可以在 YouTube 上或整个 Google 展示广告网络上展示视频的广告。视频广告分为 3 种：TrueView in-stream ads、TrueView video discovery ads 和 Bumper ads。

① True View in-stream ads。True View in-stream ads 即插播广告，可选择在其他 YouTube 视频播放前、播放中或播放后投放，也可以在整个展示广告网络的网站、游戏或应用中投放，还可以在嵌入其他网站的 YouTube 视频中投放。视频播放 5 秒之后，观看者可以选择跳过广告。

② True View video discovery ads。此种广告只限于在 YouTube 内投放。当用户点击广告的缩略图时，广告视频会在 YouTube 或频道主页上播放。由于此广告的外观取决于具体视频所支持的广告尺寸和广告格式，所以外观会有区别。

③ Bumper ads。这是一种短视频广告格式，可利用它来吸引客户，提升品牌认知度。此类广告的时长为 6 秒或更短，且观看者无法选择跳过广告。

（5）应用推广广告

此类广告主要用来推广 App，吸引用户下载使用。与其他广告不同的是，此类广告不需要投放者设置具体的广告，只需提供一些文字、设置起始出价和预算、定位语言和地理位置即可，然后系统会对不同的广告组合进行测试，选择投放效果最佳的广告并频繁投放。应用推广广告的展示位置包括 Google Search、Google Play、YouTube 和 Google display network 等。

二、跨境电商社交媒体营销技巧

1. 什么是社交媒体营销

社交媒体营销（Social Media Marketing）是指利用消费者在博客、论坛、在线社区、百科和其他社交媒体平台上发布的内容来进行营销推广和客户服务维护开拓的一种方式。与搜索引擎、电子邮件等其他网络营销方式相比，社交媒体营销以信任为基础的传播机制和用户的高主动参与性，更能影响网民的消费决策，并且为品牌提供了大量被传播和被放大的机会。社交媒体用户黏性和稳定性高、定位明确，可以为品牌提供更细分的目标群体。目前，社交媒体营销的市场仍在不断扩大，成了一种全新的商业竞争模式。

国际上具有代表性的社交媒体平台有 Meta、Twitter、Instagram、Pinterest、VKontakte（VK）、LinkedIn、YouTube、色拉布（Snapchat）和汤博乐（Tumblr）等。速卖通平台在商品详情页为用户提供了一键分享到各大社交平台的功能，如图 7-11 所示。

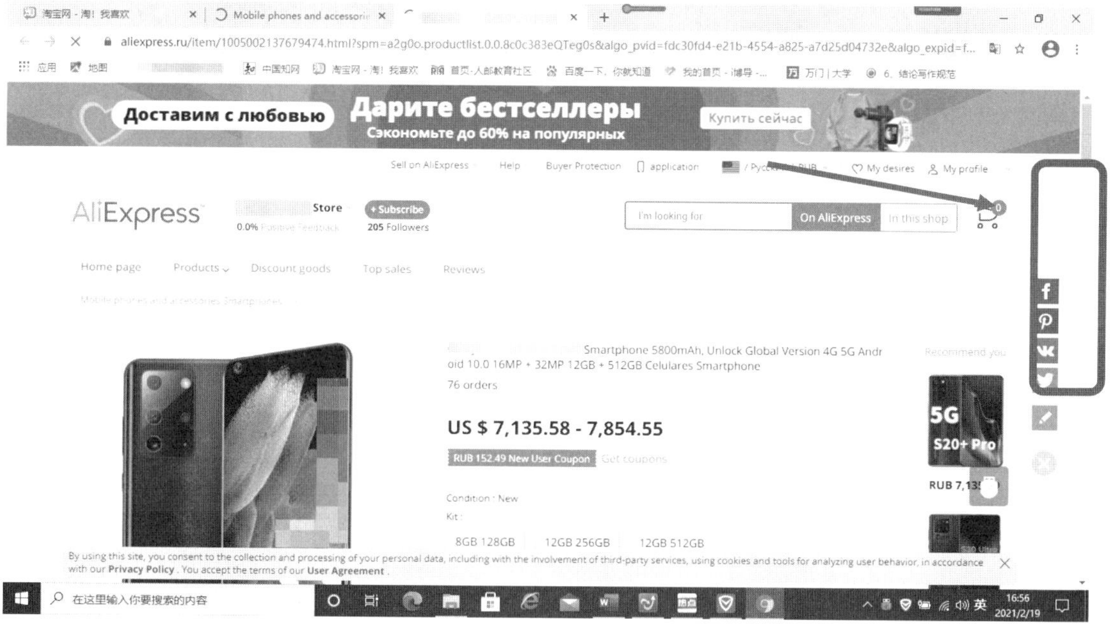

图 7-11　速卖通商品详情页一键分享各大社交平台举例截图

2. 主要社交媒体平台介绍

（1）Meta（原 Facebook）

Meta 于 2004 年 2 月 4 日在美国正式上线，主要创始人为马克·扎克伯格。Meta 目前已拥有 21 亿活跃用户，是全球第一大社交网站。Meta 公司创立并收购了相关的商品服务加入 Meta 家族，对社交领域的各类商品形态进行了布局，如图 7-12 所示。

Meta 营销的最大特点是以人为本的精准。通过页面信息，卖家可以清楚了解客户的基本情况、兴趣点，从而判断这个客户是不是自己的目标消费群体。因此，卖家可以根据自己经营的品种，有选择地进行客户筛选，以达到时间、精力、成本的效用最大化。

（2）Twitter（推特）

Twitter 是由杰克·多西在 2006 年 3 月创办，并于当年 7 月启动的一家美国的社交网站，是全球互联网上访问量最大的十个网站之一。Twitter 是微博的鼻祖，最初它为突出“微”，讲究言简意赅，限制用户发送不超过 140 个字符的消息，称作“推文”（Tweet），现此限制已被取消。

图 7-12　Meta 家族产品说明图

Twitter 虽没有 Meta 那么广泛的用户群体，但它有自己的优势：在 Meta 上，广告会显示在新闻资讯或是桌面右侧，而在 Twitter 上，广告会显示在时间线上，即屏幕中心位置，能吸引更多的用户；与 Meta 复杂的广告界面相比，Twitter 的广告界面体现了很高的用户友好性，通过信息中心和广告界面可以轻松创建广告。

（3）Instagram（照片墙）

Instagram 由 Kevin Systrom 和 Mike Krieger 于美国旧金山联合创办，2010 年 10 月正式上线，随后用户迅速增长。Instagram 以一种快速、美妙和有趣的方式让用户彼此分享抓拍下的图片。Instagram 的使用群体非常广泛，演艺圈艺人、时尚博主、网络红人都在使用 Instagram 发布自己的生活照、街拍照等，是时尚类品牌的良好营销渠道。

（4）Pinterest（拼趣）

Pinterest 由美国一个名为 Cold Brew Labs 的团队创建，于 2010 年正式上线，是世界上最大的图片社交分享网站之一。网站采用瀑布流的形式展示图片，无须用户翻页，在页面底端不断加载新图片。网站允许用户创建和管理主题图片集合，如按照事件、兴趣和爱好等分类的图等集合。

（5）VKontakte（VK）

VK 是俄罗斯最大的社交网站，功能类似于 Meta。除俄罗斯外，VK 还是乌克兰、白俄罗斯、哈萨克斯坦等俄语系国家的主流社交媒体平台。此外，VK 也推出了多语言版本，让其他国家或地区的用户也可在平台与俄语系市场的客户进行互动。俄罗斯是中国跨境电子商务的重要市场之一，因此 VK 也成为跨境电子商务营销人员的必争之地。

（6）LinkedIn（领英）

LinkedIn 于 2002 年 12 月在美国成立，2003 年启动上线，是全球最大的职业社交网站，其全球会员人数已超过 5 亿。LinkedIn 致力于向全球职场人士提供沟通平台，并协助他们发挥所长，打造专属人脉。2016 年 6 月，LinkedIn 被微软全资收购。

LinkedIn 不仅是跨国求职的重要利器，还为品牌与商品推广提供了优质曝光的精准渠道。Meta 有粉丝页；而 LinkedIn 有公司专页，公司专页可以完整地呈现公司及商品介绍，定期更新公司动态，让感兴趣的用户追踪、评价和推荐，还可以链接公司员工的简历，增加公司的曝光度与影响力。

LinkedIn 广告主要有动态赞助（Sponsored Updates）和文字广告（Text Ads）两种。前者是付费让自己公司的动态消息让更多人看到；后者是以简单的图文广告形式展示在网站的右侧，或以纯文字的形式出现在网站搜寻列下方，并通过广告将用户导入到公司专页或公司网站。收费方式有按照点击收费和按照曝光次数收费两种。

（7）YouTube

YouTube 是由美籍华人陈士骏等人于 2005 年创立的视频网站。2006 年 11 月，Google 公司收购了 YouTube，并把它当作一家子公司来经营。作为当前行业内领先的在线视频服务提供商，YouTube 拥有 10 亿的活跃用户，接近全球人口的 1/7。YouTube 的系统每天要处理上千万个视频片段，为全球用户提供高水平的视频上传、下载、分发、展示和浏览服务。

3. 社交媒体营销技巧

社交媒体营销的三大技巧主要包括：事件营销、红人营销、信息流与瀑布流营销。

（1）事件营销（Event Marketing）

卖家可以通过 Meta、Instagram 或 Twitter 等渠道制造营销型事件，引起用户关注，并通过引发持续关注、发酵事件增加用户的兴趣。卖家可以输入品牌故事，以品牌价值渲染提升影响力；也可以通过各种不同渠道的“再营销”（Remarketing）去促进销售，分享已购买用户的体验及心得，引爆商品卖点。

（2）红人营销（KOL Marketing）

有调查显示，不同地区、不同领域的 KOL 在精准触达目标消费者上有明显优势。94% 的广告主肯定 KOL 的推广效果，足以证明其影响力；近一半（49%）的 Twitter 和 Instagram 用户会参考 KOL 的推荐，借助达人/红人的影响力营销成了 2017 年增长最为迅速的营销推广渠道，预计未来仍会持续增长。

（3）信息流与瀑布流营销

信息流是以信息为内容排列展示出去的模块，广义上指在空间和时间上向同一方向运动的一组信息。它们有共同的信息源和信息的接收者。瀑布流就像瀑布一样，源源不断地给用户展示东西，视觉表现为参差不齐的多栏布局，随着页面滚动条向下滚动，典型例子是将推广的商品直接发布到 Pinterest 上面进行分享。

拓展练习

1．选择一家跨境店铺，为其撰写搜索引擎营销方案。

2．注册一个 YouTube 账号，并在自己的 YouTube 账号中对一个跨境店铺进行推广。

拓展阅读

亚马逊新品如何做营销推广

2019 年，亚马逊的规则频频做出改变，亚马逊卖家们的新品也越来越难做了，因为新品有红利期，如果数据好，很容易成为爆款。所以，无论是新卖家还是老卖家，新品的推广都是至关重要的。亚马逊新品如何做营销推广呢?

1. 做好产品的前期准备

亚马逊新品推广思路的第一步,需要在新品上架之后做好亚马逊新品推广的前期准备,尤其是Listing的优化:标题、五点描述、关键词和图片这四个要素一个都不能少。

标题要突出重点,把主要关键词嵌入标题,避免多余、重复、累赘。如果产品是品牌商品,可以把品牌名称放在第一位。关于五点描述,一定要摆放产品最重要的几个亮点,并在语句通顺的前提下尽量将关键词糅合在一起;而图片的选取要恰当,主图要符合亚马逊平台的要求,也要做到醒目,让消费者能够通过图片了解产品的功能、卖点等。

2. 使用亚马逊FBA发货

亚马逊新品推广思路的第二步,就是使用亚马逊FBA发货。因为使用FBA发货,可以增加listing曝光,吸引更多的prime流量。亚马逊还会针对送货速度来决定优先展示谁的listing。所以,使用FBA发货,产品的关键词搜索权重会加大,能够提高listing排名,帮助卖家获得黄金购物车,提高客户的信任度。

3. 确定推广的主要关键词

确定亚马逊新品推广的主要关键词,并在亚马逊站内做seo排名优化。卖家可以通过在亚马逊上搜索,亚马逊会有相关词推荐,或者查看同类产品的标题review、类目;使用关键词挖掘工具挖掘关键词,通过这些渠道挖掘出来的关键词可以作为借鉴。

4. 做好站内PPC付费推广

站内PPC付费广告作为站内排名第一的付费流量来源,一直都是亚马逊新品推广中迅速争取曝光量、累积关键词的有效途径。在新品上架后,根据关键词开始投放PPC广告活动,而当产品进入稳定期后,通过PPC广告带来的大量访问,不仅可以帮助卖家赢得客观的利润,还能因为PPC带来的点击和订单而提升站内排名。

关键词的匹配程度、listing的匹配程度、listing的表现都会影响广告的效果,一方面通过付费广告直接获取订单和流量,另一方面根据广告的表现来调整listing。

5. 合理利用EDM邮件营销

亚马逊EDM邮箱营销是新品推广非常好用的一个手段,也是大卖家常用的手段。因为国外的客户都喜欢用邮件沟通。那么收集精准客户的邮箱,然后撰写一套高效的新品开发信,让潜在客户被邮件中的新品吸引,然后最大限度地发挥邮件营销的作用。当然,小卖家也要多学习掌握好发邮件的时间、标题、内容等技巧,更好地提高新品的曝光机会和销量。

6. 使用各大社交平台引流

亚马逊站外推广可使用的社交平台就比较多了,比如大家所熟知的Meta、Youtube、Twitter、Instagram、Pinterest、Reddit和Linkedin等。其中亚马逊的第一大流量来源就是Youtube,而同样排在流量来源前十的还有Meta、Pinterest。所以,卖家可以好好考虑如何利用这些社交平台资源去推广新品。

项目八

跨境物流和海外仓

跨境电商物流的发展与跨境电子商务的发展是互相影响的，跨境电商的发展促进着跨境物流行业发展速度的增长。跨境物流是跨境电商的重要内容，该如何选择物流方式和物流服务商也成为不可回避的重点问题。本项目将对目前国际上比较常用的跨境物流方式进行分类对比，然后讲解如何计算跨境物流运费，并学习认识海外仓。

任务一　跨境物流方式分类与选择

任务描述

高质量的商品、高效的物流、良好的服务、优质的推广等都是跨境电商行业不可或缺的组成环节，其中物流更是卖家广泛关注的对象。好的物流意味着卖家降低成本、缩短运期、货物能够快速送达，买家能获得良好的购物体验，这些都将给卖家带来可喜的收益。因此，卖家要懂得如何选择最高效的、最适合的物流方式。通过本节任务的学习，可对跨境电商国际物流的分类和各大商业快递的优缺点有所了解，懂得如何选择最适合且最高效的物流方式。

学习目标

1．掌握跨境电商常用物流方式的分类及特点。
2．学会国际物流运费的核算方法。
3．认识海外仓的功能、优缺点和基本作业流程。

任务分配

本任务为分组任务：通过调研，每组分别介绍一类跨境电商物流常见物流方式的特点和优缺点。

任务准备

引导问题 1：国际物流和国内物流的主要区别是什么？

引导问题 2：你听说过的国际物流有哪几种？请举例说明。

任务实施

一、跨境电商物流方式分类

跨境电商卖家会选择的物流方式最常见的主要是邮政物流、国际商业快递及专线物流三类。

1. 邮政物流

邮政物流虽然包括不同的物流产品，但其基本的运作流程相差不大。根据中国邮政 2013 年制定的业务流程，邮政物流模式的运作流程如图 8-1 所示。在邮政物流模式下，收发两端都是邮政，通过万国邮联的渠道传递信息，由两地邮政进行收寄、运输、清关和配送。

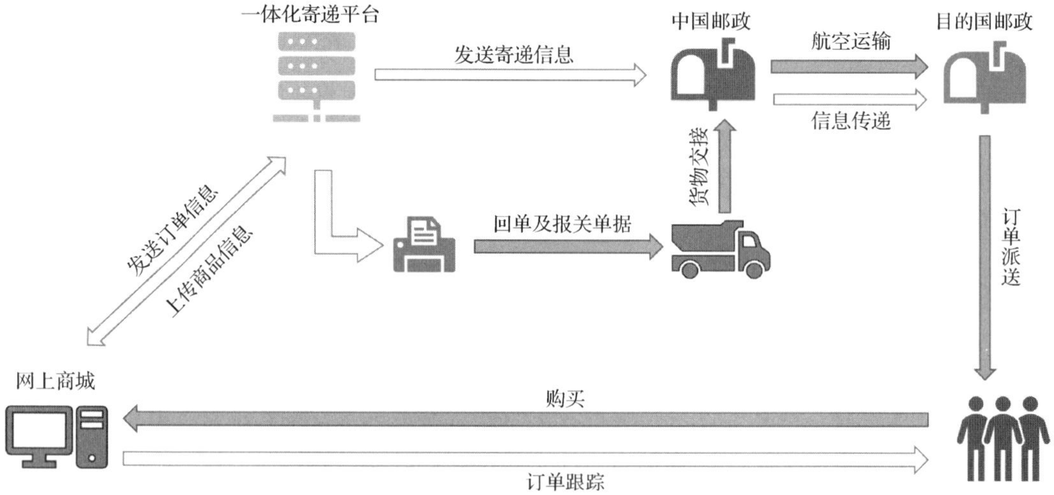

图 8-1　跨境电商邮政物流模式运作流程

中国邮政物流包括各国和地区的中国邮政航空大小包、国际 e 邮宝、EMS 等，其 Logo 如图 8-2 所示。

图 8-2　中国邮政物流 Logo

（1）中国邮政航空小包

中国邮政航空小包（China Post Air Mail）又称中国邮政小包、邮政小包、航空小包，是指包裹重量在 2kg 以内，外包装长、宽、高合计不超过 90cm，且最长边小于 60cm，通过邮政空邮服务寄往国外的小邮包。它包含挂号、平邮两种服务，可寄达全球各个邮政网点。挂号服务费率稍高，可提供网上追踪查询服务。中国邮政航空小包出关不会产生关税或清关费用，但在目的地国家进口时有可能产生进口关税，具体根据每个国家海关税法的规定而各有所不同，但相对其他商业快递来说，航空小包能最大限度地避免关税。

中国邮政航空小包的常规运作流程如图 8-3 所示。

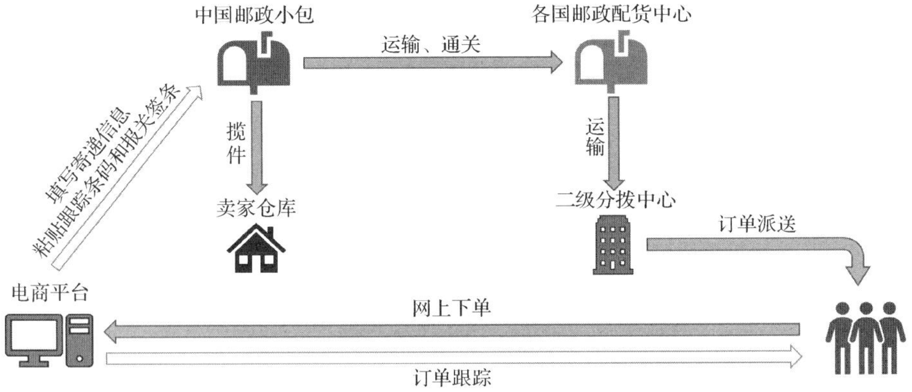

图 8-3 中国邮政航空小包物流运作流程

中国邮政航空小包的注意事项包括：

① 平邮如丢失将不能获得赔偿，如意大利、尼日利亚等国，邮包丢包率极高，最好选用挂号或快递方式。

② 挂号如丢失，具体根据申报价值来赔偿，并退还邮费，但挂号费不予退还。

③ 中国邮政航空小包可提供保险服务，具体费用可以咨询中国邮政或者保险公司。

（2）中国邮政航空大包

中国邮政航空大包（China Post Air Parcel）又叫中国邮政大包、中国邮政国际大包裹、中邮大包，适合邮寄重量较重（超过 2kg）且体积较大的包裹，可寄达全球 200 多个国家和地区。此渠道全程航空运输，可以到达世界各地，只要有邮局的地方都可以到达。因此，对于时效性要求不高而重量稍重的货物，可选择用此方式发货。

（3）国际 e 邮宝

国际 e 邮宝是中国邮政为适应国际电子商务寄递市场的需要，为中国跨境电商卖家量身定制的一款全新经济型国际邮递产品。国际 e 邮宝的对象是轻小件物品的空邮产品。目前，该业务仅限于为中国电商卖家寄件人提供发往美国、加拿大、英国、法国和澳大利亚的包裹邮递服务。

表 8-1 为中国邮政官方网站公布的国际 e 邮宝业务资费标准。

表 8-1　中国邮政官方网站公布的国际 e 邮宝业务资费标准

路　向	资　费	最大收寄重量	备　注
美国	国内一区：7 元/件+0.08 元/g	2kg	起重 60g，不足 60g 按 60g 收取。单次交寄 5 件及以上免收揽收服务费，5 件以下每件收取 5 元。客户自送免收
英国	25 元/件+0.07 元/g	2kg	单次交寄 5 件及以上免收揽收服务费，5 件以下每次收取 5 元。客户自送免收
澳大利亚	<500g：25 元/件+0.08 元/g >500g：30 元/件+0.08 元/g	2kg	单次交寄 5 件及以上免收揽收服务费。5 件以下每次收取 5 元。客户自送免收
加拿大	25 元/件+0.07 元/g	2kg	单次交寄 5 件及以上免收揽收服务费，5 件以下每次收取 5 元。客户自送免收

国际 e 邮宝正常情况下 7～10 个工作日即可完成妥投。在国内段使用 EMS 网络进行发运；出口至美国后，美国邮政将通过其国内一类函件网投递邮件。通关采用国际领先的 EMI 电子报关系统，保障卖家投递的包裹迅速准确地运递目的地。

（4）EMS

国际及港澳台特快专递（Express Mail Service，EMS）是中国邮政速递物流与各国（地区）邮政合作开办的中国内地与其他国家、港澳台间寄递特快专递邮件的一项服务，其 Logo 如图 8-4 所示。该业务在各国（地区）邮政、海关、航空等部门均享有优先处理权，这是 EMS 区别于许多商业快递的最根本的地方。

图 8-4　EMS 的 Logo 标识

2. 国际商业快递

国际运输快递是国家与国家、国家与地区之间的运输。目前，国际快递是快递业务中跨境电商物流最重要的组成部分，它们分别是 DHL、UPS、FedEx、TNT 四大商业快递巨头。它们每年的业务量以 30%的速度增长，在跨境电商贸易中发挥了举足轻重的作用。它们各自的优缺点如表 8-2 所示。

表 8-2　四大商业快递巨头优劣势对比列表

商业快递	Logo	优　点	缺　点
DHL		① 去日本、东南亚、澳洲有优势，适宜走小件；可送达国家网点比较多 ② 一般2～4日工作日可送达；去欧洲一般要3个工作日，到东南亚一般要 2 个工作日 ③ 查询网站货物状态更新也比较及时，遇到问题解决速度快	① 走小货价格稍有优势 ② 对托运物品的限制比较严格，拒收许多特殊商品

续表

商业快递	Logo	优　点	缺　点
UPS		① 速度快、服务好 ② 强项在美洲线路和日本线路，特别是美加、南美、英国，适宜发快件 ③ 一般 2～4 日工作日可送达，去美国的话，差不多 48 小时能到达 ④ 货物可送达全球 200 多个国家和地区；可以在线发货、全国 109 个城市上门取货 ⑤ 查询网站信息更新快，遇到问题解决及时	① 运费较贵，要计算产品包装后的体积重量 ② 对托运物品的限制比较严格
FedEx		① 适宜走 21kg 以上的大件，到中南美洲和欧洲的价格较有竞争力 ② 一般 2～4 日工作日可送达 ③ 网站信息更新快，网络覆盖全，查询响应快	① 价格较贵，需要考虑产品体积重量 ② 对托运物品限制也比较严格
TNT		① 全球货到付款服务、速度快、通关能力强，报关代理服务 ② 免费及时准确货物追踪查询，无偏远派送附加费 ③ 在欧洲和西亚、中东及政治、军事不稳定的国家有绝对优势 ④ 时效 2～4 个工作日通至全球，特别是到西欧只需 3 个工作日，可送达国家比较多 ⑤ 网络比较全，查询网站信息更新快，遇到问题响应及时	要算抛重，对所运货物限制也比较多

国际商业快递具有以下几个主要特点：

（1）国际快递运输涉及国际关系问题，是一项政策性很强的涉外活动。国际快递运输是国际贸易的一个组成部分，在组织货物运输的过程中，需要经常同国外发生直接或间接的广泛业务联系，这种联系不仅是经济上的，也常常会涉及国际间的政治问题，是一项政策性很强的涉外活动。因此，国际快递运输既是一项经济活动，也是一项重要的外事活动。

（2）国际快递运输是中间环节很多的长途运输。国际快递运输是国家与国家、国家和地区之间的运输，一般来说运输的距离都比较长，往往需要使用多种运输工具，通过多次装卸搬运，经过许多中间环节，如转船、交换运输方式等，经由不同的国家和地区，适应各国不同的法规和规定，如果其中任何一个环节发生问题，就会影响整个运输过程。

（3）国际快递运输涉及面广，情况复杂多变。国际快递运输涉及国内外许多部门，需要与不同国家和地区的货主、交通运输、商检机构、保险公司、银行或其他金融机构、海关、港口及各种中间代理商打交道。同时，各个国家和地区的法律、政策规定不一，贸易、运输习惯和经营做法不同，金融货币制度存在差异，以及政治、经济和自然条件的变化，这些都会对国际快递运输产生较大的影响。

（4）国际快递运输的实践性强。按时装运进出口货物，及时将货物运至目的地，对履行进出口合同、满足商品竞争市场的需要、提高市场竞争能力、及时结汇都有着重大意义。特别是一些鲜活商品、季节性商品和敏感性强的商品，更要求迅速运输，不失时机地组织供应，才有利于提高出口商品的竞争力，有利于巩固和扩大销售市场。因此，国际快递运输必须加强时间观念，争时间、抢速度，以快取胜。

（5）国际快递运输的风险较大。由于国际快递运输环节多，运输距离长，涉及面广，情况复杂多变，时间性又很强，加之沿途国际形势的变化、社会动乱、各种自然灾害和意外事故的发生，以及战乱、封锁禁运或海盗活动等，都可以直接或间接地影响国际快递运输，以致造成严重后果，因此国际快递运输的风险较大。为了转嫁运输过程中的风险损失，各种进出口货物和运输工具都需要办理运输保险。

3. 专线物流

专线物流又称货运专线，指物流公司用自己的货车、专车或者航空资源，运送货物至其专线目的地。物流公司一般在目的地有自己的分公司或者合作网点，以便货车来回都有货装。专线的组成主体是货运站、专线货车、司机和信息交互系统。

专线的目的是为了节约成本，但是要建立在货量充足的前提下，不然就很可能会亏本，所以专线公司一般走的时间不确定，货满车走，客户的运输成本也会随之降低。

专线物流的主要优点是运输成本较低，弊端则是陆运货车班次时间不能确定。通过航空运输或者转包业务可以满足较急的货物需求。

（1）常规业务与专线流程

① 自营业务。自营业务是指专线物流公司只揽收其实点在线上的货物，以便发挥自己的专线优势，同时支撑自营的网点业务。

② 转包业务。货运专线公司承接到其他目的地的货物，它们会把这项业务卖给其他的物流公司运输，以便在增加经营利润的同时，发挥熟悉的同行业货运公司的优势，达到强强联合的目的。

相比较而言，专线物流到达的区域的网点少，非专线物流到达的区域的网点多，前者比一般物流要便宜、抗风险能力要小一点，后者价格相对较高、抗风险能力稍强。

（2）专线物流流程

专线物流其实就是直达运输，即某个城市到另一个城市的直达运输。与专线运输相对应的是中转运输。所有的运输企业必然会有专线运输，其业务流程如图 8-5 所示。

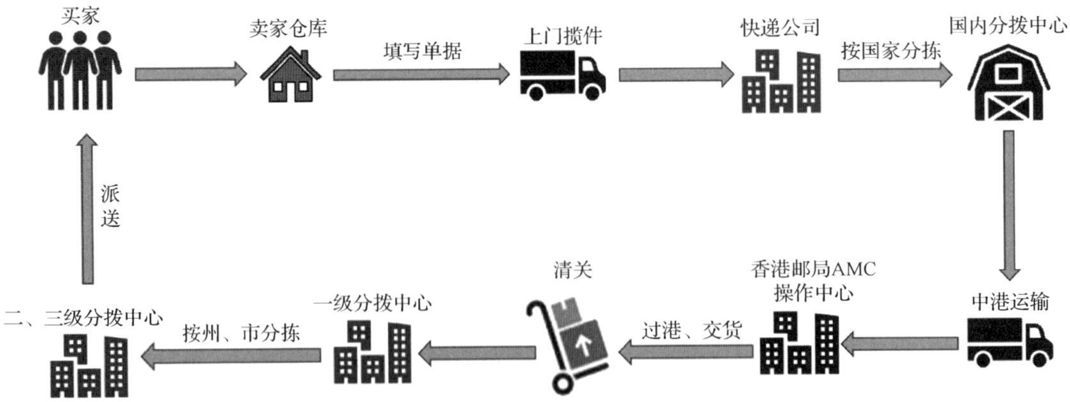

图 8-5　专线物流业务流程

二、跨境电商物流方式的比较和选择

1. 跨境电商常见物流方式优劣势比较

（1）中国邮政航空小包的优劣势

中国邮政航空小包的优势包括如下几点：

① 价格较低：资费低，直接按首重 50g、续重 1g 计费，首重最低 5 元即可发到国外。

② 全球化：中国邮政航空小包可以将产品送达全球几乎任何一个国家或地区的客户手中，只要有邮局的地方都可以到达，大大扩展了外贸卖家的市场空间。

③ 适用范围广：各大跨境电商平台都可以使用，一般无特别的邮寄限制，除国际违禁品和危险品以外。

④ 操作便捷：客户可以直接在互联网系统打印面单发货即可，无须其他操作。

中国邮政航空小包的劣势主要是前面介绍过的尺寸和重量方面的严格限制，是真正意义上的“小”包裹。

（2）中国邮政航空大包的优缺点

中国邮政航空大包拥有中国邮政的大部分优点，主要包括以下 4 个方面：

① 成本低。价格比 EMS 稍低，且和 EMS 一样不计算体积、重量，没有偏远附加费。相对于其他运输方式（如 EMS、DHL、UPS、FedEx、TNT 等）来说，中国邮政航空大包有较好的价格优势，采用此种发货方式可最大限度地降低成本，提升价格竞争力。

② 交寄相对方便，可以到达全球各地，只要有邮局的地方都可以到达。

③ 方便、快捷、运单单一，并由公司统一打印运单，减少了客户的麻烦。

④ 提供包裹的追踪查询服务。包裹离开当天即可在中国邮政网站上查询到信息，并有全程跟踪。

相应地，中国邮政航空大包也有以下 3 个缺点：

① 部分国家限重 10kg，能投递的最重包裹也只有 30kg。

② 妥投速度慢。

③ 查询速度更慢，未妥投的查询时间达到 2～6 个月。

（3）国际 e 邮宝的优劣势

国际 e 邮宝具有以下优势：

① 经济实惠，支持按总重计费，50g 首重，续重按照每克计算，免收挂号费。

② 时效快，7～10 天即可妥投，帮助卖家提高物流得分。

③ 专业，为中国 eBay 卖家量身定制。

④ 服务优良，提供包裹跟踪号，系统与 eBay 完美对接，“一站式”操作。

国际 e 邮宝的缺点是仅限 2kg 以下的包裹。

（4）EMS 的优劣势

EMS 的优势总结起来有以下几点：

① 投递范围广，全世界通邮，可到达全球 210 个目的地。

② 网络强大，全国 2000 多个自营网点，任何地区都能到达。

③ 免收燃油及偏远附加费，不计体积，适合发轻抛货。

④ 清关能力强，具有优先通关的权利。

⑤ 货物丢失损坏率一直维持在1%以下，安全性较高。

尽管有着突出的优点，但是EMS仍存在以下劣势：

① 定价灵活性不足，在民营快递价格战面前竞争力不足。

② 查询网站信息滞后，还有待完善。一旦出现问题，查询时间较长。

（5）国际商业快递的优劣势

国际商业快递具备高标准的服务和精准的市场定位，长期占据国际快递市场领先地位和产业链的顶层，代表着快递业发展的最高水平。主流的国际商业快递主要包括德国敦豪快递（DHL）、美国联邦快递（FedEx）、美国联合包裹（UPS）、荷兰快递（TNT），俗称四大国际商业快递。

跨境电子商务常见物流对比如表8-3所示。不同快递企业的运作流程差异不大，总体而言国际商业快递的运作流程如图8-6所示。

表8-3 跨境电子商务常见物流对比

种类	名称	公司名	俗称	重量	体积限制	时效性	特点	特别备注
邮政物流	中国邮政航空小包	中国邮政	邮政小包	≤2kg	长+宽+高≤90cm，单边长度≤60cm	15～60天	便宜，时效慢，丢包率相对较高	比较适合前1～5组资费国家，运费较经济；不接受带电产品
	香港邮政航空小包	香港邮政	香港小包	≤2kg	长+宽+高≤90cm，单边长度≤60cm	8～40天	价格适中，上网快	全球价格统一，不能接受带电产品
	中国邮政航空大包	中国邮政	邮政大包	>2kg	单边≤1.5m，长度+长度以外的最大横周≤3m	4～30天	适合邮寄重量较重、体积较大的包裹	全程航空运输，可以到达世界各地，只要有邮局的地方都可以到达
	国际e邮宝	中国邮政速递公司	e邮宝	≤2kg	长+宽+高≤90cm，单边长度≤60cm	3～15天	小包，又经济又快	特别适合到美国；不接受带电产品
	全球邮政特快专递	中国邮政	EMS	小包、大包均可，具体以官网信息为准		3～15天	相对便宜，时效快，通关能力强	适合抛货，只算重量重
国际商业快递	敦豪快递	德国邮政	DHL	小包、大包均可，具体以官网信息为准		3～7天	贵，时效快	要计体积重量、偏远附加费
	联邦快递	美国联邦快递	FedEx	小包、大包均可，具体以官网信息为准		3～7天	稍贵，时效快	要计体积重量、偏远附加费
	联合包裹	美国联合包裹公司	UPS	小包、大包均可，具体以官网信息为准		3～7天	稍贵，时效快	要计体积重量、偏远附加费
	荷兰快递	荷兰TNT	TNT	小包、大包均可，具体以官网信息为准		3～7天	贵，时效快	要计体积重量、偏远附加费
专线物流	南美专线、俄罗斯专线、中东专线、欧洲专线等	各物流公司与当地邮政合作	合作当地邮政	小包、大包均可，具体以专线规定为准		5～60天	运费经济，时效较快	清关能力强

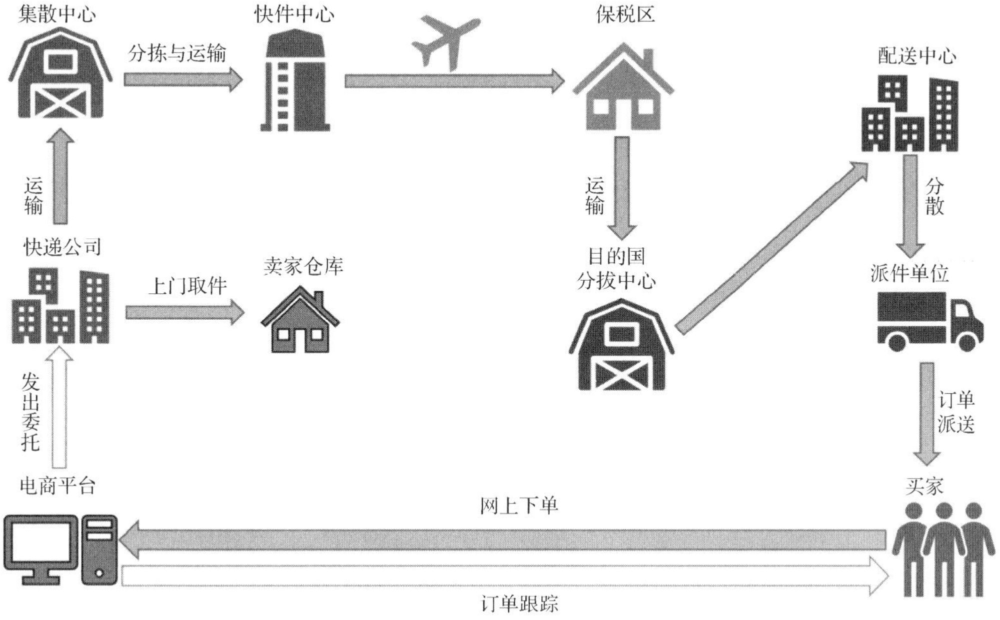

图 8-6　国际商业快递的运作流程

2. 跨境电商物流方式的选择

对比不同的跨境电商物流方式的特点及优劣势后，作为跨境电商卖家，该如何找到适合的跨境物流方式呢？建议卖家综合考虑以下几个方面。

（1）时效性

物流服务商的一个重要考核标准就是时效。必须注意的是，跨境电商物流并非越快越好，因为只要能满足买卖双方对时效的预期，在可控的投入下，跨境电商物流时效应是越稳定越好。淡季可以试着多联系几个物流商，同时走货测试一下线路质量，为旺季做准备。在旺季时，也要考虑物流商的承运能力，看它们以往对于爆仓问题有没有好的应对方法和相应的理赔机制。

（2）运费

国际物流的运费投入无疑是卖家最关注的问题之一，但是运费不是越低越好，而是要可控。如果只有一票货件，那么投入好算；但如果一个月有几千票货件，供应商给的报价里又含十几套费用外加十几种束缚条款，一年下来费用再变动若干次，那么最终的投入就非常难以核算和控制了。因此，供应商提供透明、合理、稳定的报价很重要。在选择时还要通盘考虑有没有运费之外的其他隐性收费，有没有燃油附加费，收不收报关费，如果是轻抛货还要考虑体积重量等。可让供应商明确列出各种收费项目、计费方式，这样更便于考察，必要时可列入合同明细。关于国际物流运费的具体计算后面很快会详细讲到。

（3）综合服务

综合服务能力是跨境电商网站搭建投入和时效之外必须考虑的一个重要因素。有专业和稳定团队的物流商，还会在你拓展海外市场或是加盟电商网站时把它的经验分享给你，让你少走弯路。各种跨境电商管理软件网站搭建服务的细节，决定了这家物流商是否值得依靠和信赖。

（4）派送操作

派送安全、稳妥可以避免很多后期不必要的售后麻烦和损失。卖家考核物流供应商时，一定要详细了解它们的全环节操作是否足够专业。国内集货看其仓储分拨是否容易造成失误；头程看其通路、清关优点，直发还是多层转包；目的国看落地派质量、尾程可控性。

经营好跨境电商网站的关键核心是物流，物流商业模式的选择关键核心又在于跨境网站的定位。卖家需根据跨境电商网站主营商品类目的基本性质，根据商品性质确定物流商业模式与方式。

（5）匹配度

根据产品选择物流，是跨境电商的第一铁律。从匹配度去锁定物流品类后，就该考察相应服务商的线路质量了，如运价、时效性、安全性、服务到不到位等。

低价轻抛货适合用邮政小包，因为其价格优势较大，只要不超过限重，是目前中小型跨境电商卖家的首选。若货物超重就要选择国际专线或快递，时效性和安全性更优。贵重商品则多依赖国际快递，时效最快。同一级别物流产品往往都有数量众多的供应商。

此外，特殊产品（如带电商品、带粉末的化妆品等）服务商的渠道能否接纳，也在匹配度的考量范畴之内。

拓展练习

通过调研，了解各大主流跨境电商平台卖家主要采用的跨境物流方式、物流服务平台及其适用情况，在小组内/班级内展开分享。

技能拓展

国际物流常用追踪工具

1. 常用的跟踪查询、时效统计查询工具:

① www.17track.net。

② http: //www.91track.com/。

2. 更多工具详见:

① 物流类应用 http: //fuwu.aliexpress.com/。

② 物流服务平台 http: //seller.aliexpress.com。

任务二　跨境物流费用计算方法

任务描述

跨境电商企业的核心目的需要盈利，所以卖家要非常清楚真正的产品成本，这也是后期对于产品定价策略的基础。跨境电商产品的实际成本一般会由下面几部分组成，表现公式如下：

跨境电商产品的实际成本=进货成本+跨境平台的管理费用+运营推广成本+物流成本+售后维护成本+其他综合成本

在这众多的成本构成里，跨境物流成本一般包括国内段物流运费及贴单服务费，以及国际物流运费和清关费用。掌握这些费用应如何计算，是跨境卖家核算总成本及进行商品定价的重要依据。

学习目标

1. 理解跨境物流费用的构成。
2. 掌握几种常用跨境国际物流方式的运费计算方法。
3. 熟悉跨境物流追踪常用工具。

任务分配

本任务为个人学习任务：每位同学需要首先理解跨境物流费用的构成，掌握几种常用跨境国际物流方式的运费计算方法，同时熟悉跨境物流追踪常用工具。

任务准备

引导问题 1：跨境物流费用由哪些部分构成？

引导问题 2：你听说过跨境物流货代公司打折吗？

任务实施

一、跨境物流成本构成

由于跨国进出口贸易往往需要涉及国际结算、境内外清关、物流转运及国际运力资源调配等诸多环节，其中物流问题是制约行业发展的最大的难题。跨境电商物流成本不但占到总成本的 20%～30%，同时在目前国内的物流企业中，能为跨境电商消费者提供标准化和定制化物流服务的第三方服务商尽管在不断扩充，但仍不足以满足市场需求。

跨境物流成本的构成包括国内物流运费、国际面单贴单服务费、国际物流运费、仓储费用等，用公式可表达为：

跨境物流成本=国内物流运费+贴单费+国际物流运费+仓储费用（等）

在计算国际物流运费之前，还需要厘清对其产生影响的下列概念。

1. 计费重量单位

目前国际通用的跨境物流运输一般以每 500g（0.5kg）为一个计费重量单位。

2. 首重与续重

首重通常限制在 500g 以内，续重部分不足 500g 按 500g 计算。通常首重的费用相对续重费用要高。

3. 实重与体积重量

实重，是指需要运输的一批物品包括包装在内的实际总质量。体积重量是指当需要寄递的物品体积较大而实重较轻时，因运输工具（飞机、火车、船、汽车等）承载能力及可装载物品的体积所限，需要采取量取物品体积折算成重量作为计算运费的重量的方法。轻抛物，是指体积重量大于实际重量的物品。

体积重量计算方法：

规则物品：长（cm）×宽（cm）×高（cm）÷5000=重量（kg）

不规则物品：最长（cm）×最宽（cm）×最高（cm）÷5000=重量（kg）

4. 计费重量

按实重与材积两者的定义，以及国际航空货运协会的规定，货物运输过程中计收运费的重量是按整批货物的实际重量和体积重量两者中较高者计算的。

5. 包材

包材，即商品包装时所需使用的材料。常见的商品包材如图 8-7 所示。一般情况下，快递公司是免费包装的，提供纸箱、气泡等包装材料。比如衣物，不用特殊包装就可以。而一些贵重、易碎物品，快递公司需要收取一定的包装费用。

图 8-7　常见的商品包材

▶▶ 二、国际物流运费计算

跨境物流费用的报价一般建议包含在产品标价里面，并且在产品上传时打上 Free Shipping 的标识，提供商品包邮服务，这样可以较好地吸引流量。而实际上，“羊毛出在羊身上”，包邮并非是卖家贴运费，而是把这部分费用加入了商品定价中。所以，对于跨境卖家而言，要想不定错价格，学会国际物流运费的计算是十分重要的。

目前，各大跨境电商平台的物流服务板块大多可按各货运公司的官方网站提供的资费，结合商品上传时所填写产品包装的体积、尺寸、重量等信息，自动计算出某商品发往买家目的国所需的国际物流运费。

1. 中国邮政航空小包运费计算

（1）中邮小包运费计算公式

挂号运费：标注资费×实际重量×折扣+挂号费（8 元）

平邮运费：标准资费×实际重量×折扣

注意：挂号费 8 元为常数，不随包裹发往不同目的国而改变。

（2）中邮小包运费计算举例

例如，运送 200g 的货物到韩国，当前折扣为七折，发往韩国的资费标准为 71.5 元/kg。

该商品平邮运费：71.5 元/kg×0.2kg×70%=10.01 元

该商品挂号运费：71.5 元/kg×0.2kg×70%+8=18.01 元

（3）中邮小包资费标准

中国邮政小包对各国的资费标准有所不同，根据距离我国地理位置的远近，常见目的国被分为若干个区，表 8-4 列出了邮政小包发往部分国家的资费标准。

表 8-4 邮政小包发往部分国家的资费标准

分区	国家（地区）	资费标准（元/kg）
一区	日本	62
二区	韩国、马来西亚、泰国、新加坡、印度	71.5
三区	澳大利亚、奥地利、爱尔兰、波兰、比利时、德国、荷兰、瑞典、意大利、希腊、保加利亚、芬兰	81
四区	新西兰、土耳其	85
五区	白俄罗斯、巴基斯坦、朝鲜、法国、菲律宾、加拿大、罗马尼亚、蒙古国、卡塔尔、卢森堡、沙特、英国、西班牙、越南、巴勒斯坦、乌克兰、阿曼	90.5
六区	俄罗斯	96.3
七区	南非	105
八区	墨西哥、巴西、阿根廷	110
九区	阿富汗、科威特、不丹、阿联酋、马尔代夫、孟加拉国、尼泊尔、缅甸、老挝、智利、文莱	120
十区	安道尔、冰岛、梵蒂冈、摩纳哥、马其顿	147.5
十一区	安哥拉、埃及、安圭拉、阿鲁巴、埃塞俄比亚、博茨瓦纳、巴哈马、巴拉圭、伯利兹、百慕大、斐济、古巴、哥伦比亚、科特迪瓦、利比亚、苏丹、尼日利亚、毛里求斯、坦桑尼亚、乌拉圭、突尼斯	176

2. e 邮宝运费计算

（1）e 邮宝运费计算公式

e 邮宝运费=首重费用+（总重−首重）×标准资费

注意：e 邮宝运费计算时与其他国际物流方式不同，首重在 50g 以内，续重按超出 50g 的实际重量来算。

（2）e 邮宝运费计算举例

假设 eBay 跨境电商平台卖家用 e 邮宝将一件商品寄往美国，商品总重为 2kg，首重费用为 50g 以内 10 元/件，续重标准资费为 0.074 元/g，则具体资费计算如下：

该商品 e 邮宝运费：10+（2000−50）×0.074=154.3 元

（3）e 邮宝运费资费标准

e 邮宝从国内发往不同国家，其起重收费、续重标准资费规定均不相同，详情如表 8-5 所示。

表 8-5　e 邮宝发往各国（地区）资费标准

寄达国家（地区）		标准资费		起重要求
		元/件	元/g	
美国	eBay	10	0.074	50g，不足按 50g 计费
	Wish	10	0.075	
	其他	10	0.08	
俄罗斯	eBay	8	0.1	50g，不足按 50g 计费
	其他	10	0.1	
乌克兰	—	8	0.075	10g，不足按 10g 计费
哈萨克斯坦	—	8	0.07	—
新西兰	—	9	0.07	50g，不足按 50g 计费
日本	—	12	0.04	50g，不足按 50g 计费
越南	—	12	0.06	—
西班牙	—	14	0.06	—
泰国	—	14	0.045	—
以色列	—	17	0.06	—
英国	—	17	0.06	1g，限重 300g
	—	19	0.055	301g，不足按 301g 计费
中国香港	—	17	0.03/0.02	—
澳大利亚/法国/德国/瑞典	—	19	0.06	—
挪威	—	19	0.065	—
加拿大	—	19	0.07	—
韩国/马来西亚/新加坡	—	25	0.04	—
土耳其/奥地利/比利时/瑞士/丹麦/匈牙利/意大利/卢森堡/荷兰/波兰/希腊	—	25	0.06	1g，限重 2000g
芬兰/爱尔兰/葡萄牙	—	25	0.065	1g，限重 2000g
墨西哥	—	25	0.085	—
沙特	—	26	0.05	—

3. EMS 运费计算

（1）EMS 运费计算公式

EMS 运费=首重运费+[（总重−首重）/500g]×续重标准资费×折扣

注意：

① 此公式同样适用于商业快递的运费计算。

② 快递物流方式因为资费较高，各货代公司通常会推出不同的折扣以吸引客户。

（2）EMS 运费计算举例

假设用 EMS 将 2kg 的商品（非文件）寄往日本，寄往日本的首重资费是 180 元/500g，续重资费是 40 元/500g，则具体资费计算如下：

180+[（2000−500）/500]×40=320 元。

（3）EMS 运费资费标准（见表 8-6）

表 8-6　EMS 运费资费标准

分区	国家（地区）	首重资费（元/500g）		续重资费（元/500g）
		文件	物品	
一区	中国香港、中国澳门	90	150	30
二区	日本、韩国、蒙古国	115	180	40
三区	马来西亚、新加坡、泰国、越南、柬埔寨	130	190	45
四区	澳大利亚、新西兰、巴布亚新几内亚	160	210	55
五区	比利时、英国、丹麦、芬兰、希腊、德国、挪威、葡萄牙、瑞典、荷兰、意大利等	220	280	75
六区	美国	180	240	75
七区	老挝、斯里兰卡、巴基斯坦、土耳其、尼泊尔	250	325	75
八区	巴西、古巴、圭亚那	260	335	100
九区	巴林、伊朗、伊拉克、以色列、约旦、科威特、科特迪瓦、吉布提、肯尼亚、马达加斯加、阿曼、卡塔尔、塞内加尔、突尼斯、阿联酋、乌干达	370	445	120
十区	开曼群岛、捷克、俄罗斯、拉脱维亚、哈萨克斯坦、白俄罗斯	380	445	120

拓展练习

请完成下面国际物流运费计算题的计算，注意审题并分析题干中给出的情景。

1．某跨境贸易有限公司物流包装部处理完订单将包裹交付货代处，其中两个包裹的重量分别为 6.14kg 和 3.89kg，前者发往美国加利福尼亚州，后者发往美国华盛顿。据此分别计算 EMS 运费（折扣：五二折，美国物品类首重收费 240 元/500g，续重 75 元/500g）。

2．跨境电商兼职从业人员贾老师主营时尚配件产品，近日接到订单金额为 25 美元的速卖通订单（25 副耳钉，产品规格 20g/副）。贾老师为了让顾客能够快速收到产品，决定将货物使用 EMS 发往英国，货代给出的折扣为四七折。请据此计算该笔订单贾老师预计支付货代运费多少元（英国物品类首重收费 280 元/500g，续重 75 元/500g）。

任务三　海外仓的认知与作业流程

任务描述

随着 2015 年 5 月商务部《“互联网+流通”行动计划》的推出，不少电商平台和出口企业正通过建设“海外仓”布局境外物流体系。海外仓的建设可以让出口企业将货物批量发送至国外仓库，实现该国本地销售、本地配送。

这种新的跨国物流形式有利于解决发展跨境电子商务的种种痛点。海外仓的需求量日益增加，国内海外仓服务商数量也是随之增加。跨境物流离不开海外仓，它是跨境电商物流长期发展而演变出来的产物。跨境卖家坚信若能利用好海外仓，就能为自己的跨境贸易带来更多的收益。客户下单后，出口企业通过海外仓直接本地发货，大大缩短了配送时间，也降低了清关障碍；货物批量运输，降低了运输成本；客户收到货物后能轻松实现退换货，也改善了购物体验。

学习目标

1. 认识海外仓的概念和功能。
2. 理解海外仓的优势与劣势。
3. 了解海外仓的基本作业流程。

任务分配

本任务为个人学习任务：每位同学需要首先认识海外仓的概念和功能，然后理解海外仓的优劣势并进行比较，进而学习海外仓的基本作业流程。

任务准备

引导问题 1：你理解的海外仓是怎样的？

引导问题 2：你听说过哪些与跨境电商平台专门对应的海外仓发货？

任务实施

一、海外仓的认知

1. 海外仓的概念和功能

海外仓储简称海外仓，是指卖家设立在目标国的仓储集散地，目的是便利买家缩短运输时长、降低物流成本、改善购物体验、升级售后服务。

货物从本国出口通过海运、货运、空运的形式存储到该国的仓库，买家通过网上下单购买所需物品，卖家只需在网上操作，及时通知国外仓库进行货物的分拣、包装，并且从该国仓库运送到其他地区或者国家，提升了物流响应时间。同时，结合国外仓库当地的物流特点，可以确保货物安全、准确、及时、低成本地到达终端买家手中。简单来说，海外仓是针对跨境电商卖家的需求，为卖家在海外提供仓储、分拣、包装、派送等“一站式”服务的仓库。而仓库是现代物流中连接买卖双方的一个关键节点，将这个节点置于海外不仅有利于海外市场的拓展，同时还能降低物流成本。

2. 海外仓的优劣势分析

（1）海外仓储的优势

① 更低的物流成本：卖家从海外本土直接发货给客户，相当于境内快递，较之从中国发往国外成本更低。

② 更快的送货时效：头程运输解决了运输、报关、清关等复杂问题后，就再也不用担心仓库里的物品报关、清关问题，收到订单即可随时发货。

③ 更好的仓储管理经验：海外仓储为卖家配备了最专业的管理人员，有效地解决了仓库管理员的货物管理问题。

④ 更加方便的订单处理：订单和发货同步，实现自动化批量处理订单。

⑤ 库存管理及盘点更加清晰，当前销量及剩余库存系统自动显示，每笔订单的物流成本一目了然。

⑥ 自由 ERM 仓库管理平台：卖家只需要在电脑前轻轻地点击鼠标，下达订单发货指令，海外仓储的专业团队便会代替卖家完成发货。

⑦ 自动高效的退货处理流程：由于各种原因导致的客户退货，直接退到海外仓储即可，免去了国内国外来回双清的成本、时效、弃货等各方面损失。

⑧ 卖家可以使用最低的投资、最短的时间去征战海外市场，并且可以积累更多的资源去拓展其他的目标市场，扩大生意范围。

⑨ 海外仓储可以帮助卖家拓展销售品类，突破“大而重”的发展瓶颈。

（2）海外仓储的劣势

① 货物看不见摸不到：因为所有的仓库都在地球的另一端，如果卖家想看到自己的仓储，那么可能不太适合使用海外仓储。在一定程度上，跨境卖家对海外仓储服务的信任程度是关键的因素。建议卖家先发少量的货物去海外仓储，尝试并感受一下再做决定。

② 有仓储费用成本：卖家需要计算一下目前发货方式所需要的成本，再对比使用海外仓储的费用，尤其是所售商品在淡季时候的仓储费用。如果一个月的订单量过少，在利润方面没有实际优势，那么就不太适合做海外仓储。成本问题永远是卖家考虑的首要因素，建议选择在所售商品销售旺季时使用海外仓储。

③ 货物的销售性质限制：海外仓储要求有一定的仓储来进行销售，如果卖家的货物必须根据客户的要求来生产，无法提前准备货物，那么就不太适合海外仓储。并非所有的产品都适合做海外仓储，最好是库存周转快的热销单品，否则容易压货。同时，海外仓储在供应链管理、库存管控、动销管理等方面对卖家提出了更高的要求。

3. 海外仓的成本分析

海外仓储费用=头程费用+仓储及处理费+本地配送费用

头程费用：货物从中国到海外仓储产生的运费。

仓储及处理费用：客户货物存储在海外仓库和处理当地配送时产生的费用。

本地配送费用：在国外对客户商品进行配送产生的本地快递费用。

二、海外仓仓储作业流程

仓储作业是指从商品入库到商品出库的整个仓储作业全过程。仓储作业组织是按照预定的目标，将仓库作业人员与仓库储存手段有效结合起来，完成仓储作业过程中各环节的职责，为商品流通提供良好的存储服务。海外仓的基本运作流程如图 8-8 所示。

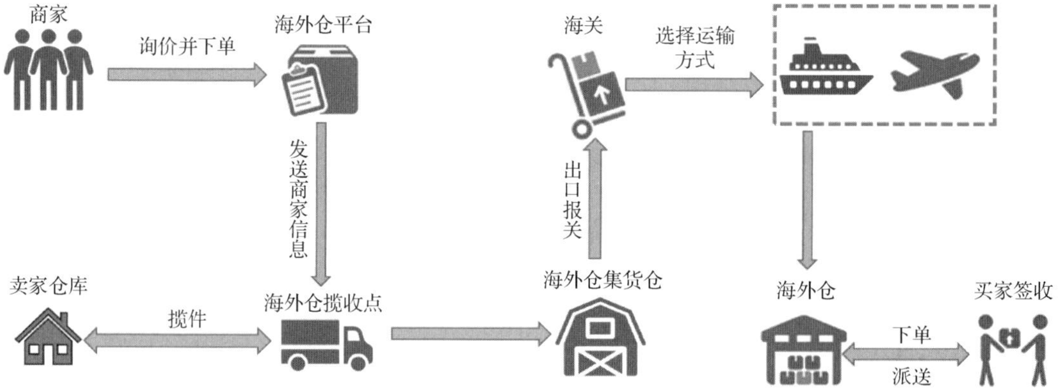

图 8-8　海外仓的基本运作流程

仓储管理工作包括入库管理、库内管理、出库管理三个阶段。仓储管理不但要对各个作业环节提出具体的标准化要求，还要对作业流程进行细致的分析与合理有效的组织。

1. 入库作业流程

货物入库是指接到货物入库通知单后，经过接运提货、装卸搬运、检查验收和办理入库手续等一系列作业环节所构成的工作流程，具体包括入库准备、接运、验收、入库交接和登记。入库流程如图 8-9 所示。

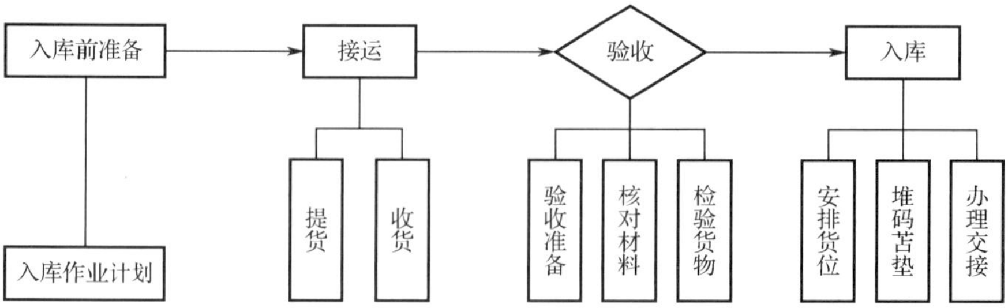

图 8-9　入库流程

仓库并不是独立存在的，海外仓是跨境电商物流各环节的中转站。上游供应商与下游销售商的需求决定了仓库的作业方式；而海外仓的仓储管理水平直接决定仓库的服务能力，包括出入库与库存管理环节。作为一种特殊的电商仓储模式，海外仓与传统的静态仓储不同，它更需要体现仓储的作业效率，目标是保障订单拣选、库存控制及发货效率。对于入库作业来说，最重要的就是能否在货物到达前做好入库计划，如果跨境电商的货物缺乏国内头程审查，则可能会影响货物入库及上架的效率，以至于影响后面的销售及发货环节。收货作为仓储作业流程的起点，要从源头确保库存的准确性。如果货品包装不规范、条码错误或 SKU 混装，则会造成货物库存数量统计不准确。具体哪些因素会影响入库作业的效率，会在下一节详细说明。

2. 库内作业流程

当货物存放在仓库以后，就进入了库内作业流程。库内作业包括货物存储保管作业和货物盘点作业。

（1）货物存储保管作业流程

存储保管是仓储管理的核心工作，对存储物品保管不当，致使货物遭遇霉变、病虫害等损坏，将会给企业带来重大损失。因此，作为海外仓的各级保管人员，必须做好日常存储保管工作，确保所有货物的完好。货物保管流程如图 8-10 所示。

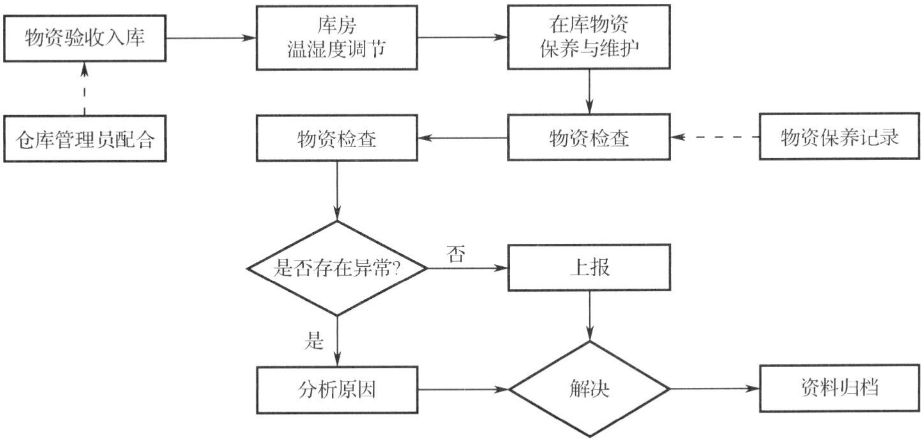

图 8-10　货物保管流程

（2）货物盘点作业流程

海外仓中储存着大量价值相对较大且出入库频率较高的货物，这些商品的库存量是否准确关系着上游供应商及电商平台的供货计划及销售业绩，为了充分了解货物的储存状况和库存信息，就需要做好货物盘点工作。选择适当的盘点方式，能够核实各类物品的实际存储数量与账目是否相符。货物盘点作业流程如图 8-11 所示。

3. 出库作业流程

海外仓仓库收到客户订单后，需要按照客户要求的时间，准确地将订单需求的货物进行拣选、分包、复核打包、装车出库，整个流程称为出库作业。拣选可以按路线拣选，也可以按单一订单拣选。拣选工作包括拣取作业、补充作业的货品移动安排和人员调度。传统的仓内拣货耗时占订单处理时间的40%～50%，而“人到货”拣货行走的时间占订单拣选的50%以上，这也是拣货效率的瓶颈。而自动分拣设备及机器人等新科技的加入实现了“货到人”的拣选方式，由 AGV 设备或者拣选机器人将货物准确快速地送至拣选作业台，由人工或自动的方式拣选出货品，每天的拣货量可达 3000 件以上，出库效率提高 50%以上。出库作业流程如图 8-12 所示。

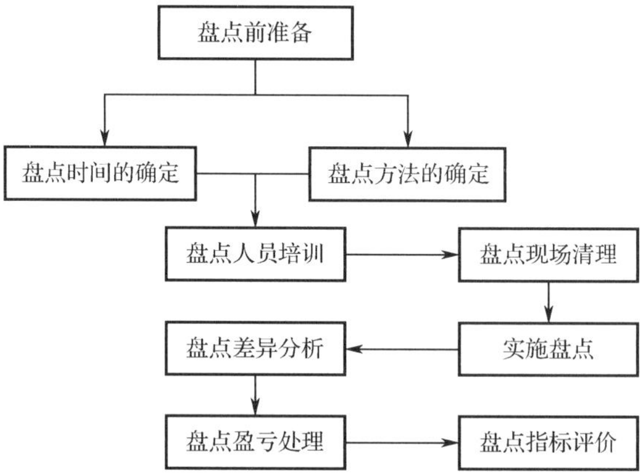

图 8-11　货物盘点作业流程

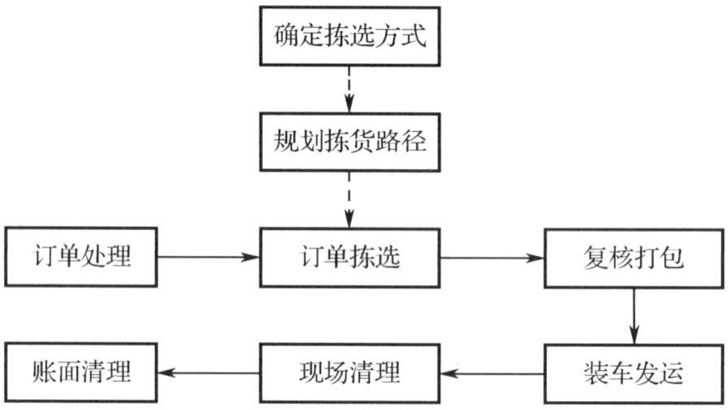

图 8-12　出库作业流程

拓展练习

请阅读下面跨境电商卖家与海外仓服务公司成功合作的案例，结合本节所学分析该案例中海外仓发挥的功能和作用。

案例材料：

深圳某科技公司，是深圳知名电池公司，拥有自主品牌。2015 年起开始跨境电商业务，以前都是做国内贸易和传统 B2B，后来相继开通了亚马逊、eBay 和日本乐天雅虎。公司两款移动电源造型奇特、容量大、续航能力强，在日本亚马逊和乐天的销量排行分别在第 6 位和第 8 位。电池运输本身就比较困难，前者都是通过香港空运定高价 DG 仓位去大阪机场，后者因空运起火问题，导致线路关闭，束手无策，无奈断货 3 个月。而我们作为海外仓服务方，本身就是靠做电池出口运输起家的，所以恰好在这方面比较专业，在日本东京和大阪又有 2 个仓库，专门存放电池，做一件代发和大批转运亚马逊和仓储业务。我们有幸在 2017 年 7 月 5 日认识此公司李总，相谈甚欢。针对李总公司的情况，我们给出了 2 个海外仓运输方案。

方案一：

通过香港 UPS 红单快递，可直达日本 11 个亚马逊仓库。全程运费 20 元/kg 左右，加 DG 危险品费用，这都是 UPS 正规 DG 服务，有安全保障。日本乐天仓库大部分在东京，没有 UPS 直达的仓库，就在我们东京仓库进行中转，乐天的电池货物也一样。我们使用西浓快递运输，运费也是相当便宜的，比李总前面使用香港 DG 空运的全程费用至少节省了 30%的运费，而且在时效上提升了 2～4 天。

方案二：

考虑到李总有 MSDS 等文件，我们的海运提供资料去给船公司审核也是无问题的。大批的货物，李总都是安排走我们的海运，海运的运费比快递的运费便宜了近 50%，时效比快递慢了大致一个星期，这是完全可以接受的。

我们给的运输方案总结：快递安全保障、全程追踪，运费比之前便宜近 30%，时效提升了 2～4 天。海运安全保障走的也是危险品柜子，也可全程追踪，比快递又便宜了 50%，时效比快递慢了一个星期。2017 年元旦，我们对各自的工作做了总结，探讨了下一步服务的延伸等各方面问题。李总拿出从 7—12 月这 6 个月的发货报表，与我们讲，仅 6 个月的运输费用，比之前节省了 28 万左右！这个数据就是最好的证明。赚钱不如省钱，省下是现钱。在头程运输这块，按 1 年计算可节省上百万呀！

在接下来的探讨中，李总指出了他的需求：

- 亚马逊、乐天的海外仓仓租贵。
- 新的账号用自发货形式。
- 雅虎和亚马逊自发货账号需要实现一件代发。
- 部分货物需要代收货款。
- 退件换标重新入库。
- 退件的检测、维修、包装等事宜。
- 不良品返回大陆返修。

这方面我们都是熟悉的、有经验的，于是我们给出了对应的报价和服务方案。

海外仓可以提供退货换标、检测维修、一件代发、仓储中转、派送、快递代收货款、重新包装等业务。在这一系列的操作和实践中，我们给李总公司在国际物流出口运输、海外仓服务和进口大陆等一系列的动作和服务上，获得了彼此的信任和支持。在海外仓的服务中，李总公司的一系列物流问题和货品问题都得到了很好的解决，这些又大大提升了李总公司的销售量、物流指标和间接性节省了大部分的产品费用。

至 2019 年 3 月，李总公司在亚马逊和乐天的移动电源排名已经上涨到前三位，每年为公司节省的费用高达上百万。

故此，我们也与李总公司达成了战略合作伙伴关系，相互支持。

美国市场和加拿大等欧洲市场，我们也布局了海外仓，依然使用我们认为最可行的方案进行操作其他海外仓的事情。

项目九

跨境电商客户服务

在跨境电商实际工作中，客户服务工作承担着跨境买卖双方之间信息交换的重任，是联系买卖双方的桥梁与纽带，是跨境电商行业众多岗位分工中最基础且前沿的岗位。跨境电商客户服务可分为售前、售中和售后三个阶段，各阶段的业务处理流程和内容均有所不同，其中售后纠纷的处理将直接影响店铺的正常运营和客户的购物体验。因此，熟练掌握与客户沟通和进行客户管理的能力，是跨境电商卖家的必修课。

本项目将介绍如何与跨境客户进行售前沟通的准备工作、售中沟通的方法、售后纠纷问题的处理技巧，并纳入各阶段所需的英文语言材料，旨在提高跨境电商客服人员的语言沟通能力和纠纷处理技能。

任务一　跨境电商售前客服

任务描述

在跨境电商售前客服的工作过程中，分清售前客服的业务范围，了解售前客服的工作内容，做好售前客服与沟通的准备工作，并掌握进行售前客服所需的英语沟通模板。

学习目标

1. 了解与跨境消费者进行售前沟通的常见内容。
2. 能根据跨境电商询盘常用模板，快速处理客户常见问题。

任务分配

本任务为分组任务：根据不同内容的售前客服任务，每组若干组员在组长带领下，根据【任务准备】板块的若干引导问题进行任务分工，分别完成某一具体的跨境电商售前客服任务内容。

任务准备

引导问题 1：跨境买家在购物前常见的顾虑有哪些？

引导问题 2：跨境卖家客服人员在上岗前应做的准备工作包括哪几方面内容？

任务实施

一、跨境电商售前客服的业务范围与准备工作

1. 跨境电商售前客服的业务范围

在整个客户服务的工作流程中，售前客户服务的工作内容主要是从事引导性的服务，如迎接客户、推荐产品、回答客户（包括潜在客户）对产品技术方面的咨询、提供客户下单指引等。也就是说，从客户进店咨询到拍下订单付款的整个工作环节都属于售前客户服务人员的工作范畴。跨境售前客户服务业务范围及工作流程如图 9-1 所示。

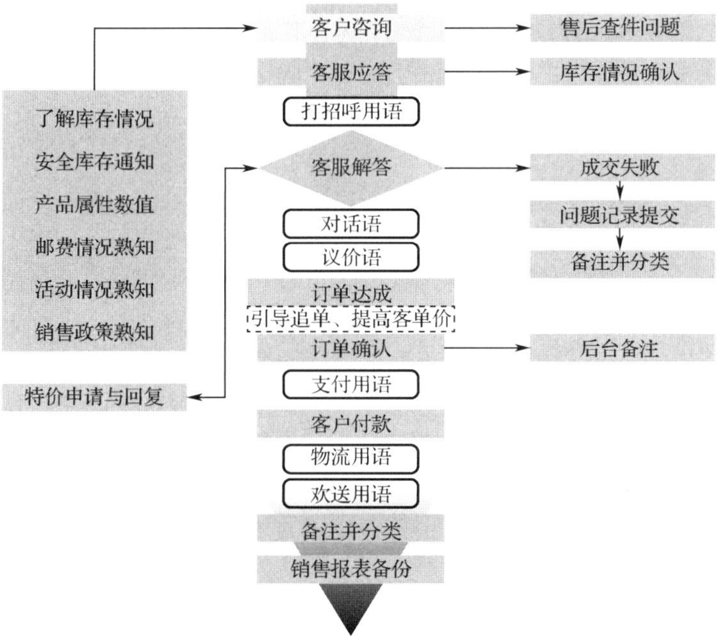

图 9-1　跨境售前客户服务业务范围及工作流程

2. 跨境电商售前客服的准备工作

售前客户服务人员需要充分做好售前准备的工作，掌握客户心理，灵活运用沟通的技巧，了解跨境电商平台的规则与注意事项，熟悉产品信息，了解相关的产品推广活动，熟悉沟通工具的使用等，这些都属于售前客户服务人员最基本的工作能力。

（1）把握公司及产品情况

售前客服阶段是跨境电商客服人员在向跨境买家展示自己专业能力的绝佳机会，是对自

己公司和产品重要的推荐时机，无论是对自己公司的背景、文化的介绍，还是关于产品涉及的专业术语、行业专用概念的描述，抑或是有关购买流程中涉及的税费及物流问题的回复，售前客服人员都需要介绍得简明扼要，并能用通俗易懂的方式向买家进行解释和说明。

良好的售前客户服务能有效地增强客户对卖家的信任感，进而形成客户黏性，将初次询盘和偶然询盘的客户转化为自己的长期客户。这就需要跨境客服人员在售前很好地把握自己公司及所售产品的基本情况，从而提供专业的介绍。

（2）掌握客户心理

① 掌握客户静默式下单的心理。很多时候，跨境电商的客户在下单购买之前不大会与卖家进行联系。这就是我们所谓的“静默式下单”。这就意味着，在跨境电商中，客户在售前联系客户服务人员，往往是带着问题来的。例如，客户购买的是一个技术型产品，或者客户需要进行批发式的购买，客户下单前联系卖家是为了就一些特殊的技术指标或批发条款进行确认。由于买卖双方在时间和空间上的差异，加上在语言与文化方面可能存在差异，客户作为不专业的一方，有时很难清晰地理解某些中国卖家写出的英文产品说明。因此，售前客户服务人员一定要关照外国客户的心理需求，清楚、明确地进行产品介绍，提供专业化的咨询服务，这样才能有效地引导客户购买产品，提高咨询转化率。

② 配合客户需要得到确定回答的心理。从商务礼仪的角度讲，售前客户服务人员要确保在谈判开始时就做谈判的主导者，设法引导客户的情绪，为后面的双面沟通与问题解决打好基础。

在跨境电商中，当出现问题时，客户普遍会感到问题很棘手，并容易出现焦躁心态，这是非常正常的。针对售前客户服务工作中可能出现的各类问题，卖家首先需要做到的就是在沟通的每个环节，特别是在与客户第一次的接触中，设法淡化时间、空间上的疏离感，在第一时间向客户保证能够为客户答疑解惑，帮助客户顺利地购买到心仪的商品。在实际的售前客户服务工作中，要从字里行间的细节里向客户呈现出感恩的态度，这对于顺利解决问题、说服客户接受卖家提出的解决方案，甚至降低解决问题的成本，都是非常有效的。

③ 回复客户的每条消息。许多跨境电商平台都会在后台系统监控所有站内信或订单留言的平均回复时间。卖家平均回复时间越短，时效越高，也能侧面体现卖家的服务水平越高。无论在何种情况下，售前客户服务人员在与客户进行的互动中都要对客户所有的消息或者邮件进行回复。这既是出于礼貌，也是出于平台要求的角度考虑。

3. 售前推销话术准备

虽然跨境电商行业并不是每一岗位都需要具备高超的外语技能，但是对客户服务岗位而言，熟练掌握最主要客户的语言却是必需的。准备售前推销话术时有以下几点需要注意。

① 客户服务人员需要不断加强对语言的学习，练就扎实的基本功，特别需要准确并熟练地掌握所售产品的专业词汇，还要注意与语言相关的沟通技巧，尽量避免低级的拼写与语法错误，正确使用客户的母语。这样一方面可以展示出卖家对客户的尊重，另一方面也可以有效地提高客户对卖家的信任感。

② 如果是通过邮件与境外客户进行联系，邮件中不要有成段的大写。某些卖家为了在较多的邮件文字中突出展示重点信息（如促销优惠信息等）而采用成段的大写字母，这样做虽然可以有效地突出重点，让客户一眼就看到卖家所要表达的核心内容，但也会产生不良作

用。例如，有的客户可能会投诉："Why do you always yell to me？"（你为什么总对我嚷嚷呢？）这是因为，在英语里，文本中成段的大写表达的往往是愤怒、暴躁等情绪，是一种缺乏礼貌的书写方式。因此，客户服务人员需要在日常工作中注意这一细节。

③ 在与客户沟通的过程中，为方便绝大部分客户的阅读，售前客户服务人员应当尽量使用结构简单、用词平实的短句。这样可以在最短时间内让客户充分理解客户服务人员所要表达的内容。当前在跨境电商平台上使用最多的语种是英语，但跨境买家来自全球两百多个国家和地区，很多买家的母语并不是英语。于是，不少客户需通过谷歌翻译等在线翻译工具来阅读产品页面与沟通内容。针对这种情况，售前客服人员更要简化书面语言，提高沟通效率。

④ 客户服务人员撰写邮件时，还需要特别注意按照文章的逻辑将整篇邮件进行自然分段，并在段与段之间添加空行。这样做一方面有利于客户简单地浏览非重要的段落，快速跳至重点信息，有效地节省客户的阅读时间，增加客户与卖家的沟通耐心；另一方面，清晰地按逻辑进行分段，可以给客户以专业、有条理的印象，增加客户对卖家的信任感。

二、跨境电商售前常见问题的回复

售前客户服务的工作要注意多方面的细节，这样一方面可以从源头上避免纠纷，另一方面还可以提高客户的购物满意度。售前客户服务人员必须掌握足够的商品信息及相关知识，这涵盖商品专业知识、商品周边知识、同类商品信息和商品促销方案等。其中商品专业知识包括产品质量、产品性能、产品寿命、产品安全性、产品尺寸规格、产品使用注意事项等内容，而商品周边知识则包括产品附加值和附加信息等内容。售前客户服务人员要保证及时应对不同国家及地区的客户所提出的各种问题，切忌含糊其词、答非所问。

以下将以售前客户服务工作过程中客户最关心的典型问题来举例说明售前客户服务的主要工作内容。

1. 有关商品询价的回复

当有客户询价时，售前客户服务人员在回复内容中要感谢对方的询问，表达出想与对方建立业务往来的希望，告知对方订单的达成条件并报价。下面以客户的大量订单询价为例。

Q: Hello, I want to order×××pieces for this item, how about the price?

A:

Dear buyer,

Thanks for your inquiry. We cherish this chance very much to do business with you. The order of a single sample product costs $×××with shipping fees included. If you order×××pieces in one order, we can offer you the bulk price of $×××/piece with free shipping. I look forward to your reply. Regards!

(Your name)

参考译文：

问：你好，我想订购此产品×××件，价格是多少呢？

答：

亲爱的客户：

感谢您的询价。我们非常珍惜这次与您做生意的机会。单样产品的订单成本为×××美元，含运费。如果您一次订购×××件，我们可以向您提供×××美元/件的批发价，并免费发货。期待您的答复。祝好！

（你的名字）

2. 有关商品细节咨询的回复

售前客户服务人员与客户的对话内容大部分是围绕商品本身进行的，所以在沟通交流的过程中，客户很可能会问及关于商品的专业问题。一个清晰明了的产品描述意味着能够让客户快速获取所需要的信息，并且没有多余的疑问。售前客户服务人员熟悉产品知识是与客户交流谈判的基础，售前客户服务人员对商品细节问题越熟悉，客户对售前客户服务人员的信赖度就越高。

例如，服装的尺寸没有统一标准的尺码，目前最为常用的有4种型号，分别是国际码、中国码、欧洲码和美国码，这4种尺码是可以互相转换的。售前客户服务人员不仅要清楚地知道尺码的大小差异，还要知道它们之间的转换方法，以便给客户提供明确的尺码推荐，必要时可以向客户提供尺寸图。

Q: Hello, seller, I wear US size 8, could you give me some advice on which size I should buy from you?

A: Hello, dear customer, size M of this dress will fit you pretty well. Please feel free to contact us if you have any other questions. Thanks!

参考译文：

问：你好，卖家，我平时穿美国码8号，我该从你这儿买什么尺寸的？

答：您好，亲爱的客户，M号的连衣裙对您会很合适。如果您有任何其他问题，请随时与我们联系。谢谢！

3. 有关支付方式疑问的回复

针对客户关于某平台特定支付方式的咨询，如eBay要求买家使用PayPal账号支付，跨境客服人员可以参考下面的例子回复问题，引导客户进行正确付款。

Q: Do you accept check or bank transfer? I do not have a PayPal account.

A:

Thank you for your inquiry.

For the sake of simplifying the process, I suggest that you pay through PayPal. As you know, it always takes at least 2-3 months to clear an international check so that the dealing and shipping time will take too much time.

PayPal is a faster, easier and safer payment method. It is widely used in online international business. Even if you do not want to register a PayPal account, you can still use your credit card to go through checkout process without any extra steps.

Hope my answer is helpful to you.

Yours sincerely,

(Your name)

参考译文：

问：你们接受支票或银行转账吗？我没有贝宝账户。

答：

感谢您的咨询。

为了简化流程，我建议您通过贝宝支付。正如您所知，兑现一张国际支票至少需要2～3个月，那么交易和运输上势必花费太多的时间。

贝宝是一种更快、更便捷、更安全的支付方式。它广泛应用于国际在线业务。即使您不想注册贝宝账户，您仍然可以使用信用卡进行结账，无须任何额外的步骤。

希望我的回答对您有帮助。

此致

（你的名字）

4. 有关修改价格的回复

当客户购买多件商品时，客户服务人员可以在邮件中告诉客户关于修改价格及合并支付的操作。

Dear buyer,

If you would like to place one order for many items, please first click “add to cart”, then “buy now”, and check your address and order details carefully before clicking “submit”, After that, please inform me, and I will cut down the price to $××. You can refresh the page to continue your payment. Thank you.

If you have any further questions, please feel free to contact me.

Best regards,

(Your name)

参考译文：

亲爱的客户：

如欲订购多件商品，请先选择“添加到购物车”，接着选择“立即购买”，然后仔细检查您的地址及订单详情后再按“提交”按钮即可。完成这些步骤后请通知我，我将在后台把您的商品价格改为××美元。您可以刷新页面继续完成付款。非常感谢！

如果您还有任何问题，请随时与我联系。

祝好！

（你的名字）

5. 有关运费咨询的回复

当客户一次性购买多件商品时，可能会提出合并运费的要求。这个时候，客户服务人员可以通过修改并发送发货单（invoice）的形式，对客户购买的多件商品只收取一次运费。在发货单发送成功后，可及时告知客户运费已合并，让客户直接通过电子发票进行支付。

Q: Hello, seller, can the shipping fee be paid together as I’ve bought several items from you? Please. send me just in one package, thanks!

A: Hello , dear customer , thanks for your business!

We have combined the shipping already and only charge you the shipping fee once. You can check the invoice I've just sent to you and please make the payment through the invoice directly. Please feel free to contact us if you have any other questions. Thanks!

参考译文：

问：你好，卖家，我从你那儿买了好几样东西，能一起付运费吗？麻烦打包成一个包裹，谢谢！

答：

您好，亲爱的客户，谢谢惠顾！

我们已经合并运费，只收取一次费用。请检查一下我刚发给您的发货单。请直接依发货单付款。如果您有任何其他问题，请随时与我们联系。谢谢！

拓展练习

“双十一”大促即将到来，请以跨境电商客服人员的身份，用英语写一封邮件给以往的买家，告诉他们这次大促的活动信息，刺激他们再次光顾。

任务二　跨境电商售中客服

任务描述

在跨境电商售前客服的工作过程中，了解售中客服的工作内容和职责范围，做好售中客服与沟通、协调工作，并掌握进行售中客服常用的英语沟通模板。

学习目标

1. 了解与跨境消费者通常在售中需要沟通的常见内容。
2. 能根据跨境电商售中客服沟通常用模板，快速处理客户常见问题。

任务分配

本任务为分组任务：根据不同内容的售中客服任务，每组若干组员在组长带领下，根据【任务准备】板块的若干引导问题进行任务分工，分别完成某一具体的跨境电商售中客服任务内容。

任务准备

引导问题 1：售中阶段应该如何划分？

引导问题 2：跨境卖家客服人员在售中阶段可以从哪几个方面对未付款订单进行催付？

任务实施

一、跨境电商售中客服涉及的业务范围

从订单处理的时间阶段划分，售中阶段指的是从客户下单开始到客户签收货物之前的这段时间。这一阶段的工作内容主要包括对未付款订单的催付和对已付款订单的处理，是体现卖家服务质量的重要环节。

售中客户服务与沟通涉及的业务范围包括订单处理、物流跟踪、关联产品定向推荐、特殊订单处理与交流。售中客户服务既是满足客户购买商品欲望的服务行为，又是不断满足客户心理需要的服务行为。在售中阶段，卖家的服务质量是决定客户是否购买的重要因素。因此，提高服务质量对售中客户服务来说至关重要，卖家应该实行售中客户服务规范化，对具体的内容和要求分别制定规则。

售中客户服务与沟通主要负责物流订单工作的处理，工作流程如图 9-2 所示。

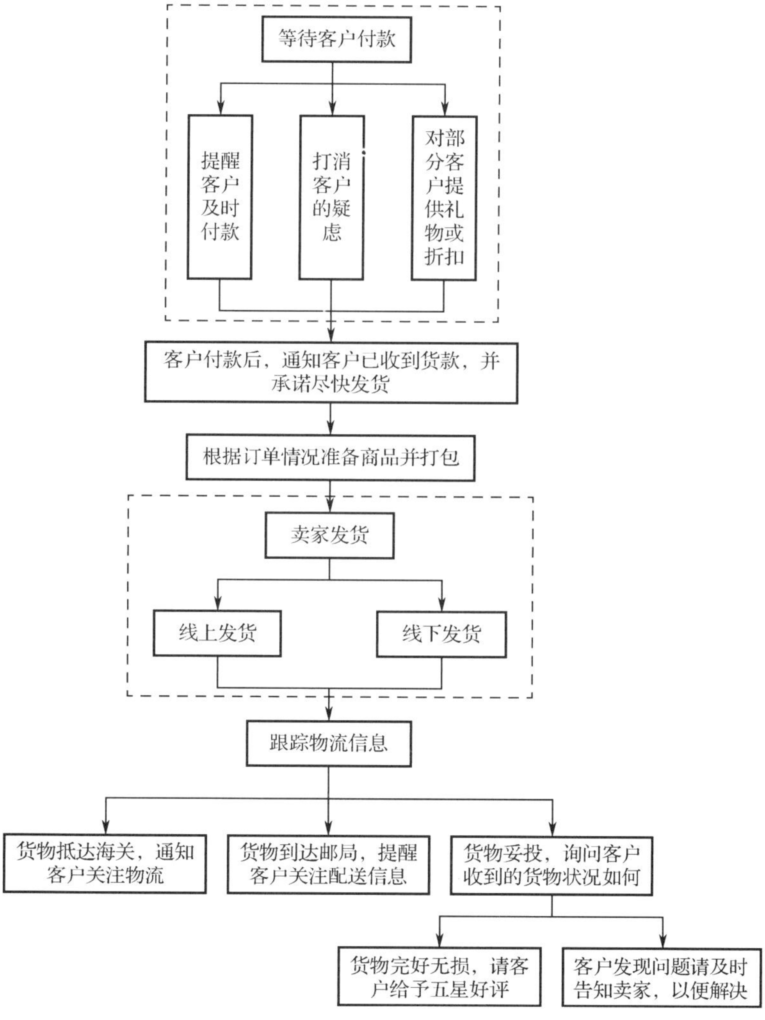

图 9-2　售中客户服务的工作流程

售中客户服务与沟通的主要形式包括邮件交流、在线即时交流及部分口语交流等。在与客户交流时，卖家应该主动、热情、耐心、周到，为客户提供最优质的服务解决方案，把客户的潜在需求变为现实需求，达到商品销售的目的。优秀的售中客户服务人员将为客户提供享受感，促进客户的购买决策。融洽而自然的售中客户服务还可以有效地消除卖家与客户之间的隔阂，在客户与卖家之间形成相互信任的气氛。

二、跨境电商售中订单的控制与处理

售中订单的控制与处理是跨境电商客户服务和沟通的关键环节，直接关系到交易能否达成。

订单处理是跨境电商的核心业务流程。订单处理过程包括的细节和关键点较多。因此，优化订单处理过程，缩短订单处理周期，提高订单满足率和供货的准确率，可以进一步提高客户服务人员的服务水准，并提升客户满意度。良好的订单处理能力在店铺运营中可以节省大量的人力、物力、时间和金钱。

从客户进店拍下产品开始，会出现很多个订单节点，也就是我们常说的订单状态。订单状态分为等待客户付款、客户已付款、卖家发货、交易成功 4 个环节，每一环节都需要客户服务人员去做相应的工作。下面我们主要通过引导客户付款、客户已付款和卖家发货 3 个售中环节介绍跨境电商客户服务人员对于售中订单处理的关键点。

1. 引导客户付款

对于已经被拍下但还未付款的订单，卖家不可以直接关闭订单。通常客户未付款情况的处理方式主要有以下几种，可按下面的沟通模板与买家进行沟通，以引导买家付款。

（1）提醒客户及时付款

通常情况下，如果客户下单后未及时付款，卖家可以通过提醒客户是否有产品价格、尺寸等问题，使用这种委婉的办法来提醒客户付款，并承诺付款后尽快发货。以下是提醒客户及时付款的示例邮件。

Dear customer,

We have got your order of×××. But it seems that the order is still unpaid. If there’s anything I can help with the price, size, etc., please feel free to contact me.

Once the payment is confirmed, I will process the order and ship it out as soon as possible.

Thanks!

Best regards!

(Your name)

参考译文：

亲爱的客户：

我们已经收到了您的订单×××，但是订单似乎还未付款。如果您在价格、尺寸等方面有任何问题，请尽管与我联系。

一旦确认支付，我将尽快处理订单，为您发货。

谢谢您！

祝好！

（你的名字）

（2）打消客户对产品质量或者服务的疑虑

拍下产品半天内未付款的客户可能正在犹豫不决，卖家可以抓住机会强化客户对产品和服务的信心。以下是打消客户对产品质量或者服务疑虑的示例邮件。

Dear customer,

Half a day has passed, and we think that you probably found some other shop whose product is cheaper than ours.

Our company has four-year experience of bags, shoes & accessories business in China, and we have our own factory with more than 100 employees. We will carefully examine the product again before the shipment, and try to avoid your loss. If there is quality problem, take pictures and send them to us. Once confirmed, the problem product will be replaced for free by a new one we offer. Because we believe that thoughtful service is the foundation of business cooperation. We sincerely hope that we can become a good business partner of yours soon.

Best regards!

(Your name)

参考译文：

亲爱的客户：

半天过去了，我们想，您可能在某家店里发现了价格更便宜的产品。

我们公司在中国有 4 年箱包、鞋类及配饰的业务经验，而且拥有自己的工厂，工厂员工超过 100 人。在发货之前，我们将仔细检查产品，努力避免您遭受损失。如果有质量问题，请您拍照，并将照片发给我们。一经核实，我们将免费为您更换新产品。因为我们相信，贴心的服务是商务合作的基础。我们真诚希望，不久我们可以成为您优秀的商务合作伙伴。

祝好！

（你的名字）

（3）提供礼物或者折扣以促成客户付款

有的客户下单后 1～2 天仍未付款，且未回复之前的付款提醒邮件，出现这种情况的原因可能是客户觉得价格偏高，正在考虑价格更优惠的卖家。这时，客户服务人员可以在说明利润较低之后，提出为客户提供礼物或者折扣，促成客户付款交易。以下是处理客户觉得价格偏高的示例邮件。

Dear customer,

We appreciate your purchase from us. But we notice that you have not paid yet.

As a matter of fact, our profit margin is very low. However, we would still like to offer you a small gift / a discount of××% if you are not satisfied with the current price. If there is anything else we can do for you, do not hesitate to let us know.

Enjoy your shopping!

Best regards!

(Your name)

参考译文：

亲爱的客户：

谢谢您在本店购物。但我们注意到，您还没有付款。

事实上，本店利润非常薄。然而，如果您对当前价格不满意的话，我们仍然愿意向您赠送一份小礼品或者提供××%的折扣。如果还有其他可以为您效劳的，请随时告诉我们。

祝您购物愉快！

祝好！

（你的名字）

如果客户服务人员修改完价格，客户仍未付款，可以再次催付。以下是客户服务人员修改完价格后再次催促客户付款的示例邮件。

Dear customer,

We've reset the price for you. We have given you a ××% discount on the original price. Since the price we offer is lower than the market price and as you know the shipping cost is really high, our profit margin for this product is very limited. Hope you are happy with it and you are welcome to contact me if there's anything else I can help with.

Best regards!

(Your name)

参考译文：

亲爱的客户：

我们已经为您重置价格，给您在原有价格的基础上提供了××%的折扣。我们提供的价格比市场价格低，而且您也知道，运输成本非常高，我们从这个产品中获得的利润非常有限。希望您对此满意，欢迎与我联系。

祝好！

（你的名字）

2. 客户已付款

客户付款并通过跨境电商平台风控管理部门的资金审核后，卖家可以通知客户已收到货款，并承诺尽快发货。客户付款成功之后，卖家可查看订单详情。以速卖通平台为例，根据规定，除特殊类目外的所有类目发货期最长设定限制为 7 天，即卖家必须在客户付款后 7 天内进行发货。如果卖家逾期未发货而导致“成交不卖”，影响客户购物体验，也可能会影响卖家等级考核。

如果在客户付款后客户服务人员突然发现库存无货，此时应立即向客户说明，并向客户推荐类似的产品，同时将取消购买流程告诉客户，供客户选择。这种专业的操作方式往往可以赢得客户的谅解。以下是客户服务人员通知客户库存无货并推荐类似产品的示例邮件。

Dear customer,

Thanks for your order. However, the product you selected has been out of stock. Would you consider whether the following similar ones are also good for you:

http: / /www.aliexpress.com /store /product /××××××1.html.

http: / /www.aliexpress.com /store /product /××××××2.html.

If you don't need any other items, please apply for "cancel the order". And please choose the reason of "Buyer Order Wrong Product". In such a case, your payment will be returned in 5-7 business days.

Sorry for the trouble and thank you very much for your understanding.

Best regards!

(Your name)

参考译文：

亲爱的客户：

谢谢您在本店下单。然而，您选择的产品已无存货。您是否愿意考虑以下类似产品呢？

http: //www.aliexpress.com /store /product /××××××1.html。

http: //www.aliexpress.com /store /product /××××××2.html。

如果您无须购买任何其他产品，请您申请“取消订单”，并且选择“客户下错单”这条理由。这样，您的付款将在5～7个工作日返还。

对不起，给您添麻烦了，非常感谢您的理解。

祝好！

（你的名字）

3. 卖家发货

卖家进入速卖通发货界面后，有两种发货方式供卖家选择：一种是线下发货，另一种是线上发货。如果卖家选择线下发货，在面对客户提起的物流纠纷时，有扣除卖家店铺服务分的风险；如果卖家选择线上发货，客户提起物流纠纷将不会扣除卖家店铺服务分。下面介绍这两种发货方式的操作。

第一种，线下发货。

卖家可以选择货运代理公司发货，然后在发货界面单击“填写发货通知”按钮。

卖家需要在“填写发货通知”界面中的“货运跟踪号”文本框中填写快递单号，如图9-3所示。

图9-3　填写货运跟踪号

第二种，线上发货。

中国邮政挂号小包是中国邮政针对 2kg 以下小件物品推出的空邮产品，运送范围为全球。图 9-4 所示为线上发货操作流程，包括 7 个主要步骤。

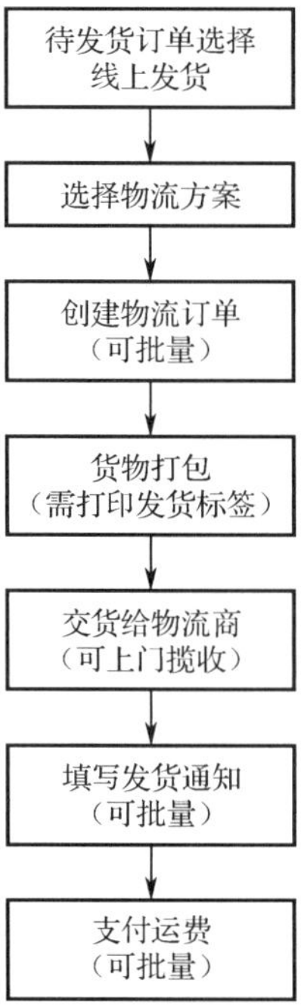

图 9-4　线上发货操作流程

拓展练习

请以跨境电商客服人员的身份，在得知买家对包邮问题存在疑虑的情况下，用英语发站内消息给某位未付款的买家，引导买家付款。

任务三　跨境电商售后客服

任务描述

在跨境电商售后客服的工作过程中，针对不同的售后评价给出回复，进行售后常规问题的处理。

学习目标

1．掌握针对不同售后评价的常见回复方式。

2．了解售后常规问题的处理方式。

任务分配

本任务为分组任务：根据不同内容的售后客服任务，每组若干组员在组长带领下，根据【任务准备】板块的若干引导问题进行任务分工，分别完成某一具体的跨境电商售后客服任务内容。

任务准备

引导问题1：跨境电商售后评价分哪几种？

引导问题2：跨境客户在购物后通常会出现哪些售后问题？

任务实施

一、跨境电商售后评价

售后评价指的是跨境电商平台上客户对卖家提供的商品和服务给出的最后证明与反馈。一般来说，各跨境平台的客户都非常关心自己购买的商品在平台上的售后评价。据调查，90%的客户会在购物之前查看商品的售后评价，以决定在哪个卖家那里购买。对于以B2C商业模式为主的跨境电商平台而言，平台商品的售后评价不仅直接关系着客户的购物决定，还关系着客户愿意花费的金额。同样有调查显示，人们愿意多花30%以上的价格来购买服务等级为优的卖家销售的商品。因此，跨境电商的卖家也都非常重视客户的评价。

在跨境电商领域的各大平台上，售后评价一般分为好评、中评、差评和未评价。无论是哪种评价，客户服务人员都要认真对待，及时沟通。客户的好评是跨境卖家声誉的延伸，好评率越高，潜在客户就越信赖卖家，商品销量也就越高。

1. 好评回复

在欧美各国文化背景的影响下，“感恩”一直是欧美国家普遍认可的一种美德。美国、加拿大、希腊等国各自的感恩节就是这种社会认知的集中体现。跨境电商卖家的利润甚至整个事业，都来自海外的客户。因此，每个代表跨境电商卖家的跨境客户服务人员都理应对客户怀有感恩的态度。

客户的好评往往能够“四两拨千斤”，为跨境电商卖家带来源源不断的曝光、转化及二次转化。一笔交易完成后，如果客户给予了好评，那么卖家的客户服务人员一定要及时地表达感谢，这样有利于提高客户满意度，能够很大程度上提高复购率和转化率。这种情况下的回复可参考下面这个沟通模板。

Dear friend,

Thank you very much for your support and your satisfaction is our permanent pursuit! We will redouble our efforts to continue providing you with better products and service!

Best wishes to you!

(Your name)

参考译文：

亲爱的朋友：

非常感谢您的支持，您的满意是我们永远的追求！我们将再接再厉，继续为您提供更好的商品和服务！

祝您好运！

（你的名字）

2. 中差评的修改

一般而言，只要存在交易行为，就可能会有客户产生意见，于是在跨境电商售后评价中，中差评是时常存在的。而中差评会对跨境电商卖家店铺的声誉及刊登商品的销售带来不良影响。

有些跨境电商平台是支持卖家和客户协调一致后，进行中差评修改的，如亚马逊平台；而有些平台则不行，如 Wish 平台。在亚马逊平台上，卖家如果收到了中差评，认为客户给自己的评价不公正，那么在评价生效后一个月内，可以自主引导客户修改评价为好评。跨境电商售后客户服务人员引导客户修改评价的基本步骤分为了解原因和恳请客户修改两步，工作流程如图 9-5 所示。

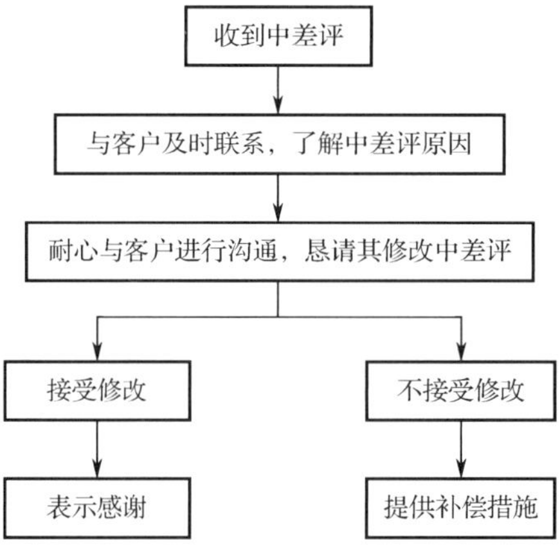

图 9-5　售后客户服务中差评工作处理流程

（1）了解中差评原因

跨境电商卖家一旦收到中差评，售后客户服务人员应立即联系客户。无论是什么原因造成的中差评，客户服务人员都要跟客户主动而真诚地道歉，以缓解客户的不满情绪，让客户心平气和地与我们沟通该订单存在的问题，然后再分析出现中差评的原因。一般来说，在跨境电商中，可能引起中差评的原因主要有 3 种，可归纳为如表 9-1 所示的内容。

表 9-1　跨境电商中差评原因和应对策略

中差评原因	具 体 表 现	应 对 策 略
商品图片与实物不符	为了使图片更加美观，卖家在商品图片中添加一些商品本身没有的效果，导致商品实物与图片在颜色、形状、质感上存在差别	客户服务人员可主动向客户解释原因，并提供商品原图。此外，卖家在上传商品图片时可以多展示一些不同角度的细节图，尽量让客户对商品有一个全面的视觉印象

续表

中差评原因	具体表现	应对策略
标题上有 Free Shipping，实际上客户却需要付费	标题上虽写着 Free Shipping，但由于一些国家或者地区的进口税政策需要客户支付关税，由此导致客户的不满	客户服务人员在发货时要注意填写货物的申报价值，弄清楚是否还会产生关税，并且要提前与客户沟通好关于关税的问题，取得客户的理解
信用卡账户出现额外扣款	客户在跨境电商平台上购物无须向平台支付任何手续费，但是客户使用信用卡支付时却被扣了手续费，使得客户产生疑问和不满	客户服务人员可提前向客户解释清楚，此手续费可能是由于各家银行对付款手续费有不同的规定，跨境电商平台并不存在向客户收取交易手续费的问题，但有时需要向银行支付手续费

当然，除表 9-10 中提到的三大原因外，客户期望值过高、商品质量不过关、包装破损、物流速度慢等问题都有可能造成跨境客户的体验值和满意度下降，如果沟通不够，那么客户的不满就可能演变为纠纷。不管是因为哪种原因导致的客户中差评，售后客户服务人员都需要通过邮件和站内信等方式跟客户解释清楚，最后再寻求切实可行的办法来解决问题。

（2）恳请客户修改中差评

在与客户协商解决了问题之后，客户服务人员可以进一步与其沟通，请求客户修改评价。一般而言，在订单问题得到解决后，客户表示满意，大都会答应修改之前给出的评价；而对于没有任何回应的客户，可以再次发邮件，甚至给予实际利益作为诚意，再次请求客户修改评价。具体沟通内容可参见如下邮件。

Dear (customer name),

We are sorry to see that you left neutral / negative feedback relating to your recent purchase experience from our store. But I’m pleased we have solved the problem together. I hope you’re satisfied with our solution.

Now that we have solved the problem, would you please spare some time to change your feedback into a positive feedback? (Link to Revise Feedback:××××××) You know 5-star is really important for us.

Thanks again and we sincerely look forward to establishing long business relationship with you.

Best regards.

(Your name)

参考译文：

亲爱的（客户姓名）：

您最近在我店有不愉快的购物经历，留下了中差评，我们深表歉意。但我也很高兴我们一起解决了这个问题。我希望您对我们的解决方案感到满意。

现在我们已经解决了这个问题，您能花些时间将您的反馈改为好评吗？（修改反馈的链接：××××××）您知道五星级对我们来说非常重要。

再次感谢，我们真诚期待与您建立长期的业务关系。

给您最好的问候。

（你的名字）

总之，在跨境电商业务范围中，通过沟通协调，若客户同意修改中差评，客户服务人员要及时地真诚道谢；而对于不同意修改中差评的客户，客户服务人员可以给予客户优惠返现、下次购买折扣等好处，尽可能地打动客户，促使其修改中差评为好评。

3. 对未评价的催评

跨境电商涉及众多不同地区的客户，由于地域的限制、个人习惯的差异等，卖家不可能期待所有客户都能在收到商品的第一时间就给予评价，但一般的客户会在收到商品的 2～3 天内给予售后评价，这是非常正常的。如果有些客户收到商品后 3～5 天内没有留下评论，那么卖家的客户服务人员就可以向客户发送邮件，询问他们是否收到包裹、对商品是否满意，表示如果客户不满意会尽最大努力帮忙等。邮件末尾，可以把希望客户尽快给予评价的请求"伪装"在邮件中，礼貌地请求客户留下正面的评价，以帮助未来客户判断该商品是否适合他们，并表示感谢。以亚马逊平台上的某订单为例，沟通模板如下。

Hi (customer name),

Could you tell me if×××(product name) has been successfully delivered to you? If you have got it, we sincerely hope you will like it and be satisfied with our service. If you have not got it or have any problems at all, don't hesitate to contact us so we can help you out. We would also love to know your honest opinion of the product. Please click here (link to review site:××××××) to leave a product review on Amazon.

Thank you very much!

Yours sincerely,

(Your name)

参考译文：

（客户姓名），您好！

您能否告诉我×××（商品名称）是否已成功交付给您？如果您收到货了，我们真诚地希望您会喜欢它并对我们的服务感到满意。如果您还没有收到或有任何问题，请您随时与我们联系，以便我们为您提供帮助。我们也很想知道您对该商品的真实意见。请单击此处（评论网站的链接：××××××）在亚马逊上留下商品评论。

非常感谢您！

此致

（你的名字）

这封跨境电商平台邮件/站内信虽然不长，但很管用。因为它既留下了关于这一订单的信息，同时也简洁地对客户发出了留下评论的请求。

二、跨境电商售后纠纷的处理方式

如今，除购买技术型产品或者进行批发式购买等特殊情况外，跨境电商的客户大都是"静默式下单"，即在下单购买之前不与卖家联系。也就是说，跨境电商客户联系卖家，大部分是在售后过程中出现了纠纷。

在跨境电商售后客服工作中，当怒气未消的客户提出质疑时，客户服务人员应该运用技巧，引导客户情绪，为使客户接受解决方案打下基础。在面对售后纠纷问题时，一个专业的跨境电商客服人员应展现的态度和应对售后纠纷的处理方式如下。

1. 在回复的头尾均表达感谢

感恩是世界各国普遍认可的一种美德。即使客户是来投诉的，客户服务人员打完招呼后的第一句话也应该是：

Thanks for shopping with us.（谢谢您在我方购买商品。）

这就要求客户服务人员在字里行间都表现出感恩之心，让客户感受到在后续的协商沟通中，客户服务人员是能够贴心地为客户着想的，从而为说服客户接受为其准备的问题解决方案奠定基础。实际上，这样的解决态度可以大幅降低沟通成本。同理，在沟通邮件或站内信的末尾，客户服务人员可以再次表示歉意：

We sincerely apologize for the trouble brought to you, and thanks for your kindness and tolerance for this problem.（我们真诚地对给您造成的困扰表示歉意，并感谢您在这一问题上的理解和宽容。）

2. 淡化问题的严重性，积极主动地解决问题

客户服务人员一定要学会换位思考，如果客户从异国他乡满心期待地给自己买回心仪商品，经过数周的等待及无数次地关注物流动态，最后发现物流没有妥投，或者货不对板，心情无疑是十分沮丧的，非常想向卖家倾诉。这时即使不是卖家的错误，也要让客户把话说完，表明愿意解决问题的态度，使对方感受到诚意。例如：

We are really sorry to hear that and we will surely help you solve this problem.（了解到您的问题，我们深感抱歉，我们一定会协助您尽快解决问题。）

3. 保持专业态度解决问题

跨境电商的特点是专业人员少，客户大多不是大批量采购，于是客户服务人员在帮助客户解决问题的过程中，更需要从专业的角度出发来解决。一方面，客户服务人员要详细询问并了解发生纠纷的真实原因；另一方面，客户服务人员在对客户解释时要尽量简化物流或报关查验过程的专业术语，通俗地做出解释。在提出解决方案时，客户服务人员要提出负责而有效的解决方案，不能以敷衍搪塞的说法让客户再等几天，否则会惹怒客户。

4. 保证最后一次回复来自客户服务人员

良好地解决问题不仅有助于客户服务人员自身能力的提升，也有助于增加客户的信任感，形成客户黏性。所以，每次客户的反馈一定要回复。无论何种沟通方式（如电邮、站内信、即时通信等），一定要保证最后一次的回复是卖方做出的。这是对客户的尊重与重视。

拓展练习

一位买家投诉称收到商品时包裹的内外包装均被打开，请你以跨境电商客服人员的身份与其进行合理的售后客服沟通。

项目十

跨境电商支付与提现

跨境电商支付与提现是打通跨境电商生态圈的重要环节，是跨境电子商务订单完成的重要标志性环节。传统的跨境支付和提现方式涉及的中间环节较多，费用较高且到账时效性不高。随着互联网技术及应用的发展，跨境电子商务快速发展，新型跨境支付与提现方式应运而生。本项目将从如下三个方面全面介绍跨境电商的支付与提现：国内跨境电商支付方式与流程、国外跨境电商支付与结算平台、跨境电商的回款提现。

任务一　国内跨境电商支付方式与流程

任务描述

在良好的监管政策环境下，中国跨境支付业务得到了快速发展。作为跨境电子商务交易的订单完成环节，跨境电子支付的标志性意义显而易见。与传统的支付方式相比，跨境电子支付解决了传统模式的痛点，降低了金融服务的成本和门槛，提高了服务频次，扩大了金融服务的受众群体。而跨境电子支付有它的最大的优势：第一，电子化，无纸化，十分便捷；第二，突破了地域限制，大大节省了客户的时间；第三，第三方支付通过技术手段降低了金融服务的门槛和成本；第四，满足了小额高频的交易需求。在此任务下，跨境卖家要了解国内跨境电商支付方式、熟悉国内跨境电商支付流程。

学习目标

1．了解国内跨境电商支付方式。
2．熟悉国内跨境电商支付流程。

任务分配

本任务为分组任务：将全班同学分成 6 组，根据国内跨境电商主流支付方式与流程，每组组员在组长带领下，进行任务分配，根据【任务准备】要求进行任务分工，完成任务内容。

任务准备

假设你所在的公司是一家贸易公司（Zhuhai ABC E-Commerce CO., Ltd.），经过交易磋商，最终与客户确定了在阿里巴巴国际站线上支付，订单总金额为 10 万美元，这种情况下你会给客户推荐使用哪种支付方式？如何引导客户完成支付？

请查阅跨境电商支付相关资料，回答上述问题。

任务实施

要回答上述案例两个问题，我们首先需要了解我国跨境电商的主要支付方式，其次了解我国跨境电商的支付流程。因此，本任务实施起来分为如下两个步骤：了解我国跨境电商的主要支付方式、熟悉我国跨境电商的支付流程。

一、我国跨境电商的主要支付方式

我国跨境电商支付方式总体有两大类：网上支付（包括电子账户支付和国际信用卡支付，适合小额的跨境零售）和银行汇款（适合大额的跨境交易）。无论是信用卡还是借记卡，只要开通了网上银行功能，就可以实现跨境电商支付（图 10-1 所示为阿里巴巴国际站上的支付方式）。不过信用卡目前在我国的发展非常快，普及率也在剧增，城市年轻白领群体使用信用卡进行跨境电商支付的方式尤为普遍。

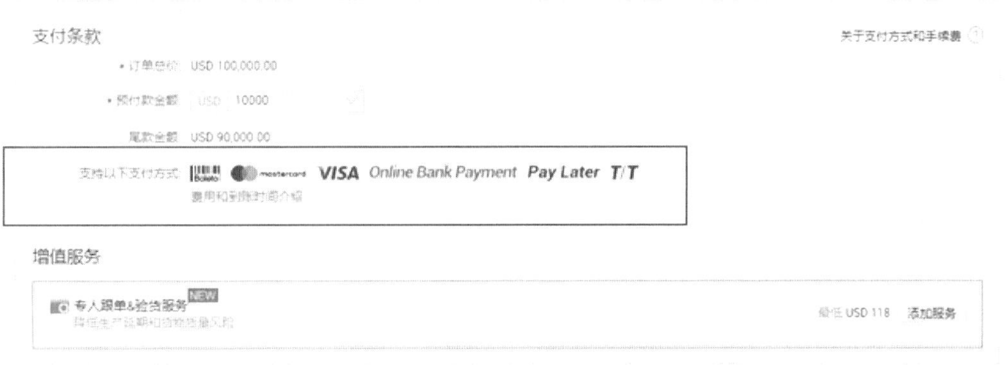

图 10-1　阿里巴巴国际站上的支付方式

目前我国主流的几种线上跨境支付结算的方式有如下 5 种。

1. 国际信用卡

国际信用卡是一种商业银行或者国际信用卡组织签发给那些资信良好的人士并可以在全球范围内进行透支消费的卡片，同时该卡也被用于在国际网络上确认用户的身份。国际信用卡在发行卡片的国际发卡组织的会员（银行）的特约商内都可以签账。图 10-2 所示为中国工商银行与 Visa 发行的联名国际信用卡。正是由于国际信用卡的上述特征，跨境电商网站可通过与 Visa、MasterCard 等国际信用卡组织合作，或直接与海外银行合作，开通接受海外银行信用卡支付的端口。亚马逊、eBay 等跨境电子商务平台普遍接受主流国际信用卡支付。

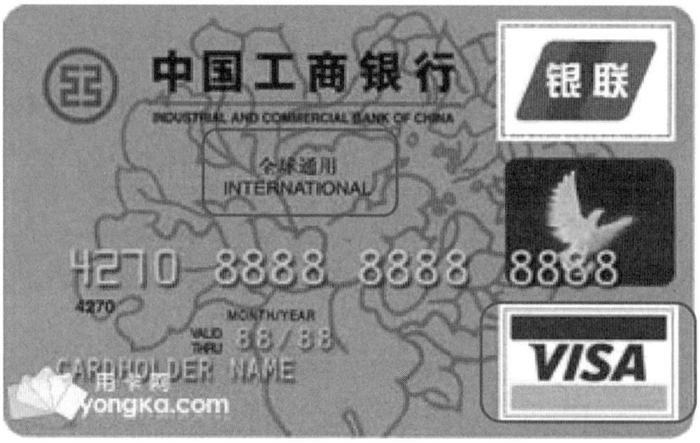

图 10-2　中国工商银行 Visa 联合信用卡样卡

世界上最知名的三大国际信用卡组织为 Visa、MasterCard、JCB。目前国际上六大信用卡品牌为 Visa、MasterCard、American Express、JCB、Diners Club 和 UnionPay（见表 10-1）。其中前两个更为中国卖家所广泛使用。通常，国际信用卡以美元作为结算货币，可以进行透支消费（先消费后付款），在欧美国家尤为流行。从事跨境电商零售 B2C 的平台和独立 C2C 平台卖家更多选用国际信用卡。

表 10-1　六大国际信用卡对比

名　称	标　志	发行国家	类　别	主要活跃地	受理业务国家数量	合作中国银行
威士（Visa）		美国	国际组织	美国，中东，非洲，欧洲，拉丁美洲	200 多个	全部
万事达卡（MasterCard）		美国	国际组织	欧洲，美国	210 多个	全部
美国运通（American Express）		美国	信用卡公司	美国、墨西哥、哥伦比亚和智利的首选付款方式之一	130 多个	中国工商银行等 16 家
日本国际信用卡（JCB）		日本	信用卡公司	日本，东南亚	190 多个	中国银行，招商银行等数十家
中国银联（UnionPay）		中国	信用卡公司	中国，巴基斯坦	178 个	全部
大莱信用卡（Diners Club）		美国	信用卡公司	智利，哥伦比亚，巴西，阿根廷	185 个	中国工商银行

由于近年来我国的跨境电商发展非常迅速，人民的购买能力越来越强，银联卡的国际信用卡业务增长十分迅速。自从银联卡于 2012 年 11 月成立了银联国际，负责运营国际业务以来，银联国际以会员制吸引全球合作伙伴，拓展银联卡境外受理网络，扩大银联卡发行和使用，开展创新支付的跨境应用，提升银联品牌的国际影响力。通过与全球 2000 多家机构合作，银联卡全球受理网络已延伸到 178 个国家和地区，境外 60 个国家和地区发行了银联卡。银联国际正在为全球最大的持卡人群提供优质、高效、安全的跨境支付服务，并为越来越多境外银联卡持卡人提供日益便利的本地化服务。

国际信用卡支付的优势是，作为欧美最流行的支付方式，信用卡的用户人群非常庞大（见图 10-3）。我国信用卡的认知度相较欧美较低，但近年来逐渐增高，尤其是大城市白领的使用频率较高。信用卡基于银行信用，有利于保护买卖双方的利益。但是，信用卡支付也有相应的劣势，即接入方式麻烦、需预存保证金、付款金额偏小。此外，问题最为突出的是信用卡支付收费高昂。例如，在阿里巴巴国际站上使用信保订单时，信用卡支付手续费 2.95%，买家付款时手续费和货款需要单独支付，给买家带来额外的费用和不便。

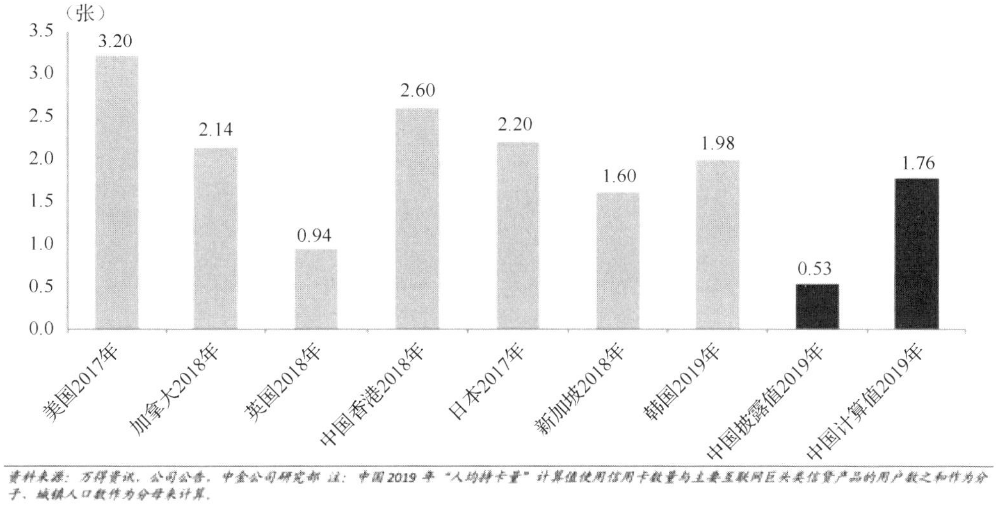

图 10-3 世界主要国家和地区的信用卡人均持卡量

2. 国际电汇

电汇的英文全称是 Telegraphic Transfer，简称 T/T。国际电汇是通过银行电汇款项，汇出行应汇款人的申请，拍发加押电报或电传给在另一国家的分行或代理行（汇入行），指示其付一定金额给收款人的一种汇款方式。国际电汇是最早出现的跨境支付方式，一般通过 SWIFT Code（银行国际代码）通道传输数据，到账较慢（2～3 天），手续费较高。国际电话的手续费通常包括电报费、手续费和中转费。手续费费率为 0.05%～0.1%，电报费为 0～200 元不等。电汇属于商业信用，因此，买家往往掌握着最终付款权。

尽管国际电汇到账慢、费用较高，但是，由于在 B2B 的交易中，大额交易较多，对安全性的要求较高，国际电汇依然为很多的 B 端卖家所青睐。选择国际电汇作为付款方式是我国目前 B2B 跨境电商平台众多卖家的选择。图 10-4 所示为汇丰银行国际电汇支付水单。在实际支付过程中，选择国际电汇付款通常包括如下几种方式：

① 100%前 T/T：即在安排生产或交货前，买方先将全部货款以电汇的方式汇付给卖方。

② 100%后 T/T：即在交货或装运后，于寄单前或寄单后，再将全部货款以电汇的方式汇付给卖方。

③ 混合式 T/T，即前“T/T”与后“T/T”的结合：即先 T/T 部分货款，然后于寄单前 T/T 所余货款。如买卖双方往往会在合同中约定“TT 30% in advance and 70% after copy of B/L（Bill of Lading 海运提单）”。

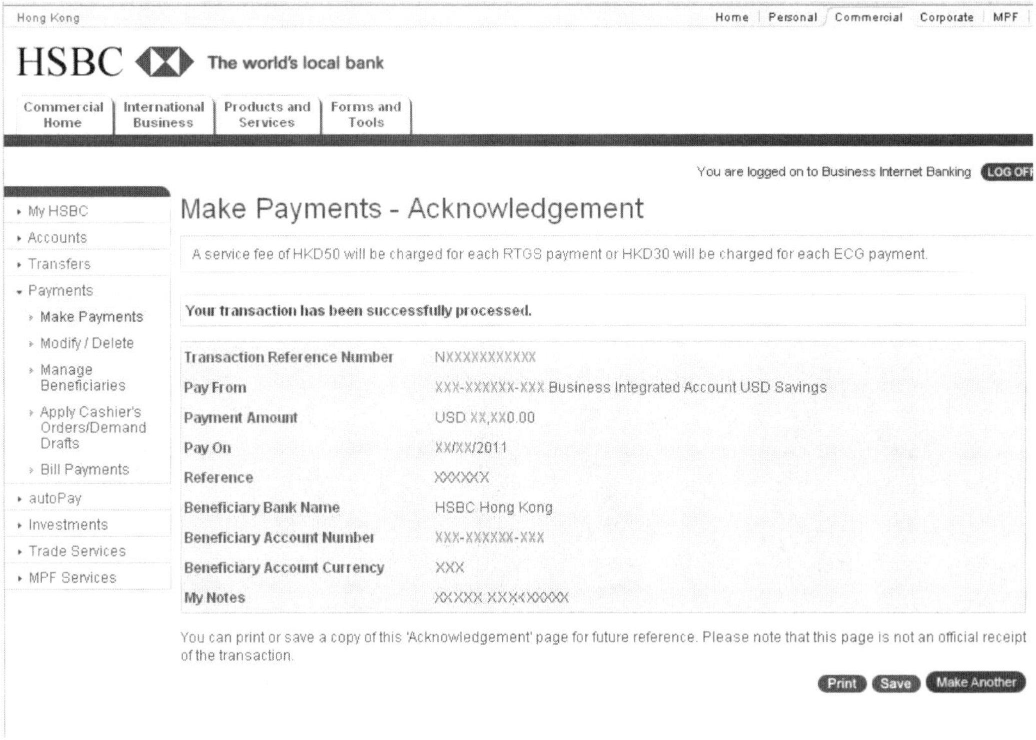

图 10-4　汇丰银行国际电汇支付水单

3. 信用证

跨境电商 B2B 在大额交易及其他的大宗国际贸易活动中，买卖双方会存在不信任的情况，卖家担心发货或提交货运单据后买家拒不付款，而买家担心自己付款后卖家不按照合同约定发货，买卖双方在交货和付款上一直存在矛盾。而信用证（Letter of Credit，L/C）则能有效地缓解这种矛盾，即由两家银行作为买卖双方的保证人，代为收款交单，以银行信用代替商业信用。银行在这一活动中所使用的工具就是信用证。因此，信用证成为了国际贸易中大额支付或者信任度不太高的合作伙伴之间的主要支付方式。

信用证指开证银行应申请人的要求并按其指示向第三方开立的载有一定金额的，在一定的期限内凭符合规定的单据付款的书面保证文件。信用证模板如图 10-5 所示。在信用证内，银行授权出口人在符合信用证所规定的条件下，以该行或其指定的银行为付款人，开具不得超过规定金额的汇票，并按规定随附装运单据，按期在指定地点收取货款。

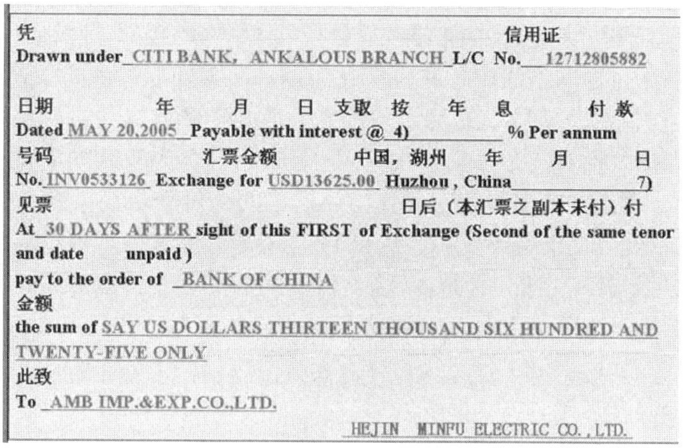
凭 信用证
Drawn under CITI BANK, ANKALOUS BRANCH L/C No. 12712805882
日期 年 月 日 支取 按 年 息 付款
Dated MAY 20,2005 Payable with interest @ 4) % Per annum
号码 汇票金额 中国，湖州 年 月 日
No. INV0533126 Exchange for USD13625.00 Huzhou , China 7)
见票 日后（本汇票之副本未付）付
At 30 DAYS AFTER sight of this FIRST of Exchange (Second of the same tenor and date unpaid)
pay to the order of BANK OF CHINA
金额
the sum of SAY US DOLLARS THIRTEEN THOUSAND SIX HUNDRED AND TWENTY-FIVE ONLY
此致
To AMB IMP.&EXP.CO.,LTD.
HEJIN MINFU ELECTRIC CO., LTD.

图 10-5 信用证模板

信用证支付方式具有 3 个特点，如表 10-2 所示。

表 10-2 信用证支付方式的特点及释义

序 号	特 点	释 义
1	独立的自足文件（Self-Sufficient Instrument）	信用证不依附于买卖合同，银行在审单时强调的是信用证与基础贸易相分离的书面形式上的认证
2	纯单据业务（Pure Documentary Transaction）	信用证是凭单付款，不以货物为准。只要单据相符，开证行就应无条件付款
3	开证银行负首要付款责任（Primary Liabilities for Payment）	信用证是一种银行信用，它是银行的一种担保文件，开证银行对支付有首要付款的责任

4. 第三方支付平台

一般而言，如果买家使用信用卡付款，卖家在跨境电商收款时，可以直接与收单行合作。然而，现实情况是，收单行在境外，卖家在境内，境内卖家尤其是中小型跨境电商企业，绝大多数不具备与收单的银行对接的能力。这便催生了提供跨境电商支付服务的第三方支付机构。第三方支付机构作为一种支付通道，可与境外银行合作，帮助境内卖家收取外汇。在境外买家下单并支付后，货款从发卡行通过卡组织流向收单行，之后再通过第三方支付机构流向境内卖家。第三方支付机构拥有较为成熟的网络支付技术，且非常熟悉电商行业，但其并非金融机构；而商业银行作为金融机构，虽然拥有买家和卖家的账户资源，但其网络支付技术不够成熟，对电商行业不够了解。因此，第三方支付机构与商业银行之间通常是合作关系。此外，跨境电商支付还涉及不同的币种、不同的语言和不同的金融法规政策，这些都将进一步促进第三方支付机构与商业银行加强合作。

跨境第三方支付是目前使用最广泛，也是发展最兴盛的跨境电商资金流处理方式。从发展已久到目前欧美依然广泛使用的 PayPal，到想把商品卖到中国必备的支付宝等，中国目前也有许多企业投入此领域。2007 年，银联成为我国国内首家开展跨境支付业务的第三方支付公司。2012 年，世界贸易组织认定银联存在垄断行为，为了更好地发展第三方支付市场，国家终于确定允许其他第三方支付公司进入跨境支付服务领域。2013 年 9 月，国家外汇管理局发放了首批17张跨境支付牌照。2014年，第二批共5家第三方支付平台获得跨境支付牌照。进入2015年，跨境支付走向了法制化和规范化道路，国家外汇管理局正式发布了《国家外汇管理局关于开展支付机构跨境外汇支付业务试点的通知》和《支付机构跨境外汇支付业务试点指导意见》，允许部分拥有《支付业务许可证》且支付业务为互联网支付的第三方支付公司开展跨境业务试点。截至2015年年底，获得该资格的支付平台数量为27家。随后的2016年，跨境业务试点企业数量维持不变。直至2017年春季，国家外汇管理局才又批准3家第三方支付平台参与跨境试点。自此，拥有跨境支付资格的支付平台数量达到30家。而近年来，除2019年外，我国第三方跨境支付企业投资金额和投资数量也在逐年上升，且增幅较大（见图10-6）。

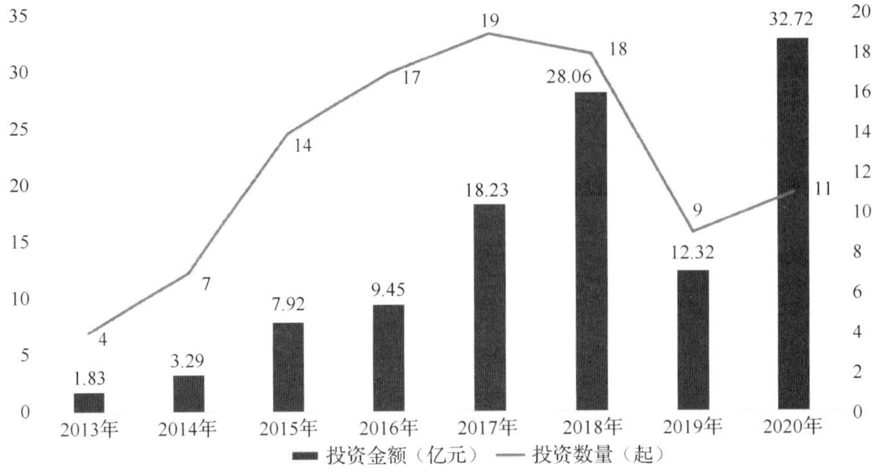

图10-6　我国第三方跨境支付企业投资金额和投资数量（数据来源：桔子IT）

我国目前主流的支付平台是以国际支付宝（Escrow）、财付通（Tenpay）为代表的第三方支付机构。这些支付机构一般采用充值模式进行支付，实际上拥有大部分银行的网上银行功能。

目前我国常用的跨境电商第三方支付工具为国际支付宝、Pingpong、连连支付、World First等，如表10-3所示。

表10-3　我国常用的跨境电商第三方支付工具对比

名　称	核心业务	特　点	服务地区
Pingpong	帮助中国企业获得公平的海外贸易保护	首家专门为中国跨境电商卖家提供全球收款的企业；中国区跨境收款企业流量第一	亚马逊北美、欧洲、日本三大站点，同时支持Wish、Newegg等
财付通（Tenpay）	帮助在互联网上交易的双方完成支付和收款	通过与Cybersource、Asiapay等跨国支付服务供应商的合作，迅速嫁接全球商家资源与境外大型购物网站开展合作，为用户跨境购物提供完善的支付解决方案	中国香港、东南亚、日韩、欧洲、美洲等国家和地区
连连支付（LianLian Pay）	帮助卖家在亚马逊店铺的跨境收款、提现及PayPal账号提现	中国跨境电子商务综合试验首批试点企业，为跨境出口电商提供收款、付款、多店铺统一管理、增值税（VAT）缴纳等一站式跨境金融服务	与亚马逊、eBay、Wish等全球众多金融机构和电商平台合作；支持16种货币结算；在中国香港、美国、欧洲、巴西、东南亚均设立海外公司，拥有当地的海外金融牌照

续表

名　　称	核心业务	特　　点	服务地区
国际支付宝（Escrow）	阿里巴巴国际站上针对国际贸易提供交易资金安全保障	联合支付宝提供在线交易支付的安全保障，保护买卖双方从事在线交易，并解决交易中的资金纠纷问题	作为第三方支付的领军企业，国际支付宝已经被日本、澳洲、新加坡、美国等 200 多个国家接入使用；支持 18 种货币结算

国际支付宝为阿里巴巴国际站与支付宝联合提出的第三方支付担保服务，旨在保护国际在线交易中买卖双方的交易安全，全称为 Escrow Service。国际支付宝的发展历程如图 10-7 所示。

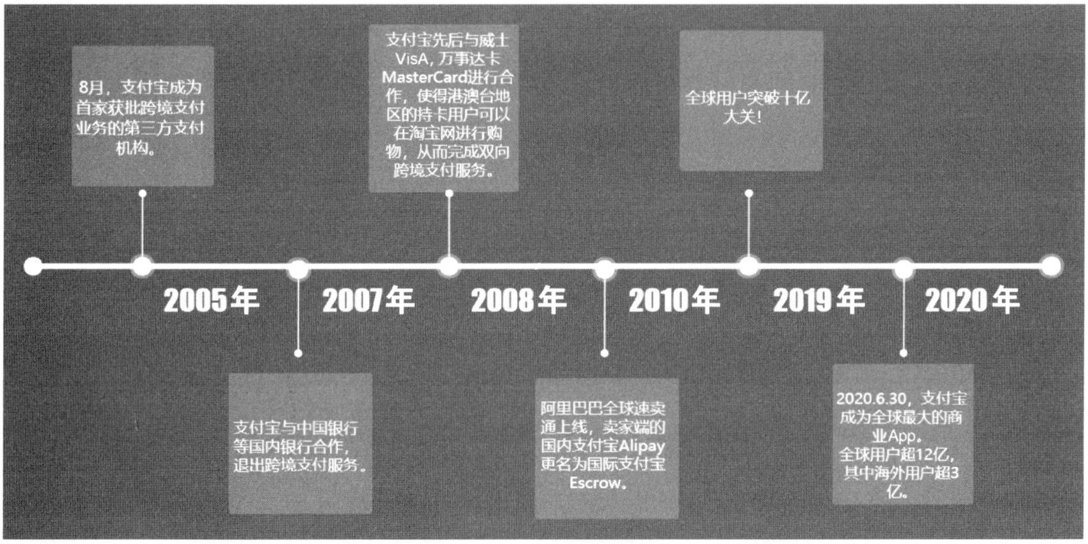

图 10-7　国际支付宝的发展历程

国际支付宝的支付流程（见图 10-8）与国内支付宝类似：交易过程中先由买家将货款打到第三方担保平台的国际支付宝账户中，然后第三方担保平台通知卖家发货，买家收到商品后确认，货款放于卖家，至此完成一笔网络交易。

图 10-8　国际支付宝的支付流程

对于阿里巴巴国际站和速卖通的新手卖家而言，使用国际支付宝十分便捷。只要有国内支付宝账号，无须再另外申请国际支付宝账户。只要卖家登录到“My Alibaba”后台或“我的速卖通”后台，即可以绑定国内支付宝账号来收取货款。

使用国际支付宝有很多显而易见的优势。

（1）多种支付方式

支持信用卡、银行汇款多种支付方式。目前国际支付宝支持的支付方式有信用卡、T/T银行汇款、PayPal、西联汇款等。

（2）安全保障

先收款，后发货，全面保障卖家的交易安全。国际支付宝是一种第三方支付担保服务，而不是一种支付工具。对于卖家而言，它的风控体系可以保护卖家在交易中免受信用卡盗卡的欺骗，而且只有当且仅当国际支付宝收到了货款，才会通知卖家发货，这样可以避免卖家在交易中使用其他支付方式导致的交易欺诈。

（3）方便快捷

线上支付，直接到账，足不出户即可完成交易。使用国际支付宝收款无须预存任何款项，速卖通会员只需绑定国内支付宝账号和美元银行账户就可以分别进行人民币和美元的收款。

（4）品牌优势

背靠阿里巴巴和支付宝两大品牌，海外市场潜力巨大。如果想要在产品发布中使用国际支付宝，卖家可以使用以下或者类似措辞：“We accept the payment methods provided by AliExpress Escrow”。

5. 全球本地支付

在跨境电商平台，大多数卖家都会选择上述4种支付方式中的一种或者多种，供买家选择。然而，在全球有很多国家，因为语言、文化、政策等种种因素的影响，导致支付习惯差异较大。中国人喜欢用支付宝和微信，美国人更喜欢用PayPal和信用卡，德国人倾向于用Klarna、Sofort及Giropay；而荷兰人就更喜欢用iDEAL网银转账；还有巴西的Boleto账单支付、印度的UPI和Paytm、韩国的KakaoPay等。仅欧洲国家常见的支付方式便多达十几种，部分支付工具如图10-9所示。当我们面对这样的买家时，如果能提供他们熟悉的付款方式，将会极大地提升交易成功率。因此，如今很多平台和卖家纷纷开通买家本地支付模式，以吸引更多的买家进行支付，这便是全球本地支付Local Payments，其支付类型主要为网银转账、电子钱包、预付卡、现金支付、运营商计费等。

图10-9　欧洲国家常用支付方式品牌Logo截图

我国的全球本地支付企业以Payssion为代表。Payssion创立于2013年1月，针对有跨境收款需求的企业和个人，提供全球一站式在线支付解决方案。目前，通过 Payssion 的一个 API，便可以接入全球 300 多种本地支付（部分可接入本地支付见图 10-10），没有信用卡也能接入使用，支持包括网银转账、电子钱包、预付卡、运营商计费、现金支付等方式。

图 10-10 Payssion 可接入的部分本地支付品牌 Logo 截图

全球本地支付 Payssion 的优势十分明显：

① 支付方式多样化，能够覆盖当地更多的用户。

②无年费、无通道费，能够节约一大笔钱。

③ 用户体验佳，一般不支持拒付，能够保障商家利益。

④ 支持 Web、安卓、iOS 等多终端接入。

⑤ 在信用卡不发达地区很流行（如俄罗斯、巴西、中东、中国等）。

⑥ 无年费、月费、通道。

⑦ 支付类型多样（网银转账、电子钱包、预付卡、现金支付、运营商计费）。

然而，全球本地支付的缺点也十分突出——提现周期较长。

这些本地化的支付通道虽然目前没有 PayPal 这类的知名度高，但它们在海外当地占比很高、使用率高、付费率高、体验好，或者说是符合当地人的消费习惯。随着越来越多的跨境平台和独立网站的使用，本地支付的趋势一定是未来可期的。

现在很多商家都选择本地支付+信用卡的方式，这样做的好处有 3 个：一是给消费者提供更多的选择；二是当某种支付方式出问题的时候，消费者还可以继续尝试其他的支付方式进行支付；三是减少拒付的风险，不至于钱被套牢。

二、我国跨境支付流程

1. 国际信用卡支付流程

如前所述，信用卡可以进行透支消费（先消费后付款），因此在交易中，买家在支付之后是否按期还款，也会影响卖家的实际收款能否顺利进行。国际信用卡支付的流程如图 10-11 所示。

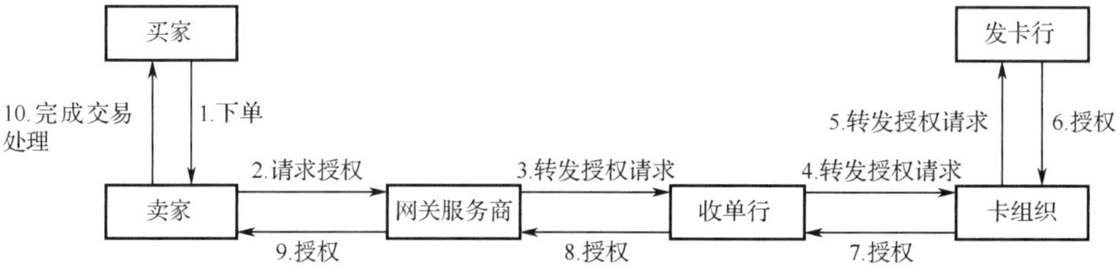

图 10-11　国际信用卡支付流程

① 用户在商户端发起国际信用卡线上支付（需要输入卡号、CVV、有效期等卡信息）。图 10-12 所示为亚马逊平台信用卡支付首页截图。

图 10-12　亚马逊平台信用卡支付首页截图

② 商户向网关服务提供商请求授权交易。

③ 网关服务提供商进行风控校验后，转发授权交易请求到收单行。

④ 收单行转发到卡组织。

⑤ 卡组织授权交易并转发到发卡行。

⑥ 发卡行进行信息校验，包括账户余额是否大于本次交易、卡状态是否正常及风控规则校验。信息校验无误后返回授权通过到卡组织。

⑦ 卡组织返回收单行授权交易。

⑧ 收单行返回网关服务商授权交易。

⑨ 网关服务商返回商户授权交易。

⑩ 商户确认交易后，完成本次交易。

2. 国际电汇支付流程

国际电汇的支付方式相对手续简单、支付速度快、安全性较高。电汇支付的基本流程如图 10-13 所示。

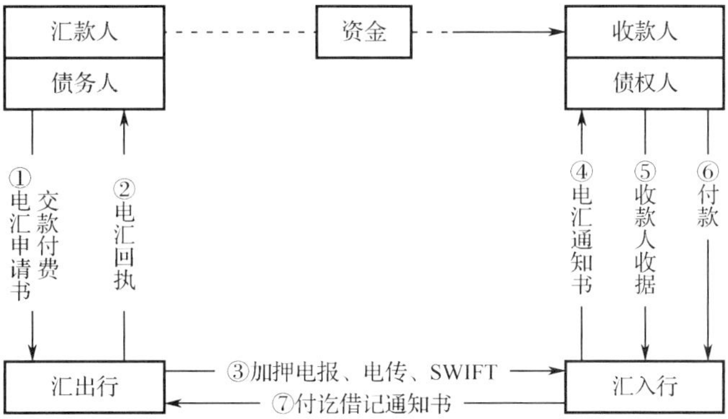

图 10-13 国际电汇的支付流程

① 汇款人填写电汇申请书，并向汇出行付款。
② 汇出行向汇款人出具电汇回执。
③ 汇出行拍发电传、电报或 SWIFT 给汇入行。
④ 汇入行核对密押后将电汇通知书送达收款人。
⑤ 收款人将收款收据盖章，交给汇入行。
⑥ 汇入行借记汇出行账户，解付汇款给收款人。
⑦ 汇入行将付讫借记通知书寄给汇出行。

需要注意的是，在进行国际电汇支付时，应注意核对客户填写的相应收款信息，特别是账号、付款金额是否跟协商的一致，如图 10-14 所示。

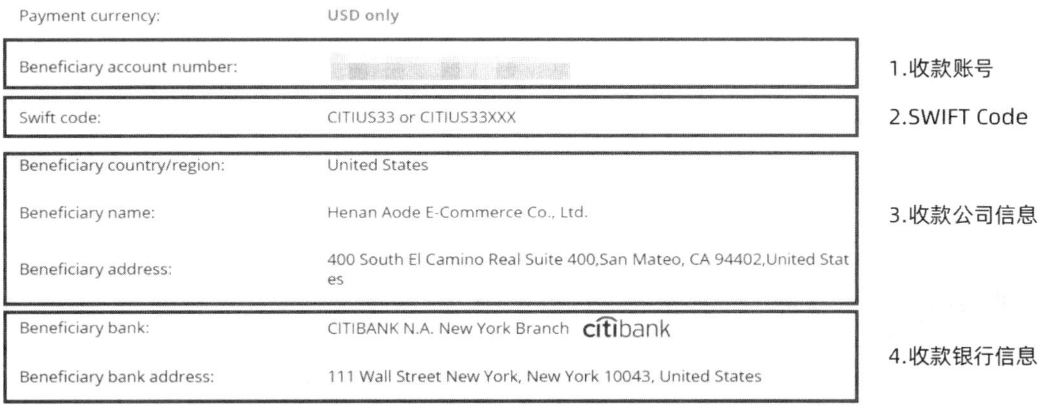

图 10-14 使用国际电汇支付时的注意事项

3. 信用证支付流程

① 进出口双方当事人应在买卖合同中，明确规定采用信用证方式付款。

② 进口人向其所在地银行提出开证申请，填具开证申请书，并交纳一定的开证押金或提供其他保证，请银行（开证银行）向出口人开出信用证。

③ 开证银行按申请书的内容开立以出口人为受益人的信用证，并通过其在出口人所在地的代理行或往来行（统称通知行）把信用证通知出口人。

④ 出口人在发运货物时，取得信用证所要求的装运单据后，按信用证规定向其所在地行（可以是通知行，也可以是其他银行）议付货款。

⑤ 议付行议付货款后即在信用证背面注明议付金额。

信用证支付具体流程如图 10-15 所示。由图例不难明白，使用信用证支付有如下明显优势：

① 当采用信用证方式结算时，受益人（出口商）的收款有保障，特别是在出口商不是很了解进口商所在进口国有外汇管制时，信用证的优越性更为显著。②信用证方式使双方资金负担较平衡。

当然，信用证也有相应的劣势：①容易产生欺诈行为。由于信用证具有自足性的文件，有关银行只处理单据特点，故存在假单。②信用证方式手续复杂，环节较多，不仅费时，而且费用较高。③审单等环节需要较强的技术性，增加了业务成本。

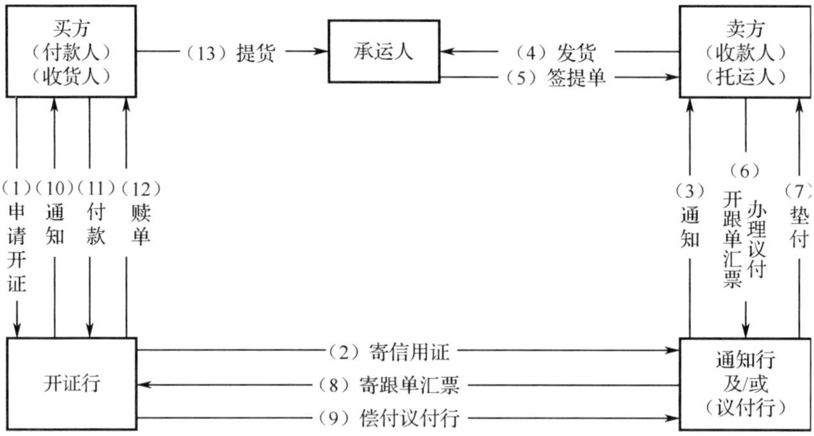

图 10-15　信用证支付流程

4. 第三方支付平台支付流程

第三方支付平台跨境支付的流程是，境内买家在境外网络平台提交商品订单后，第三方收单机构会将交易信息发往发卡行或国际卡组织，待交易信息确认完毕后，发卡行或国际卡组织会发出扣款指令并进行资金结算，再将钱打到商户的海外账户；接下来，国内的第三方支付机构便会根据跨境电商的支付数据进行结汇，再将资金分发给卖家商户。具体流程示例如图 10-16 所示。

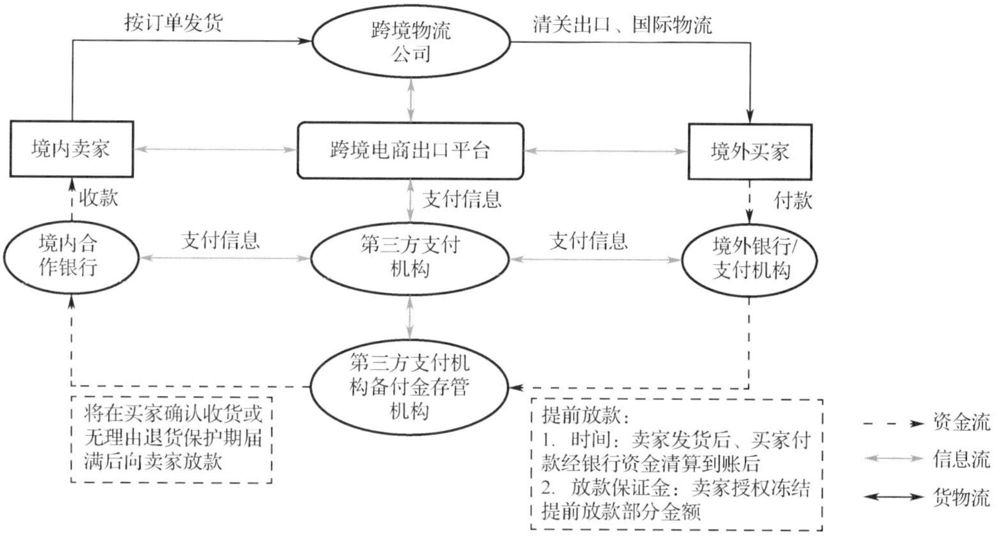

图 10-16 第三方支付公司支付流程

拓展练习

请完成如表 10-4 所示表格，对 5 种常见支付方式进行对比。

表 10-4 跨境电商支付方式对比

支付方式	代表	优点	缺点	适用场景
国际信用卡				
国际电汇				
第三方支付工具				
信用证				
全球本地支付				

任务二 国外跨境电商支付与结算平台

任务描述

欧美市场是全球跨境电商发展的主力市场。跨境电商的欧美市场是发展最早、市场最成熟、各方面最完善的市场，跨境电商平台选择上也更灵活，是几个巨头平台竞争最激烈的地方，整个市场规模很大，无论是成交的订单数量还是成交的订单金额，都占了整个跨境电商市场的最大的份额。为了满足平台用户的支付需求，除信用卡支付外，PayPal 和 Payoneer 两种第三方支付方式几乎占据了欧美各大电商平台的主阵地。而为了能够占据欧美跨境市场的份额，大多国外的跨境电商平台都会接入 PayPal 和 Payoneer 两种支付方式。在此任务下，需了解 PayPal 和 Payoneer 两大国外跨境电商支付和结算平台的支付方式和支付流程。

学习目标

1. 了解 PayPal、Payoneer 的支付方式。
2. 熟悉 PayPal、Payoneer 的支付流程。

任务分配

本任务为分组任务：将全班同学分成 6 组，根据国外跨境电商支付的特点，每组组员在组长带领下，进行任务分配，根据【任务准备】要求进行任务分工，完成相应任务内容。

任务准备

Alice 所在的公司是一家保温杯生产型企业，由于受到新冠疫情的影响，企业的传统外贸受到了重创。经商议，公司领导决定转型做跨境电商。经过较长时间的考查，他们决定在 Wish 平台上开设自己的跨境经营店铺。但是作为新手卖家，公司领导尚未就用 PayPal 还是 Payoneer 作为主要结算工具达成一致意见。

请你查阅相关资料，帮他们分析一下以上两种支付与结算平台的优劣势，以供参考。

任务实施

一、PayPal 平台跨境支付与结算业务分类与业务流程

1. PayPal 简介

PayPal（贝宝）与我国的支付宝较类似，为第三方支付平台。PayPal 在国际上知名度比较高，是全球支付先驱，特别在北美地区具有垄断性的统治地位，是很多国家客户常用的付款方式。它允许在使用电子邮件来标识身份的用户之间转移资金。PayPal 在全球 200 多个国家运营，支持 26 种货币，全球活跃用户接近 2 亿。

PayPal 之前一直背靠全球电子商务巨头 eBay，收获了巨大的交易流量。尽管 2020 年 PayPal 和 eBay 已经终止协议，这对 PayPal 来说是个痛点，然而 PayPal 还是通过一系列多元化举措，不断弱化对 eBay 的依赖程度，从最开始 34%的利润来自 eBay，到 2018 年只有 14%来自 eBay，PayPal 的多元化已经取得了成效。PayPal 在 2021 年 2 月 4 日公布的 2020 财年四个季度的财报中显示，净营收稳步持续增长。比如，第四季度财报中显示，PayPal 第四季度净营收为 61.16 亿美元，比上年同期的 49.61 亿美元增长 23%，不计入汇率变动的影响同样为同比增长 23%；净利润为 15.67 亿美元，比上年同期的 5.07 亿美元增长 209%。使用 PayPal 支付方式收付款的优劣势如表 10-5 所示。

表 10-5 PayPal 支付方式的优劣势对比

适用场景	优势	劣势
B2C、C2C、几十至几百美元的小额交易	1. 收付款便捷：只需一个电子邮件地址，即可进行收付款；覆盖没有信用卡的用户 2. 全球最大的在线支付提供商 3. 费率较低：eBay 平台为 2.9%～3.9%；其他平台或传统外贸为 3.4%～1.4% 4. 无用户费及使用费；每次收取 0.3 美元银行系统占用费；以美元形式提现至大陆银行每笔收 35 美元（3000 美元以下）的手续费；以人民币形式提现至大陆银行每笔收 1.2%的手续费	1. 买家利益大于卖家利益，对买家过度保护 2. 电汇费用较大，每笔交易除手续费外还需支付交易处理费 3. 账户容易被冻结，商家利益受损失 4. 主要基于信用卡，所以有 Chargeback 风险，一旦发生拒付，维权困难

PayPal 有个人账户（Personal Account）、高级账户（Premier Account）和企业账户（Business Account）3 种不同类型的账户。用户可根据自己的需求选择适合的账户类型。个人账户可以升级为高级个人账户或者企业账户，企业账户也可以降级为个人账户。PayPal 账户类型特点对比如表 10-6 所示。

表 10-6 PayPal 账户类型特点对比

账户类别	适用对象	特点
个人账户（Personal Account）	买家	用于个人用途的小额交易，完全免费，但不能接受来自信用卡的付款
高级个人账户（Premier Account）	中小型卖家	用于个人商品交易收款，可以接受来自信用卡的付款，是进行跨国交易的卖家使用最广泛的账户
企业账户（Business Account）	企业型卖家	便于账户管理，具备高级账户的所有功能，支持多用户权限分配功能，方便账户管理和维护

2. PayPal 支付与结算业务分类与流程

（1）PayPal 付款方式分类与流程

PayPal 支付方式主要分为 PayPal 账户余额、关联信用卡支付和关联借记卡支付。由于我国的借记卡几乎都是银联卡，尽管 PayPal 也支持银联卡付款，但是由于很多国外的购物网站不支持银联的付款接口，目前支持银联通道付款的只有中国香港、中国台湾、日本等一些亚太国家和地区，因此对于我国用户在欧美国家的购物网站购物并不太容易实现。比较常见的是前两种付款方式。

① PayPal 余额支付流程。如果 PayPal 账户中有余额，那便可以通过余额去支付货款。事实上，在购物付款时，系统会自动选择 PayPal 余额支付，超出的部分就通过借记卡或者信用卡补足。

PayPal 余额支付的步骤如下：

第一步：登录 PayPal 账户。

第二步：点击“付款”，进入在线付款界面，如图 10-17 所示。

第三步：依次填入收款人的电子邮件、金额等相关信息，点击“继续”完成付款，如图 10-18 所示。

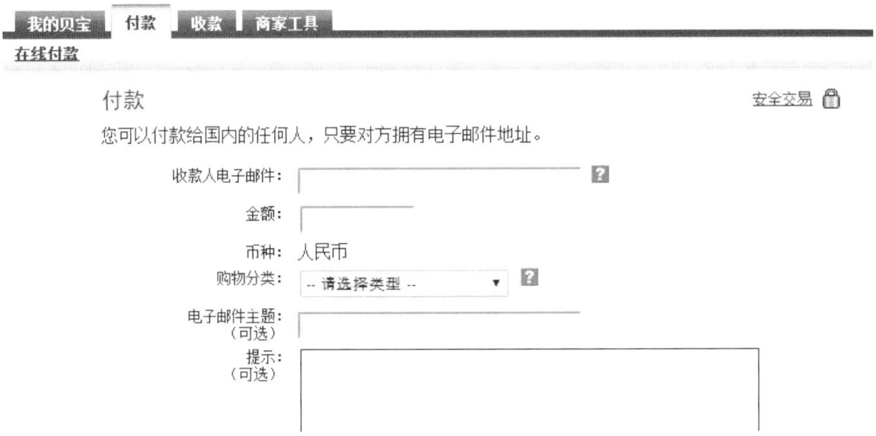

图 10-17　PayPal 选择付款页面截图

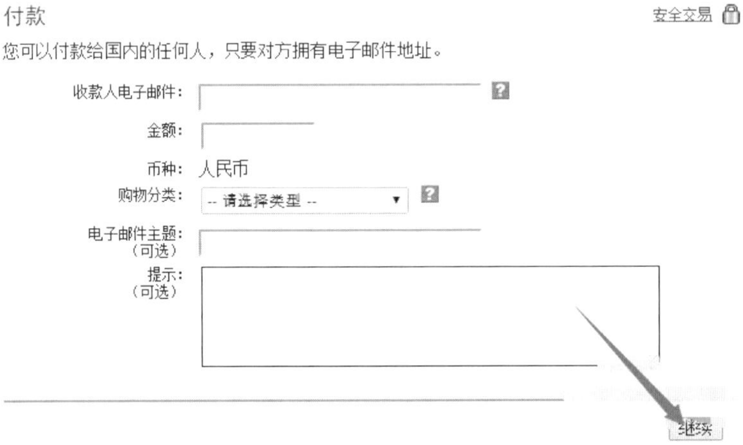

图 10-18　PayPal 填入收款人信息页面截图

② PayPal 关联信用卡付款。关联信用卡支付时，需要关联一张支持美元支付的双币信用卡（Visa、Master Card、American Express 或者 Discover 标识），可以在 PayPal 账户主界面点击“用户信息”—“添加或编辑卡”，进行移除、添加或者确认卡的操作。

第一步：登录 PayPal 账号。

第二步：在首页“我的 PayPal”—“用户信息”中选择“添加或编辑卡用于付款”。

第三步：在“财务信息”中，借记卡和信用卡的后面，点击“更新”或“添加”。

第四步：输入相应信息，选择卡片机构，点击“添加卡”。

（2）PayPal 收款方式分类及流程

PayPal 的收款方式有两类：

方式 1：客户直接打款到卖家的 PayPal 账户（邮箱）。

方式 2：网页端操作，点击“开具账单—收款—填写客户需支付的金额和客户信息”，再点击“确定”，客户登录其邮箱，就可以在邮件中进行付款。

收款金额范围建议：几十至 1 000 美元的收款，手续费高，所以不宜大额。

（3）PayPal 交易手续费

PayPal 收费情况如表 10-7 所示。

表 10-7 PayPal 收费情况

费率类型	月销售额（美元）	费率	特点
普通费率	3 000 及以下	4.4%+0.3 美元	亚太地区统一收费标准，按阶梯分段收取，交易收款总额越大，费率越低
优惠费率	3 000～10 000	3.9%+0.3 美元	
	10 000～100 000	3.7%+0.3 美元	
	100 000 以上	3.4%+0.3 美元	

例：A 账户转给 B 账户 100 美元。那么，B 账户实际收款多少呢？

PayPal 手续费用：100×4.4%+0.3=4.7 美元

B 账户实际到账金额：100−4.7=95.3 美元。手续费会直接在转入的款项中扣除。

二、Payoneer 平台跨境支付与结算业务特点

1. Payoneer 简介

Payoneer（派安盈），简称 P 卡，是一家在 2005 年于美国纽约成立的货币服务企业和预付费接驳供应商。Payoneer 为万事达卡组织授权的具有发卡资格的机构，是亚马逊目前唯一官方推荐的收款方式，提供全球支付解决方案。目前使用 Payoneer 的中国电商卖家用户超过 90 万，全球服务 210 多个国家，超过 35 种语言，用户超过 500 万，合作伙伴涉及多个领域。除电商平台打款外，其业务还包括海外互联网公司的资金下发。

在 eBay 和 PayPal 的合作协议在 2020 年到期之后，eBay 开始了与 Payoneer 的合作（见图 10-19），并将 Payoneer 作为其大中华区的服务供应商。至此，Payoneer 的服务电商平台为 eBay、Amazon、Wish、Lazada、Shopee、Aliexpress、Shopify、JOOM、Mercadolibre、RakutenFR、Tophatter 等。

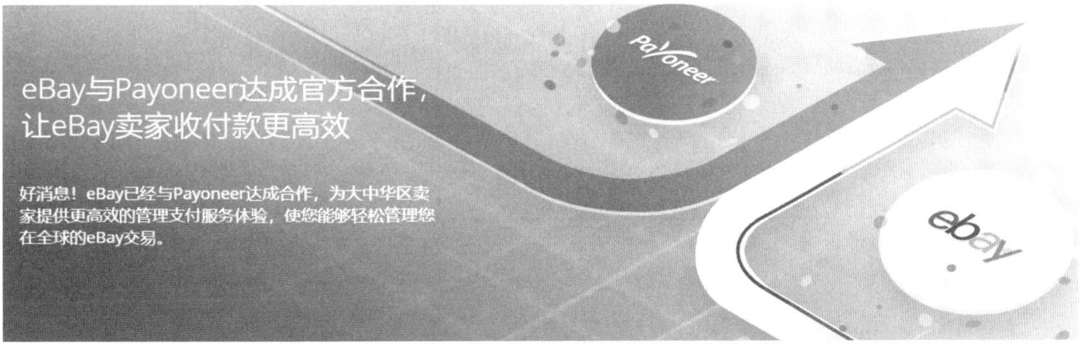

图 10-19 eBay 与 Payoneer 达成合作（图片来源：Payoneer 官网）

2. Payoneer 支付特点及服务

在支付方面，Payoneer 具有如表 10-8 中所注明的特点。

表 10-8 Payoneer 的支付特点

提现人民币	注册费	入账费	提现费用	年费($)	是否直接收取	支持币种	提现速度	牌照支持（境外）
是	免费	无	1%～2%	2995	是	美元、欧元、英镑、日元、加拿大币、港币、墨西哥币	1～3 个工作日	美国、欧洲、印度、中国香港、日本

根据客户所在的国家或地区，Payoneer 平台为客户提供 4 种服务供选择，如表 10-9 所示。

表 10-9 Payoneer 的 4 种支付方式对比

支付方式	特点	优势	付款流程	适用对象
电子支票（eCheck）	电子支票是纸质支票的电子版本。在美国，被认为是“新一代”支付方式，并被商家广泛用于在线支付	1. 处理成本低，没有任何存款、交易费 2. 安全可靠 3. 到账快速：电子支票付款到账速度是传统支票的两倍 4. 不支持退款或拒付申诉方案	1. 在付款请求电子邮件中点击“Pay Now”（立即付款）按钮 2. 从可用付款方式列表中选择“eCheck”（电子支票） 3. 输入纸质支票上的持有人姓名、银行名称、支票账户和路由编码	除内华达州之外的其他美国客户
本地银行转账	Payoneer 可以帮卖家开立买家国家的收款账号进行本地收款	1. 成本低：无须承担跨国电汇中常见的币种兑换费用 2. 处理快速：1～3 个工作日内到账 3. 安全可靠 4. 便捷：不涉及第三方银行	1. 向客户提供卖家的本地收款账户详情（可在 Payoneer 账户中找到） 2. 客户通过本地银行向卖家的收款账户转账 3. 付款将自动转移到卖家的 Payoneer 账户	美国、英国和欧盟 本地银行转账已经成为英国和欧盟最受欢迎的付款方式之一
信用卡/借记卡	Payoneer 接受美元、欧元和英镑信用卡和借记卡付款，而信用卡是最简单、最安全的国际支付方式之一。每个商家所有者至少有一张信用卡，并且信用卡提供退单保护	1. 多币种 Payoneer 接受美元、欧元和英镑币种的信用卡和借记卡 2. 消费跟踪：利用每月对账单，对消费情况了如指掌 3. 安全：诸如 Visa 和 Mastercard 等支付网关为卖家在线使用信用卡提供密码保护	1. 客户在付款请求电子邮件中点击“Pay Now”（立即付款）按钮 2. 从 Payoneer 平台的付款方式列表中选择“Credit Card”（信用卡） 3. 客户输入付款金额、信用卡号、信用卡有效期和 CVV 代码	除印度、美国内华达州、多米尼加共和国之外有美元、欧元和英镑的信用卡/借记卡用户
Payoneer 账户余额	如果卖家的客户拥有 Payoneer 账户，那么他们可以用他们的 Payoneer 余额完成付款请求	1. 免费：Payoneer 向其他 Payoneer 账户持有人进行付款时，双方都无须支付费用 2. 快速：款项通常可在 2 小时内收到 3. 灵活：随时随地转账	1. 点击付款请求邮件中的“立即支付”按钮 2. 在 Payoneer 平台，从付款方式列表选择“Payoneer 余额” 3. 它们会被跳转至 Payoneer 账户登录页面 4. 登录之后，在在线支付页面中点击“立即支付”来完成付款	有余额的 Payoneer 账户持有人

3. PayPal 和 Payoneer 的比较

PayPal 和 Payoneer 两大支付工具的异同对比如表 10-10 所示。

表 10-10　PayPal 与 Payoneer 两种支付工具对比

支付工具		PayPal	Payoneer
共同点		均为来自美国的第三方收付款工具，知名度较高，受众较多	
不同点	优点	1．覆盖国外 85%的买家，提供 17 种不同货币的付款选择，帮助新手卖家轻松拓展海外市场 2．使用 PayPal 可以加强买家对商家的信任度 3．支付和结算省时省力，而且支持的是即时到账 4．商家因欺诈所遭受的平均损失仅为信用卡支付方式的 1/6 5．支持包括国际信用卡在内的多种付款方式 6．只有产生交易才会产生手续费，没有任何开户费及年费	1．直接、高效。中国卖家像欧美企业一样可以直接接收欧美企业的支付 2．破解语言障碍。Payoneer 拥有专业的中文团队 3．Payoneer 为中国卖家提供欧美收款银行账户和多种提现方式，支持银行电汇或人民币提现或通过万事达卡在 ATM 提现 4．Payoneer 有实物信用卡，这一功能使得它可以以信用卡的方式完成网上交易，弥补有些网站不能用 PayPal 的不足
	缺点	1. 由于 PayPal 是按交易金额百分比收取手续费的，每笔金额的 3.9%+0.3USD，只适合单笔交易在 3 000 美元以下的小额交易 2．账号操作不当很容易被冻结，为保障资金安全，PayPal 后台监控很严格，账号一有异常马上会被冻结	1．前期比例较高 2．没有 PayPal 知名度高

综上所述，PayPal 和 Payoneer 结合起来用是最合适的。比如提现，PayPal 提现到 Payoneer 上更划算。另外，国外也不是所有的网站都支持 PayPal 的，不支持的网站便可以用 Payoneer 进行支付。

拓展练习

1．亚马逊平台上可以用 PayPal 进行支付吗？请说明原因。
2．如何在欧美市场进行支付工具的选择？

任务三　跨境电商回款提现

任务描述

对于跨境电商卖家来说，资金流的健康事关企业的生死存亡。近年来，随着人力、物流、仓储及推广等各方面成本的上涨，加之越来越多的卖家开始尝试海外仓和 FBA 的备货模式，大量的现金流被囤货和上涨的成本所牵制。在这种情况下，如果不能够及时地进行回款提现，对于不太乐观的跨境电商卖家的资金流动状况来说，无疑是雪上加霜。在此任务下，需了解如何从跨境电商回款周期和提现手续费两个方面解开跨境电商回款提现困境。

学习目标

1. 了解跨境电商回款周期。
2. 熟悉跨境电商提现手续费。

任务分配

本任务为分组任务：将全班同学分成 6 组，根据跨境电商回款提现的特点，每组组员在组长带领下，进行任务分配，根据【任务准备】要求进行任务分工，分别完成任务内容。

任务准备

请登录 https：//www.paypal.com 及相关网站，查阅 PayPal 的回款周期和提现手续费。

任务实施

一、跨境电商回款特征与周期

1. 跨境电商回款特征

对于卖家来说，跨境出口电商生意链中，收款是不可或缺的环节。由于各国对金融外汇等都有严格的监管，加上跨境电商交易频率高、额度小的特点，对传统银行缺乏吸引力，所以跨境收款一般都是通过第三方工具来完成的。

跨境电商平台的结算方式与传统国际贸易差异较大（见表 10-11）。传统贸易的回款期比较固定，一般在下单前就会确定回款周期（通常为半月/月/季度）。跨境电商的货款计算则依托平台的销售额和本期费用，固定每个周期进行放款，时间上需要日常来跟进。而跨境电商回款结算流程实际上和国内的淘宝类似，客户下单后需要把钱先转入平台，平台会等卖家发货且客户确定签收后再把钱转给卖家。然而，一般平台不是每天都会结算的，而是每个月结算两次，一般是月初和月中。

表 10-11　跨境电商与传统国际贸易回款对比

类　别	特　点	回　款　期	核　算　回　款
传统贸易	简单明了：下单定金+交货尾款	传统贸易的回款期比较固定，一般在下单前就会确定回款周期（通常为半月/月/季度）	根据不同的付款方式选择相应的收单结汇方式
跨境电商	涉及汇率转换、耗时长，且几经周转，其中牵涉平台、第三方支付等，更是错综复杂	依托平台的销售额和本期费用，固定每个周期进行放款，时间上需要日常来跟进	两步：一是预测回款资金，二是跟进账单。跨境回款的跟进，一般是根据平台收费和产品的退换率来预测，预测的数额用来跟进资金流，跟进实时账单用来修正预测数据

2. 跨境电商回款周期

对于跨境电商卖家来说，需要进行预测回款资金，并跟进账单。跨境回款的跟进，一般根据平台收费和产品的退换率来预测，预测的数额用来跟进资金流，跟进实时账单用来修正预测数据。表 10-12 为 Wish 和亚马逊两大平台的回款周期对比情况。

表 10-12　Wish 和亚马逊平台的回款周期对比

跨境平台	平台放款周期	平台至卖家银行账户时间
Wish	45～90 天：按签收的日期来定	以收款方式而定
亚马逊	30～45 天：按签收的日期来定，签收后 14 天放款	6～10 个工作日

以亚马逊平台为例，一般来说，亚马逊会在注册卖家平台 14 天后，向卖家银行账户存入卖家的销售收入。随后，结算流程每隔 14 天重复一次。在此过程中，请注意以下几点：

① 账户余额至少为 25 元。佣金费用和顾客退款会影响卖家的余额。

② 如果卖家在中国，那么在卖家平台中，需要输入卖家在中国境内的银行账户有效信息。完成结算后，亚马逊会将结算报告发布在卖家平台的“报告”部分，并通过银行转账，将销售收入存入卖家的银行账户。

③ 从进行银行转账之时起，一般在 6～10 个工作日后，资金才可到达卖家的银行账户。

然而，在实际操作中，无论哪个平台，注册店铺的时候，平台一般会要求卖家绑定一个第三方的结算工具，业内用得较多的是 PayPal、PingPong、连连支付等工具。表 10-13 为跨境电商常用第三方结算工具对比。

表 10-13　跨境电商常用第三方结算工具对比

结 算 工 具	结 算 周 期
PayPal	2～7 个工作日
PingPong	5～7 个工作日
Payoneer	1～2 个工作日
易联支付	1～3 个工作日
联动优势（UMP）	5～7 个工作日
WorldFirst（俗称 WF 卡）	人民币最快当天到账

二、跨境电商结汇流程

提交外币跨境汇款交易，只要交易信息准确，通常银行会在下一个工作日之前完成交易审核并汇出款项。外币跨境汇款到账时间主要取决于汇款的中转行（如有）、收款行对于交易的处理进程：如果中转行/收款行处理及时、顺利，汇款则在 24 小时内汇至收款人账户；如果出现交易核查、中转行/收款行非工作时间等原因，汇款汇至收款人账户的时间可能会延长，一般为 3～7 个工作日。

各银行受理个人国际汇出汇款业务后，会在当日（工作日）向国外发送汇款电报，国外的银行（包括转汇行）应于下一两个工作日处理这笔汇款。一般情况下，汇款到账时间为 3～5

个工作日，最终入账时间主要看客户提供的汇款信息是否符合汇入国的一些相关要求。

以 PayPal 余额提现为例：

卖家将 PayPal 账户中的余额提现到卖家在中国大陆、中国香港或美国开设的银行账户。为完成此操作，需要银行账户关联至 PayPal，并确保用户名与银行账户开户名一致。在计算机上，从 PayPal 账户中提现的方法如下：

① 前往账户首页。

② 在页面左侧点击“PayPal 余额”下方的提现。

③ 选择提现方式和要提现的余额。

④ 按照说明完成提现。

每种提现类型的处理时间可能不同，请参阅表 10-14 所示的详细信息。

表 10-14 PayPal 余额提现类型及相关信息

提现方式	提现币种	提现周期
电汇至中国大陆的银行账户	美元	3～7 个工作日
提现至中国香港的银行账户	港元	3～6 个工作日
提现至美国的银行账户	美元	1 个工作日
通过支票提现	美元	4～6 周

三、跨境电商提现手续费

众所周知，国外平台都是用美元来结算的，因此在国外，买家支付之后，国外银行还需要完成汇率的转换。

跨境电商结汇时，均需要进行至第三方工具。第三方结算工具的费率基本均为 1%左右，具体费率如表 10-15 所示。

表 10-15 常见的跨境第三方结算工具费率

支付工具	提现手续费
PayPal	按照交易金额收取
Pingpong	1%封顶
Payoneer	1%～2%
易联支付	0.9%起
联动优势（UMP）	1%
WorldFirst（俗称 WF 卡）	0～0.3%

依然以 PayPal 为例。买家使用 PayPal 购物，无论是通过信用卡、借记卡或 PayPal 余额付款，均无须支付任何手续费。手续费多半已经被卖家添加在商品金额里面了，因此手续费将由卖家承担。

PayPal 提现手续费依据所提现到的银行所在国家和地区收取不同手续费，具体费率如表 10-16 所示。

表 10-16 PayPal 提现手续费

提现方式	提现币种	提现手续费
电汇至中国大陆的银行账户	美元	35 美元/笔
	人民币	1.2%
提现至中国香港的银行账户	港元	1 000 港元及以上：免费 1 000 港元以下：3.5 港元/笔
	美元	2.5%的货币转换费
提现至美国的银行账户	美元	35 美元/笔
通过支票提现	美元	5 美元/笔

拓展练习

Bob 为亚马逊平台的新手卖家，主要从事宠物食品在欧美市场的销售。经过一段时间的尝试，Bob 的店铺逐渐有了起色，买家越来越多。然而，最近 Bob 遇到了一个麻烦：尽管销售额挺可观，但是回款却非常慢，提现手续费又高。这导致他出现资金紧张的问题，并让他对未来有些担忧。请你根据本任务所学内容并查找相关资料，帮助 Bob 找到回款快、提现手续费相对较低的一种结算工具。

拓展阅读

中国跨境电商出口企业跨境结算现状分析

1. 跨境结算主要来源国前三位分别为美国、欧洲和东南亚

跨境电商卖家结算主要的 Top3 来源地为美国（56%）、欧洲（41%）和东南亚（32%），与跨境电商市场拓展情况是一致的。而紧接着的来源地分别是日本（20%）和俄罗斯（14%），超过中东和拉美地区。具体占比如图 10-20 所示。

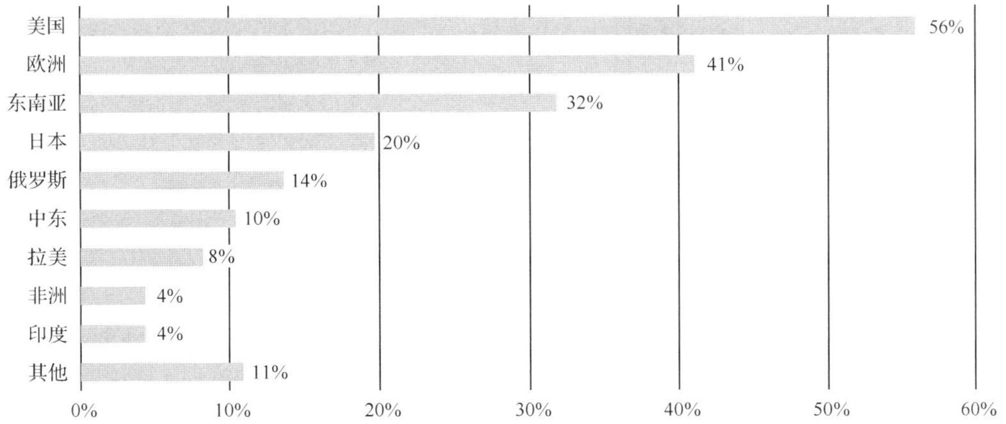

图 10-20 中国跨境出口卖家海外结算主要来源地占比

2. 跨境电商出口卖家主要使用第三方结算工具

第三方收款工具以其门槛低、便捷、高效率和综合性获得了市场的广泛认可，50.5%的卖家将其作为最主要结算方式。香港离岸账户收款方式则因为独立自主性强，较受中大规模卖家青睐。具体占比如图 10-21 所示。

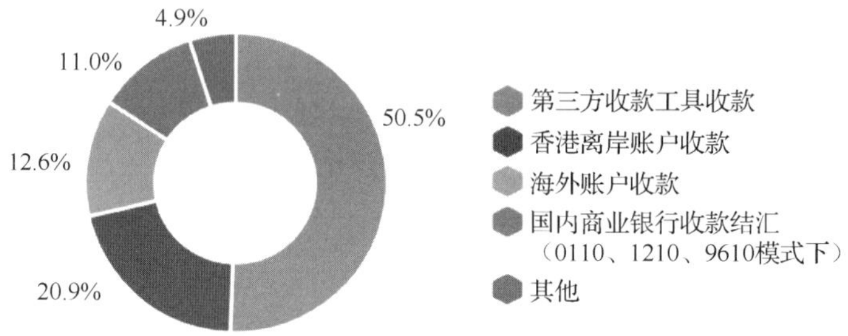

图 10-21　中国跨境卖家最主要结算渠道分布占比

跨境出口电商有大量长尾中小卖家、草根卖家、新创卖家，往往只对收款工具的单项服务能力有需求，如币种、费率、时效等，第三方收款工具显然更加适配。预计未来长期跨境结算的主流仍将是第三方结算工具。

3. 跨境电商出口卖家设立海外账户以美国居多

45%跨境电商企业已经在美国设立了海外账户，紧随其后的是英国、日本、德国和法国（见图 10-22）。而面对欧盟 VAT 政策，25%的企业在英国设立了财税代表，但尚有 64%的企业未在任何国家设立财税代表，应对上相对被动。具体占比如图 10-23 所示。

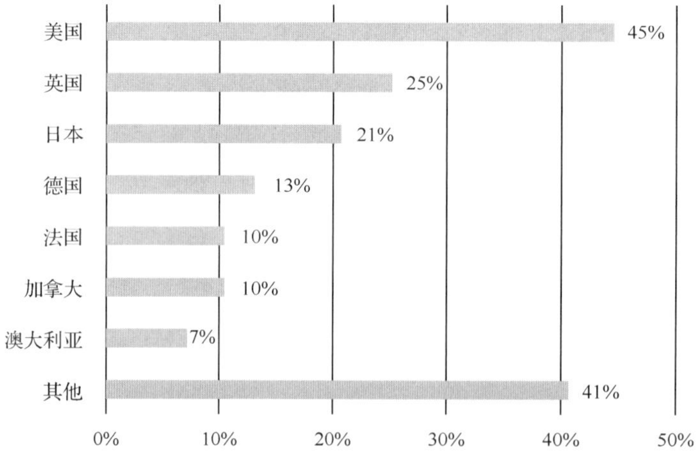

图 10-22　中国跨境电商卖家开立海外账户占比

4. 第三方支付平台依然是中国跨境卖家的结算首选

调查结果显示，连连支付是中国跨境卖家最常使用的结算工具，23%的卖家选择其作为常用收款工具；紧随其后的是 PayPal，这主要是受益于 PayPal 在海外市场的 C 端普及优势；Payoneer、PingPong、WorldFirst 分列三、四、五位。具体占比如图 10-24 所示。

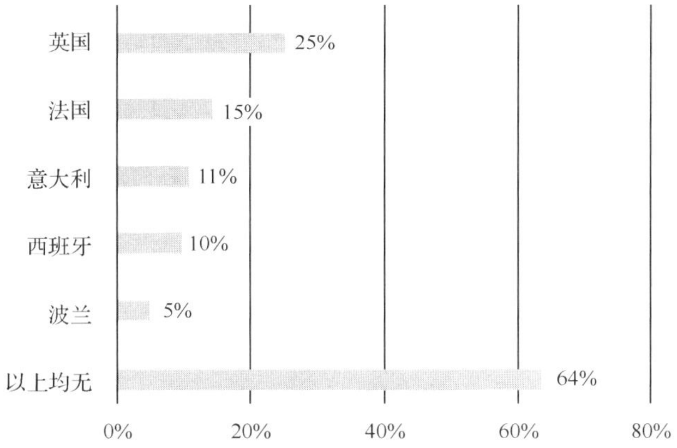

图 10-23　中国跨境卖家在欧洲设立财税代表比例

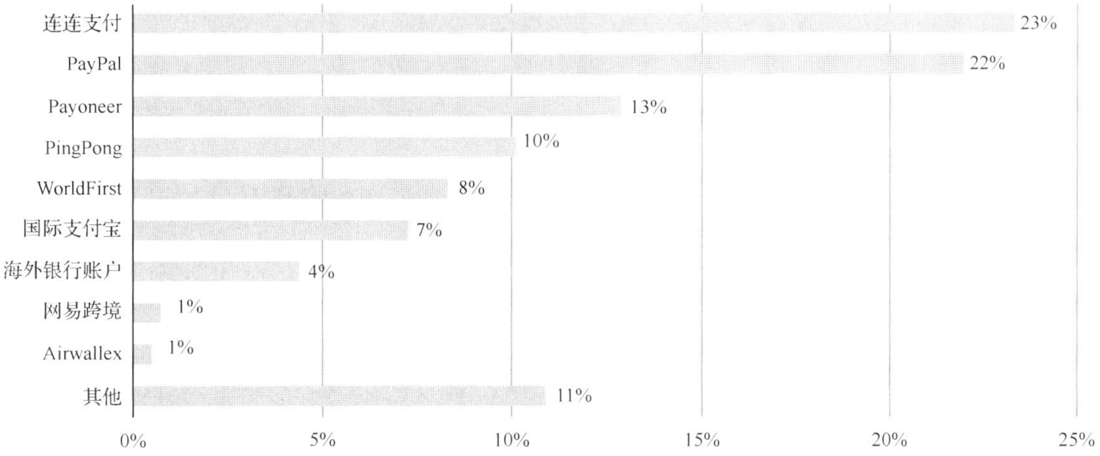

图 10-24　中国跨境电商卖家常用的结算工具占比

在所有支付工具中，作为后起之秀，而且是诞生于本土、牌照齐全的第三方收款服务商，连连支付越来越受到国内卖家的关注和认可，它已经以 51.4%的知名度抢占认知度排名第一。PayPal、PingPong、国际支付宝在卖家中的认可度超过 40%，分列二、三、四位。具体占比如图 10-25 所示。

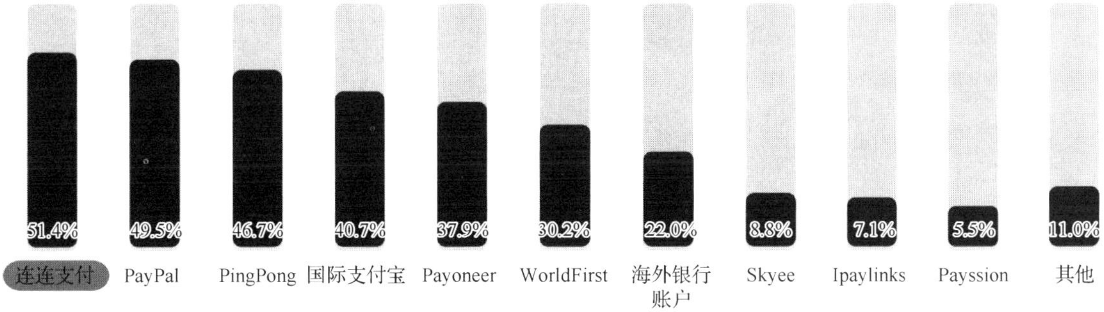

图 10-25　中国跨境卖家对第三方支付的认可度占比

5. 品牌信用和资金安全是卖家最为关注的第三方结算工具要素

调查结果显示，中国跨境出口卖家选择第三方结算工具的主要原因是品牌信誉好（41.2%）和资金安全性高（39.0%），费用低仅排名第三（见图 10-26）。这充分说明之前火热的第三方结算工具费率战只是对卖家的一时利好，收款服务商必须提供更可靠、更稳健的服务才能最终赢得市场。

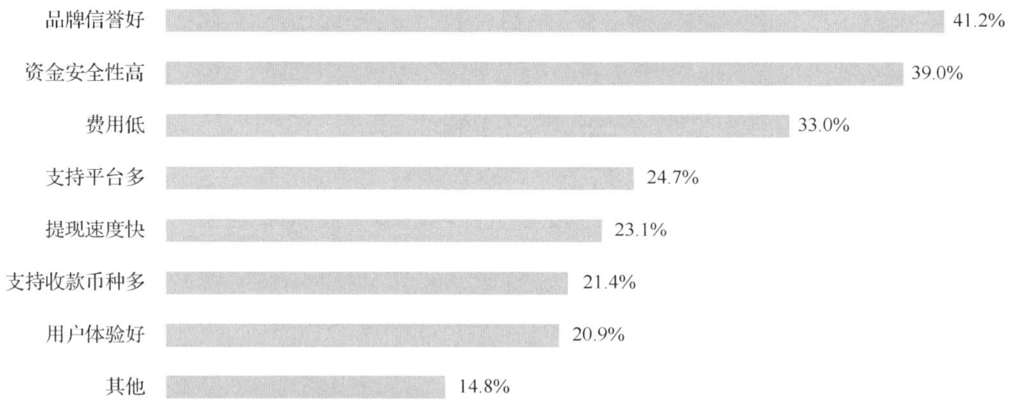

图 10-26　中国跨境出口卖家选择第三方结算工具的原因说明

6. 同行口碑成为第三方结算工具最重要的渠道

受政府引导和行业氛围影响，近年来跨境电商行业交流频繁，通过同行介绍成为出口卖家了解第三方结算工具的主要途径（61.0%）（见图 10-27）。另外，第三方收款服务商和跨境电商平台的服务群体一致、服务内容互补，联合平台进行推广也成为不少收款服务商的新选择。

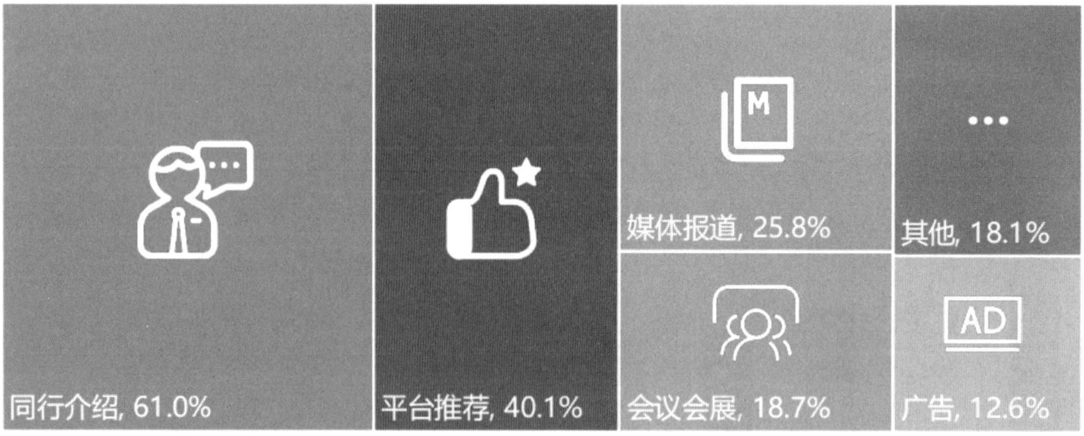

图 10-27　中国跨境出口卖家了解第三方结算工具的渠道占比（资料来源：亿邦智库）

参考文献

[1] 蔡文芳. 跨境网店运营[M]. 北京：人民邮电出版社，2020.

[2] 孟迪云. 跨境电商产品开发[M]. 北京：电子工业出版社，2020.

[3] 嵇美华，杨楚婷. 跨境电子商务实务[M]. 北京：人民邮电出版社，2019.

[4] 闫寒. 网店美工与视觉设计[M]. 北京：人民邮电出版社，2019.

[5] 易静，樊金琪，等. 跨境电子商务客户服务[M]. 北京：人民邮电出版社，2019.

[6] 张函. 跨境电子商务基础[M]. 北京：人民邮电出版社，2019.

[7] 刘建珍，刘亚男，等. 网店金牌客服[M]. 北京：人民邮电出版社，2018.

[8] 马述忠，卢传胜，等. 跨境电商理论与实务[M]. 杭州：浙江大学出版社，2018.

[9] 阮晓文，朱玉嬴. 跨境电子商务运营：速卖通　亚马逊 eBay[M]. 北京：人民邮电出版社，2018.

[10] 邓志超，崔慧勇，等. 跨境电商基础与实务[M]. 北京：人民邮电出版社，2017.

[11] 丁晖. 跨境电商多平台运营实战基础[M]. 北京：电子工业出版社，2017.

[12] 速卖通大学. 跨境电商运营与管理——阿里巴巴速卖通宝典[M]. 北京：电子工业出版社，2017.

[13] 易静，蒋晶晶，等. 跨境电商实务操作教程[M]. 武汉：武汉大学出版社，2017.

[14] 冯晓宁，梁永创，等. 跨境电商速卖通搜索排名规则解析与 SEO 技术[M]. 北京：人民邮电出版社，2016.

[15] 柯丽敏，王怀周. 跨境电商基础、策略与实战[M]. 北京：电子工业出版社，2016.

[16] 速卖通大学. 跨境电商客服——阿里巴巴速卖通宝典[M]. 北京：电子工业出版社，2015.